# 古典文獻研究輯刊

## 三九編

潘美月・杜潔祥 主編

# 第59冊

## 黃孝紓先生編年事輯（下）

李振聚 著

國家圖書館出版品預行編目資料

黃孝紓先生編年事輯（下）／李振聚 著 -- 初版 -- 新北市：
花木蘭文化事業有限公司，2024〔民 113〕
目 4+160 面；19×26 公分
（古典文獻研究輯刊 三九編；第 59 冊）
ISBN 978-626-344-979-4（精裝）
1.CST：黃孝紓 2.CST：年譜
011.08 113009894

ISBN-978-626-344-979-4

9 786263 449794

古典文獻研究輯刊
三九編 第五九冊 ISBN：978-626-344-979-4

**黃孝紓先生編年事輯（下）**

| 作　　者 | 李振聚 |
| 主　　編 | 潘美月、杜潔祥 |
| 總 編 輯 | 杜潔祥 |
| 副總編輯 | 楊嘉樂 |
| 編輯主任 | 許郁翎 |
| 編　　輯 | 潘玟靜、蔡正宣　美術編輯　陳逸婷 |
| 出　　版 | 花木蘭文化事業有限公司 |
| 發 行 人 | 高小娟 |
| 聯絡地址 | 235 新北市中和區中安街七二號十三樓 |
|  | 電話：02-2923-1455／傳真：02-2923-1452 |
| 網　　址 | http://www.huamulan.tw 信箱 service@huamulans.com |
| 印　　刷 | 普羅文化出版廣告事業 |
| 初　　版 | 2024 年 9 月 |
| 定　　價 | 三九編 65 冊（精裝）新台幣 175,000 元 |

# 黃孝紓先生編年事輯（下）

李振聚 著

# 目次

## 下　冊

## 1946 年（民國三十五年丙戌），四十七歲

正月初五日（2 月 6 日），在惠孝同處，與鄭天挺、陸蔚霞、楊秀先等舉行消寒會第六集。《鄭天挺西南聯大日記》。

正月二十三日（2 月 24 日），在家舉行舉行消寒會第八集。鄭天挺等至。《鄭天挺西南聯大日記》。

二月二十八日（3 月 31 日），郭則澐與薛淑周、黃孝紓、黃君坦、陳宗蕃、楊秀先做主人，為林葆恒餞行，陪客有恩華、朱仲璐、傅晉生。《許寶蘅日記》。

三月三日（4 月 4 日）上巳節，赴張伯駒修禊之約並出示清顏光敏繪《羽獵圖》，至者三十餘人。《許寶蘅日記》（1946 年 3 月 3 日）：「三時赴張伯駒約修禊，至者卅餘人，蕭龍友（七十七）、邢冕之、壽石工、薛淑周（八十）、林訒庵（七十五）、李響泉（七十九）、尚節之（七十七）、夏蔚如（七十四）、傅沅叔（七十五）、晉生、傅治薌（七十）、惠孝同、啟元白、載寄雲（潤，六十九）、溥雪齋、松窗、袁文藪（七十四）、黃公渚、關穎人、朱少濱、陸和九、朱仲璐、楊君武、余狷庵（嘉錫）、袁紹明（七十八）。伯駒居似園（西四牌樓大拐棒胡同），昔年朱定園師曾賃居，光緒末曾謁宴於此，其時仲璐尚未生。園中有紅梅一株初花，桃杏亦開，談敘甚樂，七時歸。公渚得顏修來《羽獵圖》，金壽門題簽，鄭谷口題首，題詠甚多。」按《延嬉室書畫經眼錄》（《故都旬刊》本）著錄《顏修來長楊羽獵圖卷》，《中和月刊》1942 年第 3 卷第 1 期載《顏修來羽獵圖》照片。

三月十七日（4 月 18 日），許寶蘅晤黃孝紓、黃孝平兄弟。《許寶蘅日記》。

初夏，繪扇面贈暢清先生。題云：「暢清先生法家教，獨立長松之下，望遙山瀑布懸滾噴薄，頓覺清涼之氣湔滌肺腑，真不知人間有煩熱也，寫此不禁神往。丙戌初夏，匊厂黃孝紓。」見遼寧國拍 2006 年春季拍賣會．中國書畫。

五月，恩華去世。《陳曾壽日記》五月二十日（6 月 19 日）條：「子玉來，言前數日恩詠春同年至治薌處，小談移時，臨行忽謂頭暈，急呼汽車送回其家，一小時許，遂氣絕矣。」按黃孝紓在北平日，宴集之處多與恩華同座，當日應多有交遊。

夏五月，繪山水六條屏。《一峰道人筆意》一幅，題曰：「一峰道人畫以平澹天真為主，有時而傅彩高華，粲爛流麗，儼如松雪。所以達其渾厚之意、華滋之氣。山段落高逸，模寫瀟湘，自有一種天機活潑隱現出沒於其間，得其意而師之，何積習

之染不清，微細之惑不除乎。黃頵士作於舊都。」鈐「黃頵士」朱文方印、「尊知火馳」白文方印。《黃公望筆意》一幅，題曰：「清光咫尺五雲間，刻意臨摹且閉關。漫學癡翁求粉本，富春依舊有青山。大癡畫至富春山圖，筆墨可謂化工。學者須以神遇，不以跡求，若以位置皴染矗求成法，縱與子久形模相似，已落後塵矣。匋厂黃頵士。」鈐「昌雲簃」朱文長圓印、「碧慮宧」白文方印、「黃頵士」朱文方印、「尊知火馳」白文方印。《仿米家山水》一幅，題曰：「宋元各家俱於實處取氣，惟米家於虛中取氣。然虛中之實，節節有呼吸，有照應，靈機活潑，全要於筆墨之外有餘不盡，方無罣礙。至色隨氣轉，陰陽顯晦，全從眼光體認而出，最忌執一之見，粗毫之筆，須細參之。匋厂黃頵士。」《擬石谷子筆意山水》一幅，題曰：「擬石谷子筆，丙戌夏五，黃頵士。」《樗陸天游筆意》一幅，題曰：「山崦人家夕照明，蔽空竹樹挾風聲。門前一道清溪水，流向人間總不平。樗陸天游筆，匋厂黃孝紓作於墨謔盦。」《樗范寬筆意》一幅，題曰：「樗范中立法。匋厂黃頵士。」見青島典藏拍賣2016年春季藝術品拍賣會，中國書畫專場。又見《大匠如斯——黃公渚誕辰一百二十週年紀念集》第58〜63頁。

大暑，繪山居圖扇面。題曰：「意在倪、黃之間。匋厂黃孝紓作於結霞閣，時丙戌大暑。」鈐「孝紓」白文方印、「公渚」朱文方印。扇背為沈尹默書白居易詩，末題「申伯先生正之，尹默」。見敬華（上海）2018秋季藝術品拍賣會敬扇競美——中國扇畫專場。

夏，繪《仿黃公望山水》鏡心。末題云：「福田先生一笑。丙戌夏日，匋厂黃頵士。」見中貿聖佳2016年春季拍賣會·檀島遺珍。

秋，經夏仁虎介紹，任北京臨時大學第二班講師，擔任楚辭、駢文等課。《高等學校教師登記表》（1952年9月6日）：「1946年秋至1946年秋，北京臨時大學第二班講師。擔任楚詞、駢文等課。介紹人夏仁虎。因聘約期滿離職。證明人華粹深，天津南開大學教授。」

秋，回青島。黃孝平有《丙戌秋，匋厂二兄旋青》一詩，見黃孝平《舊塵籥拾》。

八月，受趙太侔邀請，任山東大學教授，擔任讀書指導、目錄學、詞選、散文選、文學史等課，並任中文系主任一年。《山東大學目前師資情況調查簡表》（1951年10月27日）於到校年月一欄云：「1946.8。」《高等學校教師登記表》（1952年9月6日）：「1946年秋至1952年秋，青島山東大學教授。擔任讀

書指導、目錄學、詞選、散文選、文學史。介紹人趙太侔。證明人楊向奎，山東大學文學院院長。」《教師及職員登記表》（1951 年 1 月）到校日期填 1946 年。《教師及職員登記表》（1951 年 1 月）：「1946 年 8 月至 1951 年 1 月，在青島，山東大學教授。」《教職員登記表》（1949 年）：「1946 年至現在，青島山東大學教授，目錄、校勘、古籍、韻文，主管人趙太侔。」《自傳》（1951 年 9 月 20 日）：「在臨大教了一年書，一九四六年遂返回山大，任中文系教授（月薪五百八十元），又在海校兼課。」《自傳》（1955 年 9 月 28 日）：「在臨大教了一年書，一九四六年，山大復校，遂又重新回到青島，任山大中文系主任一年，同時又在偽海軍學校任國文教授。」

**秋，遊嶗山，有詩紀之。**詩題曰《亂後遊勞山，時丙戌秋日》，載《勞山紀遊集》。

**十月，贈張鑒祥南潯劉氏《求恕齋書目》二冊。**張鑒祥有跋記其事：「黃公渚兄不見面瞬息十年。離亂南北，把晤備覺親愛。歡談半日，悲傷身世，前輩凋零，文化斯墮，茫茫大地，浩劫未已。吾輩文弱書生，衰病老大，設弗轉手溝壑，亦歸天然淘汰。抱殘守闕，更何暇及。公渚持贈《劉氏目錄》二冊，愴然拜受，銘感志之。丙戌小陽月二十三日酉刻，大憾張鏡夫識於青島。」見《山東大學圖書館古籍善本書目》第 160 頁。

**十一月二十七日（12 月 20 日），下午三時，參加山東大學臨時校務會議。**《國立山東大學校刊》（1947 年 1 月 18 日第九、十期合刊）：「時間：三十五年十二月二十日下午三時。地點：會議室。出席者：童第周、劉次簫、王普、郭貽誠、劉遵憲、陳瑞泰、黃孝紓、樊翁、趙太侔、何作霖、王國華、李士偉、綦建鎰。主席：趙太侔。紀錄：郭宣霖。一、報告事項：（一）教育部訓令嗣後訂購儀器應儘量採用公制度量衡。（二）遵照部令組織本大學學生公費審核委員會，除□校長、教務長、訓導長、總務長及主辦會計人員為當然委員外，另聘楊拱辰先生、沈福彭先生、李文菴先生、秦漱梅先生、范翁先生為委員。二、討論事項：議案一：依上次會議決議，初試錄取學生遲到未及參加覆試者，定於開課後一星期內予以補試，應即確定補試日期案。議決：本月二十五日補行覆試一次以後不再補考。議案二：教育部分發青島臨大先修班學生，呈請補行甄試案。議決：准予補試，與補行覆試合併舉行，成績過差者，仍聽候部令辦理。議案三：戰區流亡及遠地還鄉學生，請求入本大學試讀或旁聽者人數尚多，應如何辦理案？議決：各院系多已清額，不再收錄，先修班如有餘額，可酌收附讀生，但無學籍，並不得寄宿，其審核收錄附讀生辦法，由教務長與先修班主任會商決定。議案四：審議本大學學生宿舍暫行規則案。

議決：照案通過。議案五：審議本大學學生請假暫行規則案。議決：照案通過。三、散會。」

十二月十七日（1947 年 1 月 8 日），**郭則澐逝世**。郭則澐撰《龍顧山人年譜》稿本，題「同里黃孝紓代填諱」。《陳曾壽日記》十二月十八（1 月 9 日）條：「嘯麓去世。相隔只數日，人命真呼吸間也。」按郭則澐《墓志》，乃劉承幹撰文、陳曾壽書丹，俞陛云篆蓋。黃孝紓與郭則澐交遊綦密，在京之日，與弟黃孝平即住郭氏東四二條胡同空閒宅園，並結詩詞之社。

是年，《故都旬刊》刊出《延嬉室書畫經眼錄》，題「躬庵」撰。見《故都旬刊》1946 年第 1 卷第 1 期、第 2 期。收錄《沈石田墨筆山水長卷》《史癡翁聽琶圖軸》《謝時臣鍾進士移居圖卷》《王蓬心浯溪讀碑圖卷》《伊墨卿作大癡山水軸》《何蝯叟石梧圖立軸》《顏修來長楊羽獵圖卷》（以上第 1 期）；《唐六如謝樗仙合寫山居圖》《張夢晉看耕圖立軸》《趙士楨十八學士圖卷》《王覺斯墨筆山水卷》《周少谷寫意花卉草蟲卷》《史癡翁三絕冊》《柳公韓倣元人山水長卷》（以上第 2 期）。按《史癡翁聽琶圖軸》有黃孝紓題詞。

## 1947 年（民國三十六年丁亥），四十八歲

正月二十九日（2 月 19 日），下午三時，**參加山東大學臨時校務會議**。《國立山東大學校刊》（第十三、四期合刊，1947 年 3 月 8 日）：「日期：三十六年二月十九日下午三時。地點：校本部會議室。出席者：郭貽誠、何作霖、郭宣霖、周鍾岐、李士偉、曾呈奎、樊翁、陳瑞泰、王普、綦建鎰、劉次簫、劉遵憲、童第周、黃孝紓、劉康甫。主席：趙太侔（劉次簫代）。記錄：劉康甫。報告事項：一、主席報告經濟部天津工商輔導處函送英國出售物資過剩之機器能力條件等表。二、周總務長報告採購煤炭情形。討論事項：一、擬定本大學校曆案。議決：照案通過。二、遵照部令修改本大學學則案。議決：依照部令修改，惟工學院學生修業年限，仍規定為五年。三、福利委員會擬定分配平價麵粉壹千大袋辦法案。議決：准予備案。四、福利委員會擬定分配平價原煤辦法案。議決：准予備案。五、福利委員會請劃定經費作為福利基金案。議決：保留。散會。」

二月十三日（3 月 5 日），下午三時，**參加山東大學臨時校務會議**。《國立山東大學校刊》（第十三、四期合刊，1947 年 3 月 8 日）：「日期：三十六年三月五日下午三時。地點：校本部會議室。出席者：郭貽誠、郭宣霖、何作霖、周鍾岐、曾呈奎、劉次簫、樊翁、王普、李士偉、綦建鎰、王哲安、劉遵憲、陳瑞泰、童第周、

黃孝紓、劉康甫。主席：趙太侔（劉次簫代）。記錄：劉康甫。報告事項：一、主席報告：審計部山東審計處函告在青正式成立，並函送修正審計機關稽察各機關營繕工程及購置變賣財務辦法。二、周總務長報告：分配煤炭及未能運到情形。討論事項：一、部令徵集學校概況文稿編入教育年鑑案。議決：由秘書室辦理，關於研究工作與各系聯繫。二、部令於青年節至兒童節，舉行科學運動案。議決：舉行科學演講。三、先修班旁聽生張景岱等呈請給予試讀生資格案。議決：礙難照准。四、學生黃揚濂等請准在校內籌組補習學校案。議決：未便照准。五、擬訂學期試驗辦法及學期試驗試場規則案。議決：修正通過。散會。」

閏二月初六日（3 月 28 日），參與山東大學復校後第一次校務會議。《山東大學大事記》：「（3 月 28 日），舉行復校後的第一次校務會議。主席趙太侔，記錄劉康甫。主要內容為：追認、通過臨時校務會議議決各項議案；宣佈出席校務會議教授代表的選舉結果，郭貽誠、樊翕、黃孝紓三人當選。出席會議的有趙太侔、樊翕、王哲安、王普、曾呈奎、陳瑞泰、黃孝紓、童第周、綦建鎰、何作霖、劉次簫、劉遵憲、周鍾岐、李士偉。」

三月十六日（5 月 6 日），上午九時，參加國立山東大學校務會議第四次會議。《國立山東大學校刊》（1947 年 5 月 17 日第十九、廿期合刊）：「時間：五月六日上午九時。地點：本校會議室。出席者：陳瑞泰、何作霖、劉次簫、郭貽誠、鄭成坤、周鍾岐、曾呈奎、童第周、王國華、樊翕、沈福彭、王普、劉遵憲、黃孝紓。主席：趙太侔。記錄：郭宣霖。討論事項：議案一、上學期學生學業成績，依照學則第二十六條之規定辦法核算結果，計成績不及格科目之學分未滿修習學分總數三分之一，但應令重讀者五十人，成績不及格科目之學分逾修習學分總數三分之一，應留級或令休學者四人，唯另照學則第二十四條之規定，學年科目成績計算方法，第一學期成績占學年成績三分之一，第二學期成績占學年成績三分之二。上述成績不及格學生，其不及格者係學年科目；倘令其重讀或留級，則與學則第二十四條之立法原意似不盡相符，究應如何辦理敬請公決案。議決：凡成績不及格科目倘係學年科目，且未滿修習學份總數二分之一者，暫准繼續修習，俟呈請核示後，再作決定。二、上學期成績核算後，學生多有請求教員更改分數者，應如何加以限制，以免保管成績紀錄與執行學則發生困難案。議決：嗣後教員已將學生成績送交註冊組後，除因計算上之錯誤得由教員通知註冊組加以覆核外，其原定分數無論何種情形均不得更改。如有特殊理由，得由任課教員提請教務會議決定之。議案三、學生攷試犯規，已受處分，其所攷科目之成績應如何計算案。議決：攷試成績作為零分，但平時成績仍認為有效。議案四、

攷查各院系學生之英文程度，仍有予以提高之必要，應否開設二年級英文必修課程以資補救案。議決：由外國語文學系主任徵詢各院系負責人之意見，妥擬辦法提出下次會議討論。議案五、審議學生壁報規則補充要點案。議決：修正通過（補充要點附後）。壁報規則補充要點：一、壁報署名得用筆名亦可不必每期呈報真姓名，但主編人必須將各文作者真姓名存錄，各該文所引起之問題，應由原作者完全負責，倘主編人不將作者真姓名宣布時，則一切責任均由該主編人負責之。二、壁報內容如有損及他人權益，受害人應先報由訓導處處理，不得擅自毀壞或撕去。三、壁報內容如損及他人權益，由受害人訴諸法律時，除法律部分由法院解決外，本大學當依據校章另予處分。四、壁報架數目有限，每一壁報之法定張貼時間，暫以一星期為限。」

　　夏，在青島，與括厂、林圃諸人倡為掘社詞課。黃為憲《六醜·自詞傹去後》序云：「島上詞壇，自戊寅孝陸丈逝世後，風流歇絕，無繼聲者。丁亥，家大人避暑海濱，與括厂、林圃諸子倡為掘社詞課。侍座賓末，授簡命賦，撫時感事，不知其言之哀也。」見《詞綜補遺》卷四十七。按林圃應為任林圃。

　　是年，吳松齡（路遙）山東大學入學考試作文用文言文寫作，以黃孝紓閱卷時予以高分而獲錄取。《路遙：與山大結緣，是我的幸運》（《大眾日報》2021年10月29日）：「在此次交談中，路遙才知道自己與山大結緣的起點。『你知道為什麼被山大錄取嗎？』黃孝紓問路遙。『不知道，因數學考得很差，不知為什麼會被錄取？』路遙回復說。『錄取你，是因你的作文是用文言寫成，我在閱卷中給了高分，彌補了你數學分的不足。這一級有三名學生文言寫得不錯，你是其中一個。』黃孝紓解釋道。路遙聽了之後，感謝不已。在交談中，黃孝紓還向路遙提出一個要求，能否把在他講課時的記錄借他一閱？『這是因為他每次講課都不寫講稿，僅靠記憶口述。我坐在第一排，對他的講授做了完整的記錄。我欣然答應，後來我又重抄了一本，留着自己使用。』路遙告訴記者，黃先生不拘一格舉薦人才的行為至今影響着自己。」

　　秋，兼任青島海軍學校教官，擔任國文。一直兼職到一九四九年春。《高等學校教師登記表》（1952年9月6日）：「1947年秋至1949年春，青島海軍學院教官，擔任國文。介紹人楊肇濂。因校址遷移離職。證明人楊向奎，山東大學文學院院長。」

　　十一月二十三日（1948年1月3日），丁山來訪。《丁山日記》。

　　十一月，參加國立山東大學中國文學系師生合影。照片見前附圖，路遙先生藏。

# 1948 年（民國三十七年戊子），四十九歲

年初，致函夏敬觀，談及夏敬觀、冒廣生入國史館，龍榆生赴滬就醫事，並論及己作《天問新箋》中「繼飽」二韻問題。「劍丞先生無恙，十年闊別，萬里相望，人世滄桑，一言難盡。劫後故交寥落，海上靈光，惟公與崔亭、拔可三數人。定之新逝，老成又弱一個。追理曩昔，所懷萬端，亂世無可慰藉，但遙祝健康，以俟河清，或有相見之日耳。年來流浪兵間，幾為溝瘠，幸賴兒輩粗有成立，得免凍餓，而青市密邇戰氛，聊為燕幕之寄，來日茫茫，真不知何以為計。台從前歲聞有牯嶺之遊。國史開館，公與崔翁並預其事，眾望攸歸，祠祿尚不薄否。榆生赴滬就醫，想已晤及。近詩呈政，可知賤狀。衰病相乘，老境日增，五十之年，忽焉已及。客冬感寒，左臂不仁，百事盡廢。開歲始稍親筆墨，近寄拔可山水一幀，頗欲拙處求渾，於無筆墨處求華滋之致，眼高手生，筆不副意，恐終致孤落。暇時乞取一閱，加以評騭，藉為攻錯之資，是所望耳。比來為諸生授《楚辭》，草成《天問新箋》，從古韻中求錯簡之線索，十已得其八九，惟繼飽二韻，不得其同部之由。江有誥《楚辭古音考》亦語涉含渾，鄙意晁飽或為朝飢之字誤。公治古音有年，於《楚辭》當曾留意，能為淺學一發其蔀否，寫定後當抄副就正。專泐，祗請箸安，并頌年釐。孝紓再拜。」《夏敬觀家藏尺牘》232～233 頁。按龍榆生「赴滬就醫」在陰曆一九四七年除夕前四日，見《龍榆生先生年譜（增訂本）》。

正月十五日（2 月 24 日），上元，繪贈鄭時（爰居）山水。題曰：「元四家一洗宋派，專尚氣韻，亦力不能再與宋人爭工細，故別出生面也。其實宋人工細自有氣韻，不在點染，而黃、王二家亦深於宋人也。爰居仁兄大雅屬。戊子上元，翶厂居士紓。」見《中國書畫家》2020 年 05 期。

三月十八日（4 月 26 日），致函夏敬觀，談及青島商河路軍火爆炸慘劇以及李宣龔、呂美蓀病情事。「映厂先生左右，奉手教，如接塵談，欣喜無量。商河路慘劇，因相距甚遠，未受驚恐，惟被難者近二千戶，亦可謂空前浩劫矣。承示《天問》繼飽二韻新義，快畠（朝）飽為誤寫，昭若發蒙，感謝。尊著《古音通轉例証》有無殺青，何處出板，便示，當購讀也。拔可兄住醫院，是否糖尿舊病復發，已少瘥否。美蓀中風已四五年，神智不清，非復當年健談情形，恐不久於人世矣。湖南路舊宅五年前業已售去，現遷居觀海二路三號，大函仍書舊址，幸郵差為舊人，尚能轉到，否則將付洪喬矣。小詩一律奉懷，乞教。餘不一一。祗請撰安。孝紓再拜上言。三.十八。舍弟君坦尚留舊京，公孟患血壓高兼患目病，在家休養。知注并聞。」《夏敬觀家藏尺牘》230～231 頁。按青島商河路軍火爆炸發生在

公曆三月九日。

春，為金祥恒繪《略師黃鶴山樵意圖卷》。題曰：「祥恒吾兄大雅正，略師黃鶴山樵意。戊子春，匑厂黃孝紓寫。」載《大匠如斯——黃公渚誕辰一百二十週年紀念集》第 77 頁。按金祥恒時為山東大學助教。

夏，跋清奚岡繪紙本墨筆《依岩結廬圖》軸。題云：「秋山木脫轉蒼渾，取徑西廬道自存。遠向大癡分一勺，眾流脫略（勘盡誤作脫落）見真源。伯慧仁兄屬題。戊子夏，匑厂居士識於袿海樓。」按是圖現藏青島市博物館，編號 81。

是年，任國立山東大學中國文學系辭章、目錄學導師。1948 年《國立山東大學概覽》「中國文學系概況」辭章、目錄學導師有：黃孝紓、蕭滌非、劉次蕭。《國立山東大學教職員名冊》（1948 年度）：「黃孝紓，現薪：五六○元。到校年月：卅五年八月。備考：晉為 58 元。」

是年，跋陳訓正《天嬰室叢稿》。此書為民國排印本。跋云：「天嬰與馮君木、虞含章為鄞中三傑，君木治汪容甫學，含章能為桐城儷文，天嬰肆力於先秦諸子，詩古文辭出入於柳子厚、樊紹述之間，求之並世，殆去太炎為近。義寧陳氏謂其慘輝妙旨成嵯峨俶詭之觀，讀者可以得其梗概矣。此集甲子年為君木所贈，今三君墓已宿草，三復斯集，為之愴然。戊子，匑厂識。」見泰和嘉成拍賣 2021 年 9 月 15 日。

## 1949 年（民國三十八年己丑），五十歲

閏七月初九日（9 月 1 日），陳曾壽病逝於上海寓所。謝永芳《陳曾壽年譜》。錢仲聯《十五年來之詩學》論黃孝紓與陳曾壽云：「蓋公渚平生與遊者，映庵外，濡染於陳仁先曾壽者頗深。」

八月，經鄭時介紹，任青島古物保管委員會委員，負責鑒定古物書籍字畫。《教師及職員登記表》（1951 年 1 月）：「1949 年 8 月至 1951 年 1 月，在青島古物保管委員會，任委員。」《高等學校教師登記表》（1952 年 9 月 6 日）：「1949 年秋至 1952 年秋，青島市古物保管委員會委員。鑒定古物書籍字畫。介紹人鄭爰居。證明人楊向奎，山東大學文學院院長。」

秋，參加文教工會。《高等學校教師登記表》（1952 年 9 月 6 日）：「1949 年秋參加文教工會，證明人孫思白，山大歷史系教授。」

秋，跋清乾隆德州盧氏雅雨堂刻本《匡謬正俗》。云：「此為《雅雨堂叢

書》十四種之一。師古貞觀中嘗直祕書省,奉詔考定五經,病俗變古傳訛貽誤後生,
就其瀏覽所得,草剏是書,卒後其子揚庭表上之,以故部帙體系多未及釐正,殆未竟
薰也。辨章學術,是正文字,樹樸學之椎輪,蔚名山之盛業,揭櫫學林,茲為最古矣。
是書傳世有《藝海珠塵》《小學彙函》本,曩在滬上,曾購得《顏氏傳書》本,最為罕
覯。此為覆宋匡字諱本,刊刻精美,高曾矩矱,於斯可見,固不僅虎賁中郎之兒似耳。
屠維赤奮若秋日,軥庵居士識。」據本書。

　　**冬,參加中蘇友好協會**。《高等學校教師登記表》(1952 年 9 月 6 日):「1949
年冬,參加中蘇友好協會。證明人楊向奎,山大文學院院長。」《幹部簡歷表》(1952
年 7 月)云:1951 年 1 月,參加中蘇友好協會。按青島中蘇友協分會於九月二十二
日,《山大生活》1949 年第 16 期載《促進中蘇友誼,青島中蘇友協分會成立》:「(本
報訊)中蘇友協青島分會籌委會於九月廿二日正式成立,推向明為主任委員,王統照、
蔡尚實、范澄川為副主任委員。本校楊向奎教授為正祕書長,曾呈奎教授與樊向忱為
副祕書長,祕書處下設組織、總務、聯絡、文書四組及串串委員會,即日起在中山路
一號開始辦公,工作異常積極,至十月二日本市會員已登記十三萬餘人(解放軍六萬
人),每五十人推選代表一人參加成立大會,二日八時開會,九時赴匯泉參加『國際和
平鬥爭日』『中華人民共和國成立』慶祝大會並隨大隊遊行示威,於午後五時繼續開
會,由代表中產生友協委員四十五人(尚空六名)、候補十一名(尚空三名)。本校當
選正式委員者有楊向奎、陸侃如、曾呈奎、馮沅君、王統照各教授,候補委員有黃紹
湘教授,魏一齋院長及李定均同學云。」

　　**九月二十一日(11 月 11 日),《山大生活》刊《本校教師陣容》,於
文學院中文系下列:「王統照、黃孝紓、陸侃如、馮沅君、丁山、蕭滌
非、王仲犖、羅竹風、殷煥先、李榮。」**《山大生活》1949 年第 18 期(11 月
11 日)。

　　**十月二十二日(12 月 11 日),青島古物管理委員會成立會議召開,
黃孝紓與王統照、鄭爰居、王景宋、張少銘、陸侃如、華崗、王卓青、
丁山、楊向奎、童書業、張公制等參加**。《1949 年 12 月 11 日青島古物管理委
員會成立會簽到冊》。劉善章《青島解放初期的文物工作》:「黨和政府一貫重視文物保
護。1949 年 6 月 2 日青島解放後,膠東文物保管委員會代表青島市軍事管制委員會接
收了國民黨政府的中正文化館的收藏,連同該會在解放區收藏的 60 箱文物古籍加以
保護和管理。同年 11 月 25 日市各界人民代表會議常設委員會決定成立青島市文化古
物管理委員會,12 月 11 日正式成立。委員除市黨政有關負責同志外,均係對文物素

有研究的知名專家學者、文物收藏家、鑒賞家，共 35 人，由市人民政府聘請，名單如下：主任委員由市各界人民代表會議文化教育委員會委員鄭爰居擔任，副主任委員由主持過膠東圖書館工作的王景宗、社會救濟委員主任張公制、軍管會文教部副部長兼市人民政府文教局副局長王卓青、山東大學教授兼文化教育委員會主任王統照擔任。委員由山東大學教授兼文化教育委員會委員陸侃如，山東大學軍代表兼文化教育委員會委員羅竹風，文化教育委員會委員樊向忱，山東大學教授兼文化教育委員會委員楊向奎，山東大學教授黃公渚、丁山、童書業，市各界人民代表會議秘書長崔介，山東大學校長華崗，禮賢中學教員王緒青，市軍管會文教部社會教育科長于矛雷，市各界人民代表會議代表于春圃，中共青島市委副書記薛尚實，市立醫院院長鄧初，市警備區政治部宣傳部長李子英，文物鑒賞家李佐忱、劉仲永、阮鴻儀、李炎午、劉菊邨、丁海樵、劉希三，文物收藏家張少銘、張伯仁、周伯鼎、賀俊生，市圖書館館長梁伯訓，金石家杜宗甫，美術家呂品，市學聯主席王少林擔任。」

十月二十三日（12 月 12 日），青島歷史古物管理委員會第一次常委會在山東大學圖書館召開，黃孝紓與鄭爰居、王景宋、丁山、陸侃如參加。《青島市歷史文物管理委員會第一次常委會記錄》。

十月三十日（12 月 19 日），青島歷史古物管理委員會第二次會議在山東大學圖書館召開，黃孝紓與鄭爰居、王景宋、丁山、陸侃如、張公制、楊向奎參加。《青島文物管理委員會第二次會議紀要》。

冬，繪《夢窗詞意圖》贈王統照。題曰：「斷煙離緒，關心事，斜陽紅隱霜樹。夢窗《霜葉飛》詞句也，此景彷彿似之，寫奉劍三吟長一笑。己丑冬日，匑厂居士紓。」見《中國書畫家》（2020 年 05 期）。

是年第一學期，為中文系二、三、四年級開設「古籍導論」課，共二課時，在 I101 教室，每周二、周四第四節。為中文系三年級學生開設「詞選」課，共二課時，在 I104 教室，每周二、周四第三節。為中文系四年級學生開設必修「目錄校勘學」課，共二課時，在 I104 教室，每周六的三、四節。為中文系三年級學生開設選修「詞選」課，共二課時，在 I104 教室，每周二、周四第三節。《各院系開設科目表》（1949 年第 1 學期）。《教員授課統計表》（1949 年第 1 學期）。

是年，致函夏敬觀，談及夏敬觀中風事。「吷厂先生著席，客冬病中得楡生書，知貴體違和，血壓過高，類似中風，神志不甚清晰，至為惦念。近由拔老轉到

大札，並蒙點定小詩，字迹完好，不禁為之欣忭萬狀。公孟四舍弟患此疾近十年，經常血壓高至二百六十度，服藥皆無大效。現經外醫戒其食鹽及含鈉質物，至精神方面減少刺激並報紙亦少看，以靜養為主，行之年餘，頗為有效。執事年逾古稀，素懷曠達，靜養一時，當不難康復。執別十年，無時不在夢想，一俟時局少寧，青滬距違不遠，當圖南遊，與公及諸友把晤也。專頌痊安。孝紓頓首。廿七。」《夏敬觀家藏尺牘》第 228～229 頁。按夏敬觀「貴體違和，血壓過高，類似中風」在 1948 年 7 月，見《映廠自記年曆》，則此函當作於 1949 年。

約是年，擬介紹王仲犖與鄭時認識，以二人皆注《西昆酬唱集》。王仲犖《西昆酬唱集前言》：「建國初，居青島，聽說青島有位鄭爰居先生，也注了《西昆酬唱集》。友人黃公渚先生告我，並擬介紹我與鄭老先生一見。可惜我當時教學工作忙，未及去拜訪他。不久，這位鄭老先生就逝世了。」

## 1950 年庚寅，五十一歲

正月初一（2 月 17 日），與童書業合繪《高山聽瀑圖》。題曰：「庚寅新正，鄞縣童書業、福唐黃匑厂合寫。」見《中國書畫家》（2020 年 05 期）。按此幅今藏青島籍金精舍主人安效忠先生處。

二月，參加教育工會山東大學分會。《幹部簡歷表》（1952 年 7 月）。

七月，調至山東大學圖書館工作。《其他》（1950 年 7 月 23 日）：「初到圖工作，也感覺不太習慣，尤其對於劉國鈞編目法素不以為然。因有封建正統派文學思想作祟，妄擬劉、班、荀、李之學，可以應用無窮。其實歷史發展日新，一切事物不會停留在一個階段上，七略不能不變為四部，與四部之不能不變為十進法同一個理由，劉書折衷分類，自有其適用價值。以往主觀太深，不能集思廣益虛心接受，以故臨事感到手忙腳亂，延長工作時日，不能提早完成，此可為自由主義一個教訓。」《國立山東大學圖書館職員名冊》（1950 年 4 月）上有其名字，職別為文史系講師兼編纂委員會委員。稍後名字被劃去。按：1950 年 2 月中文、歷史兩系合併為文史學系，此時黃孝紓被調往圖書館工作。《文史系成立經過及課程改革》：「中文系的教授問題：凡是開課很少，或不開課的教授，調到別的崗位工作……又有黃公渚、盧振華、劉本炎、趙西華諸先生則調圖書館工作。」

七月十六日（8 月 29 日），參與在北京關賡麟宅舉行的咫園詞社社集。參與人：關賡麟、高毓彤、夏仁虎、傅嶽棻、張伯駒、陳祖基、汪曾武、黃孝平、蔡可權、謝良佐、王耒、劉子達、林葆恒、黃孝紓。見《咫社詞鈔》。又見《許寶蘅日

記》：「四時半，同娟淨乘汽車赴關穎人眂園詞集，集者十六人，九時歸。」

是年，黃孝紓參與張伯駒倡立的庚寅詞社，《庚寅詞集圖》中錄有其詞作。張伯駒購得隋展子虔《游春圖》，自號春游主人，於北京西郊展春園集詞友結詞社，名之為展春詞社。《庚寅詞集圖》蓋記展春詞社社集。後張伯駒將《庚寅詞集圖》送與張牧石。張牧石《我和張伯駒的忘年情》：「張先生把很珍貴的一本冊頁《庚寅詞集圖》送給了我。內有秦仲文吳鏡汀、潘素、啟功幾位名畫家的畫和夏枝巢、黃公渚、黃君坦、關穎人、周公阜、周汝昌等數十家的詞。這件詞壇有紀念性的文物，雖經浩劫，卻被我保護下來，但後來卻因意外的緣由而丟失了。」八月十三日（9月24日），庚寅詞社同人曾雅集於稷園，張伯駒有《人月圓》詞，見《張伯駒詞集》，序云「庚寅八月十三日，庚寅詞社同人於稷園作中秋預集」。

秋，到山東大學史語研究所工作，擔任搜輯農民戰爭史明代部分史料。嗣以配合歷史系開課和所內同人集體分寫朝鮮史約三萬字。《高等學校教師登記表》（1952年9月6日）：「經各種學習運動（如三反、思想改造運動等）以後對自己的認識」一欄中在「業務的檢查」一節云：「我從一九五〇年秋到史語研究所工作，擔任搜輯農民戰爭史明代部分史料，嗣以配合歷史系開課，和所內同人集體分寫《朝鮮史》約三萬字。由於任務觀點雖按計畫完成，但不免粗枝大葉，對人民事業的負責是不夠的。為了結合教學，譯注《楚詞》，因為拘於聲韻，譯成語體仍像文言，注釋偏於考證，未能很好掌握新觀點，馬列主義休養不夠，對教學的幫助效果是不會高的。」《歷史語文研究所教職員登記表》（1951年9月20日）登記有黃孝紓姓名，職別為教授、研究員。所長為楊向奎。成員有劉本炎、盧振華、殷煥先、李定均、葛懋春、趙殿誥。

十一月二十四日（1951年元旦），發表《沁園春》一詞。「沁園春·全國青年響應政府號召，踴躍報名參幹，賦此勗之。敵愾同仇，縛袴從軍，是好男兒。念投筆班超，誓將虜滅，絕裾溫嶠，何以家為。策馬長征，聞雞起舞，正是青年報國時。看個個，斬蛟身手，颯爽英姿，大同指日堪期。信插遍環瀛是赤旗。任鴨綠江邊，尚染烽火，鎮南關外，未洗瘡痍。眾志成城，蠢茲羣醜，勝負今朝已可知。麒麟閣，論銘功第一，留待伊誰。黃公渚初稿。」見《山大生活》1951年1月1日第二版《新文學》新二期。

是年，因弟黃孝綽去世，只得出讓自己藏書給學校以籌款辦喪事。黃孝綽，字公孟，號筆庵。幼好《太史公書》，治詞章，能為沈博絕麗之文，南都板蕩，身歷兵間，詞多感事之作，黍離麥秀，固一往情深。妻劉希哲，劉廷琛女。著有《藕

孔煙語詞》二卷。《一九五一年思想工作總結》：「在三反展覽會上看到各單位浪費情
形，尤其是史語所部門，看到陳列我去年出讓的書籍。使我回憶當時因為辦喪事急於
用款，根本沒有考慮到學校的需要。」韓維湘《黃孝紓先生的生前身後事——黃為雋
老教授電話訪談錄》：「四叔黃孝綽死得早，我上初三的時候他就不在了，可能是五零
年左右吧。」

是年，為惠亭所藏清高鳳翰《致其甥匡思陶左手書》繪《草亭獨坐
圖》。題曰：「略師垢道人法，惠亭仁兄大雅正。庚寅，軔庵居士。」鈐「碧慮簃主」
白文方印、「尊知火馳」白文方印。按清高鳳翰《致其甥匡思陶左手書》八開，另有鄭
誦先、阮鴻儀、周伯鼎題跋。見廣東崇正 2019 年秋季拍賣會‧中國古代書畫。

## 1951 年辛卯，五十二歲

正月初一（2 月 6 日），與童書業合繪小幅青綠山水。趙儷生《師友書
畫集》。

一月，填寫《教師及職員登記表》。中有家屬關係一欄：「妻陸嬿，年齡
34，文化程度：高小程度，料理家務。子黃為憲，年齡 33，文化程度：高等教育，青
島人民銀行職員。子黃為爵，年齡 30，文化程度：高等教育，青島石油公司會計。子
黃為龍，年齡 23，文化程度：高等教育，山東大學學生。女黃湘畹，年齡 32，文化程
度：高等教育，山東大學職員。女黃靚宜，年齡 27，文化程度：高等教育，青島文德
中學教員。女黃達，年齡 22，文化程度：高等教育，山東大學學生。」

一月，仍任山東大學文學院中文系教授，擔任楚辭、文史教學（與
盧振華合開），時從事《楚辭新解》工作。《國立山東大學教職員履歷表》（1951
年）。《教師及職員登記表》（1951 年 1 月）可能擔任的課程有：「韻文、目錄、校勘
學。」現從事研究工作一欄填寫：「楚辭新解。」

本年度第一學期為中文系二、三年級學生開設「楚辭」選修課，共
二課時，在文 102 教室，每周三第三、四節。《各院系開設科目表》（1951 年
第 1 學期）。《中國語文系一九五〇學年度教學計劃檢查總結（附各課教學概況）》
（1951 年 6 月）載：「楚辭，講授者：黃公渚。本課分二部分講授：（一）啟發報告，
敘述楚民族之來源，楚文化傳統之歷史，屈原之思想，篇章的之真偽。（二）本課之講
授，並舉若干篇代表作擇尤解釋。在教學時，改變以往瑣碎考據的習慣，折衷一是，
並用白話譯解。同時指出屈原為愛國詩人，表揚他的同情人民，揭發黑暗與惡勢力對
抗的精神。在作品內容的分析上，還不能達到深入和正確的地步。」葛本儀回憶云：

「一個黃公渚老師，是教《楚辭》的。這個老師是個老學究。他還說着半文不白的話，跟我們一邊講《楚辭》的香草，什麼《湘夫人》，一邊有意識地加上一些白話文。我們聽起來就是半文半白，但是對他特別尊敬，就覺得這個老先生一輩子就是在搞這個。」見《葛本儀：與山大的一生情緣》。

秋，參加新史學會青島分會，會員楊向奎介紹。《幹部簡歷表》（1952 年7 月）。《高等學校教師登記表》（1952 年 9 月 6 日）：「一九五一年，參加青島新史學會，會員楊向奎介紹。」《山大生活》1950 年 1 月 21 日第 3 期《中國新史學研究會青島分會籌備成立》。

秋，咫社編定《咫社詞鈔》作者姓名錄，下題「辛卯秋編，以齒為序」，中列名有：「舠厂，黃孝紓，公渚，福建，五十二。」《咫社詞鈔》四卷，1953 年油印本。

九月二十日，撰寫《自傳》一份。此為毛筆書於紅欄稿紙上，版心下題「千目廬張氏雜著稿本」，共十一頁，三千五百餘字。末題：「一九五一年九月二十日寫於山大。」文見附錄。

九月二十七日（10 月 27 日），《山東大學目前師資情況調查簡表》於中文系列名有黃孝紓。《山東大學目前師資情況調查簡表》（1951 年 10 月 27日）：「曾開課程：1.讀書指導。2.目錄書。3.詞學。4.楚詞。著述：1.周秦金石文評注。2.兩漢金石文評注。3.晉書選注.4.黃山谷詩評注（以上均在四○前出版）。5.六朝文榷。6.詞範。7.舠庵詞集。」

冬，參加中文系古典教學小組會議，晤譚正璧。時譚正璧感到身體、口音不適宜北方教書，以上海書坊界素有聯繫，想回南方去。《一九五一年思想工作總結》。《中文系教職員登記表》（1951 年 9 月 20 日）登記有譚正璧，1951年 9 月到校。按譚正璧 1951 年 2 月接受齊魯大學聘請，任中文系中國文學史和語法修辭教授。暑假，院校合併調整。9 月，譚正璧赴青島山東大學，任中文系國文、語法、修辭教授，兼任《文史哲》編委。1951 年 1 月率家到昆山，3 月致信山東大學辭教職。又見譚篪《譚正璧傳》。

是年，撰寫《一九五一年思想工作總結》。文末有鑑定意見云：「對本人總結基本同意。優點：1.政治學習有一定程度的進步，能遵守一般群眾紀律，發言較前積極。2.要求進步，願意改造。3.教學工作，主觀上尚肯努力。缺點：1.政治學習不夠，有濃厚的封建意識和買辦資產階級思想殘餘，因此對新事物接受慢。2.有舊名士

作風。3.教學計劃性不強，講書仍不脫考據習慣，客觀的羅列現象，缺乏批判，使同學無所適從，對白話文運用不熟練。小組長劉泮溪。」見《黃孝紓檔案》。

## 1952 年壬辰，五十三歲

公曆一月十四日，山東大學決定全面深入開展反舊教育思想、反貪污、反浪費、反官僚主義運動。因此黃孝紓亦決定清算「我的資產階級反動思想」，後寫定文章發表。《山東大學大事記》。

五月初十日（6月2日），參加青島市文教局召開的新發現黑陶專家論証會，到會者有王統照、李芸生、彭畏三、楊向奎、王獻唐、童書業、周力士、韓東生等十餘人。韓東生《關於青島市郊出土的黑陶》（《文史哲》1952年第4期）：「青島市文教局為對青市附近發現之黑陶，作更進一步的研究，曾於日前（六月二十日）招集各方面有關人士，在青市文管會舉行座談，進行討論研究。計到會者有王統照、李芸生、彭畏三、楊向奎、王獻唐、童書業、周力士、黃公渚、韓東生等十餘人。會中由王獻唐、韓東生將兩次調查研究作了簡要的報告，後經大家討論，一致認為此次青市附近出土的黑陶，對於黑陶文化的傳佈發展等方面，價值極大。並一致通過向科學院呈請派員發掘。」劉善章《王獻唐先生與青島龍山文化遺址》（《青島文物與名勝保護紀實》第352～353頁）：「為了進一步確認這些器物的價值，獻唐先生建議市文管會辦公室（當時駐紅卍字會舊址）舉行專家論證會。由市文教局和獻唐先生提名，應邀到會的有青島市副市長張公制、市文教局副局長王桂輝，還有山東大學教授韓東生、童書業、黃公渚、丁山諸先生。獻唐先生介紹出土文物與龍山鎮出土文物屬於同一類型，應屬龍山文化遺物。這樣，龍山文化的範圍就不限於內陸而東及海邊，從而為我國新石器時期遺址的分佈填補了一處空白。」

五月十五日（6月7日），在《新山大》發表《清算我的資產階級反動思想》一文。主要批判自己九個方面問題：（一）純藝術觀點，（二）資產階級美學觀，（三）脫離實際的教學思想，（四）沒落階級的人生觀，（五）為考據而考據，（六）名利思想，（七）保守思想，（八）迷信思想，（九）自由主義。

七月，填寫《工作人員交代與地主、資產階級關係登記表》，列舉往來友朋七人。為：「崔士傑，朋友，仁豐紗廠股東，時常往來青、濟之間。周志俊，世交，華新紗廠董事長，常來往青、滬之間。郭學群，親戚，上海茂華銀行副理。劉翰怡，世交，資本家，上海。葉恭綽，世交，資本家，民主人士，住北京。關

賡麟，朋友，資本家，北京稊園詩社長。張伯駒，朋友，北京鹽業銀行董事，民主人士。」

**夏，周至元携《嶗山志》一書訪黃孝紓。**周至元《嶗山志》云：「壬辰（1952）之夏，養疴琴岡，藥鼎之間，取舊稿加以修訂。聞黃公渚先生工古文詞，且熟悉嶗事，因携書造門就正。先生覽竟而嘉之曰：『此《華陽》《武功》二志之繼步，胡不付諸剞劂，以饗海內，藉為嶗山光寵乎？』余唯唯。先生乃力為推薦於出版社。社秉事以此志卷帙浩繁，礙於利權，勢不能立即出版。轉以《嶗山導遊》小冊屬撰。因為作《嶗山名勝介紹》一書，付之刊布行世。而此志之刊印，只得俟諸異日矣。」周至元拜訪黃孝紓後，曾賦詩云：「荊州拜識幸如何，叔度威儀千頃波。筆意怪藤纏古石，文思快劍斬奔黿。才兼三絕詩書畫，辭具眾長詞賦歌。莫怪人爭山斗仰，眼中耆宿已無多。」

**九月六日，填寫《高等學校教師登記表》封面題：「山東大學，中國語文系教授，黃孝紓。」現在擔任學科：中國文學史甲，每週講課二小時，散韻文選，每週講課二小時。現擔任課程：楚詞、目錄、校勘學。過去擔任課程：曾擔任漢魏六朝文、讀書指導、目錄學、詩詞選、專集研究十年以上。**《高等學校教師登記表》（1952 年 9 月 6 日）「曾從事何種研究工作有何種著作」一欄填寫：「平生治學，多屬於考據詞章及故籍的整理，著有《觕厂文集》《碧慮商歌》（1933 年江寧蔣氏湖上草堂叢刊印行）《周秦金石文評注》《兩漢金石文評注》《晉書研究》《玉臺新詠評注》《歐陽修文選注》《黃山谷詩選注》《錢牧齋文評注》，以上並抗戰前商務印書館出版。《嘉業圃明板方志提要》，《漢魏六朝文學史》（1935）潛志堂印行，《六朝文榷》，《詞範》1938 印行，《頤水室書畫考》，《天問達詁》1943 年印行。」

**是年，《山東大學現有教職員工調查表》論其人云：「教詞及目錄學，教法很舊，但頗能尊重學生的意見。無顯著之政治色彩，但據說敵偽時曾在新民會幹過事。」**見《山東大學現有教職員工調查表》。

**是年，油印《勞山記遊集》一卷行世。**見黃孝紓《勞山集跋》：「《紀遊詩》業於一九五二年印行。」1963 年，王則潞將《勞山記遊集》詩之部、《東海勞歌》詞之部，再益以《輔唐山房猥稿》文之部，合三部手稿影印為《勞山集》行世。

**是年，撰寫《小傳》一份。**小傳有硃筆劃改。現藏山東大學檔案館，檔案編號 WS.XB-52-1-18。

**是年，因繳不上地租，將一九四二年租賃的福山支路公地一畝退還房產局。**《自傳》（1955 年 9 月 28 日）：「又租賃福山支路公地一畝，預備日後人口增多分居建屋之用（一九五二年因繳不上地租退還房產局）。」

**年底，山東大學校長華崗向全校人員作《山東大學關於「三反」「五反」運動的總結報告》。**《山東大學大事記》。

## 1953 年癸巳，五十四歲

**四月初二（5 月 14 日），夏敬觀去世，年七十有九。**葉玉麐撰《新建夏公墓志銘》，見《吷庵自記年曆》。

**夏，為周至元《嶗山志》撰序。**《嶗山志序》末有「癸巳（1953）夏日輔唐山民黃公渚劬庵氏拜撰」。黃孝紓由青島市政協力推周至元《勞山志》至省出版社，但因卷帙浩繁，不能即印，出版社轉約周至元撰《嶗山名勝介紹》一書。周至元《嶗山志序》云：「壬辰之夏，養痾琴岡，藥鼎之間，取舊稿加以修訂。聞黃公渚先生工古文詞，且熟悉嶗事，因携書造門就正。先生覽竟而嘉之曰：此華陽、武功二志之繼步，胡不付諸剞劂以饗海內，籍為嶗山光寵乎？余唯唯。先生乃力薦於出版社。社秉以此志卷帙浩繁，礙於利權，勢不能立即出版。轉以嶗山導遊小冊屬撰。因作《嶗山名勝介紹》一書，付之刊佈行世。而此志之刊印，只得俟諸異日矣。」按周至元《嶗山志》延至 1993 年始由齊魯書社出版。

**六月，與張伯駒（叢碧）伉儷、惠均（孝同）、啟功（元白）、岳宏略、弟黃孝平（蘧厂）同遊嶗山內九水，有《內九水遊記》。**文載《輔唐山民猥稿》，略云：「癸巳夏六月，余約張叢碧伉儷為勞山遊，惠孝同、啟元白自京來會。岳宏略及蘧弟預焉。」又有《癸巳初秋，偕同叢碧、慧素、孝同、元白、宏略雨中遊勞山，自北九水至魚鱗瀑，途中書所見》《癸巳秋，偕同元白、孝同、宏略及叢碧、慧素伉儷遊勞山，從北九水入山，越魚鱗峽，直抵靛缸灣，遇雨溪流湍急，四山飛泉彌望，勝遊所未覩也，既為紀遊詩八章，意有未盡，更賦長歌以張之》等詩紀其事，載《勞山紀遊集》。

**初秋，張伯駒、潘素、啟功等來青，至觀海二路三號甲的寓所中切磋畫技，詩詞唱和。**黃公渚有《癸巳初秋，偕同叢碧（張伯駒）、慧素（潘素）、孝同（惠均）、元白（啟功）、宏略雨中遊勞山，自北九水至魚鱗瀑途中，書所見八首》，又有《癸巳秋，偕同元白、孝同、宏略及叢碧、慧素伉儷遊勞山，從北九水入山，越魚鱗峽，直抵靛缸灣。遇雨，溪流湍急，四山飛泉彌望，勝遊所未觀也。既為紀遊詩

八章，意有未盡，更賦長歌以張之》，二詩皆載《勞山紀遊集》。

八月十五日（9 月 22 日），**關賡麟輯《咫社詞鈔》四卷油印刊行，中錄有黃孝紓詞作**。《咫社詞鈔》四卷，1953 年油印本。卷一第一集錄有《解語花·詠盆蓮》一首，卷二第十集錄有《惜餘春慢·送春》一首。

**本年，工資 550 分，級別 10 級**。《山東大學教員名冊》（校長辦公室人事科製，1953 年 11 月）。

**本學年擔任中國文學史講課和輔導，擬於一九五四年合開中國文學專門課程**。《山東大學教師名冊》（1953 年 12 月 20 日）。

**本年第一學期，與蕭滌非、高亨、馮沅君為中文系一年級合開《中國文學史》（一）必修課，共五課時**，在文 102 教室，每週一第七節、週四第六、七節和週五第四、五節。與蕭滌非、高亨、馮沅君為二年級合開《中國文學史》（二）必修課，共五課時，在文 102 教室，每週一第三、四節，週三第二、三節和週六第二節。與馮沅君、蕭滌非為三年級合開《中國文學史》（三）必修課，共五課時，在文 101 教室，每週二、週四的第四、五節和週六第三節。《各院系開設科目表》（1953 年第 1 學期）、《中文系一九五三至五四學年工作計劃》。

**本年第二學期，與蕭滌非、馮沅君為中文系三年級合開《中國文學史》（三）必修課，共五課時**，在文 101 教室，每週一、週三第四、五節和週六的第三節。《各院系開設科目表》（1953 年第 2 學期）。《山東大學各系專業設置及師資情況》（1953 年）內「中文系專業設置及師資情況」云：「三、教學組織：（一）中國文學史教學小組：1.成員：組長馮沅君（教授），組員蕭滌非（教授），黃孝紓（教授），趙省之（副教授）。2.現開課程：中國文學史：三年級二小時，三年級四小時；三人合開，馮沅君講唐以後，蕭滌非、黃孝紓講唐以前。歷代韻文：三年級二小時，三人合開，馮沅君講唐以後，蕭滌非、黃孝紓講唐以前。四、專業設置後開設課程：（一）中國文學史教學小組：①中國文學史：一年級三小時，二、三、四年級各五小時，高蘭開文學史甲，蕭滌非、黃孝紓開文學史乙，馮沅君開文學史丙。②中國古典文學專論：屈原研究，黃孝紓，四年級三小時。③中國古典文學專論：杜甫研究，蕭滌非，四年級二小時。」

**是年，曾為吳壽彭推命**。吳壽彭《大樹山房詩集》中《戲題〈淵海子平〉》小注云：「古人於人事之歷史知識有限，無他法以徵往知來，姑以干支妄言之如此，

亦願人姑妄聽之而已。余平生曾有宜興張紾言（癸酉），武昌李遠和（丁丑），青島黃公渚（癸巳）為推命。紾言所批，文極工麗。李生周詳，逐歲月而為評議，己丑後皆已失落。黃公所批云：庚辛並透，秉質文明，圭璋特達，但命中墓庫（磨苦），須防小人。」

本年，計劃開展《離騷今譯》。《中文系文學史教研組研究工作計劃》（1953年）：「《離騷今譯》工作計劃。（1）研究題目：離騷今譯。（2）參加人員：教授黃孝紓。（3）目的要求：把偉大詩人屈原的傑作譯成白話，供研究和講授古典文學者的參考。（4）開始及完成的時期：一九五四年春開始，一九五四年冬完成。」《山東大學一九五三度第二學期各單位著述編譯工作彙錄》備註一欄云：「就歷代關於《離騷》的注釋作初步整理，譯成白話，供研究和講授古典文學者參攷。」

是年，吳熙曾、汪鸞翔、潘素為汪曾武作《桂香重擷圖》，黃孝紓有跋。按《桂香重擷圖》，許寶蘅題引首並題簽，汪曾武、邢端、唐文治、陳雲誥、夏仁虎、王耒、關賡麟、曹元弼、金梁、蕭龍友、余紹宋、諸季遲、許寶蘅、冒廣生、蔡晉鏞、黃孝紓、黃君坦、靳志、夏緯明、張鼎荃、葉恭綽、胡先春、孫昌烜、巢章父、劉嘉魚、張伯駒、周沆、吳慰祖、宋庚蔭、黃復、汪鸞翔題跋。見北京翰海2017年秋季拍賣會 · 中國近現代書畫。

## 1954 年甲午，五十五歲

春，青島市文聯籌委會組織成立了青島市國畫研究會，主任黃孝紓，副主任委員陳壽榮、張鐸，成員有赫保真、杜宗甫、孫國楓、馮憑、李丹忱、葉伯泉、杜孜園、孫德育、張郇丞、馬龍青、隋易夫、宋新濤等。陳壽榮《記青島市國畫研究會》，會中主要會員有：「陳文浩，工四王派山水，民盟青島市委陳仰之同志之父；黃公渚，山大教授，工詩文，山水宗戴醇士；杜宗甫，民盟成員，工象牙平面雕刻，善南宗山水並工書法。赫保真，民盟成員，一中，教師進修學院教師，工國畫尤善畫牡丹；童書業，山大教授，畫學文徵明；畸書耕，山大教授，工詩文，擅寫生花卉；馮憑，民盟成員，善小寫意花鳥；葉伯泉，民盟成員，十四中教員，工書法花卉；李丹忱，七中教員，李苦禪弟子，善大寫花鳥；馬龍青，共產黨員，原文化局局長，善大寫花鳥；杜沂，三十九中教員，善花卉，學吳昌碩；孫德育，十四中教員，善山水，上海名家馬企周弟子；梁善璽，現名梁天柱，民盟，西醫師，善山水，學黃賓虹；王蘊華，原十四中教員，現為中醫，善古典詩文、書法，山水學文徵明；葉藝，青島印染廠技師，善花鳥，張書旂弟子；張郇丞，作畫一生，善工筆

花鳥;孫德廷,名孫凝宗,九中教員,善山水,學俞劍華(已故);馬長清,字潔泉,中國銀行會計,善工筆仕女;徐惠圃,小學教員,善花卉,用色鮮麗學王武;隋易夫,共產黨員,市黨委幹部,善寫生花卉;宋新濤,共產黨員,原廿四中副校長,現青島紡織學院系主任,善大寫花鳥;房紹青,市工藝美術研究所主任,善歷史人物;孫國楓,十二中教員,善花卉、刻瓷;魯星五,又名魯醒悟,十中教員,擅寫意花鳥;吳效安,七中教員,女,善花卉;陳起惠,八中教員,善花鳥;趙師惠,女,文化館館員,北京名家趙夢朱女,善惲派花卉;王繼超,青島二中學生,現天津市工藝美術研究員教師,工書畫;陳壽榮,二中教員,擅書、畫、印,能詩,苦學一生。」

是年上學期,製定翻注《離騷》計畫、「騷賦史」研究計畫,並撰寫《唐代散文講稿》。黃孝紓撰《辨證唯物論學習心得》(1954 年 8 月)云:「製定科學研究計劃選擇題目的問題。在上學期,組領導曾經指示我教學方向,是文學史中古階段,即三國至唐,而我所擔任課是詞賦、散文。為了結合教學,製定研究計劃,我曾預定『韓柳古文運動』兩個題目。嗣以韓柳歸入下一階段,不在我教學範圍,因此想到六朝駢賦尚沒有人研究,這也是一門冷貨,不妨搞他一下。故在製定翻注《離騷》計畫後,接着寫了魏晉六朝詞賦的計畫,後來和同人談起,並認為駢賦是漢賦的餘波,已是走向衰亡的東西,不如結合教學,在騷賦史中附帶研究,不必專限於這一時代,一面浪費勞動力,我當時不以為然。現在從討論劉大傑《文學史大綱草案》,得到證明,六朝一個階段駢文和駢賦,等於一個空白,再以教部新訂《文學史分期草案》來看,把漢至六朝縮減成一個學期,怕是也不以六朝駢賦為重點,這些都充分說明,我學習不夠,不能用辯證法去觀察事物一個教訓。教部新訂文學史分期,已把中古向下拉倒宋代,為了結合專門化課的研究,擬變更計畫,改為『騷賦史』,再在宋詞方面,選擇一個題目,來迎接文學史這一專業課的運動發展新形勢。」

又云:「上個學期寫《唐代散文講稿》時,對於初盛唐的文學駢體文轉向中唐的古文,這一運動發展時,深深體會韓柳並不是傑出的天才,而是有他客觀種種原因,逐漸地由漸變轉向突變。初盛唐文是量變時期,尤其盛唐散文作家,由於科舉起來的新階層出現,勢力日益壯大,量的增多,引起突變,故到了韓柳,才爆發了古文運動。這一運動在文學史上來看,是具有革命意義的。」

五月五日(6 月 5 日),端午節,龍榆生有《臨江仙》詞懷之。詞序云:「甲午端午坐雨上海博物館最高樓有懷黃公渚教授(孝紓)青島,因用無住詞韻倚此寄之。」見張暉《龍榆生先生年譜(增訂本)》。

　　八月，撰寫《辨證唯物論學習心得》。在「相互聯繫相互依存的特徵對業務的結合」一節云：「再結合本人擔任文學史課程而言，以往也曾教過這門功課，並寫有講義，現在重新翻看，真令人大吃一驚，所有問題無一不是片面的、表面的、孤立的來看。單舉兩漢駢文和六朝駢文作風的差異問題作例。以往只知道兩漢駢文有經學根柢，六朝駢文乃是以雜學為基礎。而不知從官僚地主與世族地主兩個階級性去聯繫來看，便成了孤立看問題了。又如駢體文極盛於六朝，為什麼到中唐轉到消歇，代之而起的是古文，一直到五四運動，又告消滅，這一問題以往是非常模糊的，如從社會基礎作者階級性聯繫來看，自然可瞭解他的依存和衰亡的原因。時代不同，社會變了，舊日的文體，只可作歷史觀，這就是文學史課程的目的要求，也是我對舊治學和教學方法的批判。」《山東大學大事記》：「全校出現學習辯證唯物論的熱潮，馮沅君、郭貽誠等教授紛紛在校刊上發表文章，暢談學習心得和收穫。一年中校刊登載這類文章達40餘篇。華崗校長把辯證唯物論的學習，分為11個專題，先後作了35場報告。上海人民出版社根據報告整理記錄，出版了《辯証唯物論大綱》一書。」

　　隆冬，與馮沅君同主考山東大學中文系二年級《中國文學史》課。郭同文撰《著名文學史家教育家馮沅君》：「1954年隆冬，山東大學中文系二年級學生進行期末考試，黃公渚教授主考《中國文學史》課，馮沅君作為教研室主任也親臨考場與黃先生共同主考，採取的是口試方式。」

　　是年，黃孝紓撰《勞山紀遊集》與岳廉識《勞山紀遊》合刊作《勞山勝覽》。黃孝紓為岳氏《勞山紀遊》撰序。序云：「勞山在即墨縣東南海上，今屬青島市，其峰數十，磅礡橫互三百餘里。《寰宇記》言，秦始皇登勞盛山，望蓬萊，世遂訛以勞山，古名勞盛。考《漢書》，盛山作成，在今文登縣東北，則勞、盛自是兩山。《南史》明僧紹隱於長廣郡之嶗山，字乃從山。《獨異志》，王旻請於高密牢山合煉，則字又作牢。元邱長春，卜居勞山，更其名曰鼇山，勞牢音義，並從勞字孳乳，鼇山則以山之形勢言也。至勞命名之始，相傳秦始皇登嶗山，萬人除道，百官扈從，竭一郡供張，數邑儲偫，四氏廢業，千里驛騷，而後上，於是齊人苦之，命曰勞山。傳說紛紜，莫得而詳焉。李太白詩云：我昔東海上，勞山餐紫霞。《佛國記》載法顯自廣州西北行求岸，晝夜十二日，界長廣郡勞山南岸，問人，答為青州屬。勞之名見於記載，章章可考。至於山勢之雄奇，石形之譎異，以及蘊藏物產之豐饒，膠東半島諸山無出其右者。故記云：『泰山雖云高，不如東海勞。』足證勞山靈異，固不亞太嶽也。余流寓青島，垂五十年，遙望二勞秀色，翠映幾席，日與山靈為緣，蠟屐幽探，前後十餘次。癸酉、乙亥間，養痾山中，益得恣情遊覽，得詩若干首，秘之篋衍，不敢示人。

揭來青島市政，日益發展，每當夏令四方來遊者雲集，以余生長海陬，略識勞山名勝，猥蒙諮詢，談次深以無系統記載，足供導遊為憾。睹此稿，慫恿付梓，因審遊侶。岳君廉識，草有《勞山紀遊》，綱舉目張，較為全面，爰於暇日，商討整理，合為一冊，此雖解放前舊稿，建築林木，容有經燹殘毀，不盡脗合，而山川位置，當無劇變，值此世界日新，建設猛進，固不能以此為限，而飛鴻留爪，取足自娛，老馬識途，聊供參考，覽者庶有取焉。一九五四年，黃翺厂識於觀海廬之月鬘簃。」

是年，歐秋夫寫檢舉材料，檢舉黃孝紓。謂：「黃公渚，年五十三歲，原籍福建省閩侯人。留長髮，大眼架近視鏡，長臉，色白，高瘦身材。學歷不詳，精通古文學。住觀海二路，門牌不詳，問謝祖元可能知道。一九三九年曾任華北政務委員會、北京美術院院長（能繪山水），不久退職返青。一九四五年勝利後，曾任匪山大古文學教授，現仍服務人民山東大學。其胞弟曾服務偽華北政務委員會，任經濟總署（偽辦辦王蔭泰）某部局長，現仍住北京，住址不詳，問該黃公渚可能知道。社會關係：與謝祖元、尹授一、崔士傑、劉承烈、劉希亮、劉慶曾、楊寶剛、岳廉識等皆善交（以上各人經歷已寫）。歐秋夫。」見《黃孝紓檔案》。

約是年，致信譚正璧，告及近時翻譯《楚辭》諸篇、翻譯宋詞諸事。函云：「正璧先生著席：執別三年，久疏音敬，頃由殷孟非兄處展讀手畢，承蒙匯注，益徵苔岑之雅，並審著述多娛，動止清吉。比來政府注重文化遺產，古典文得到普遍重視，商量舊學，培養新知，兩相結合，殊非易事。在一九五一年，結合教學（楚詞課）曾翻譯《九章》《九歌》《離騷》等篇，除《離騷》外，其餘皆較郭、文氏為早，顧見文、郭二譯本刊行，故不願發表，僅作為教學之用。今夏與舍弟君坦利用暑假空閒，合譯宋詞，並附語釋及作法、題解等等，約七萬字左右，選詞標準以具有現實性、人民性為主。由於宋詞意義深奧，但用語釋，讀者仍不易了解，必須加以語譯，乃能對青年有所幫助。譯詞尚屬創例，謄正後尚擬請教。此外由於歷年教學研究所得，對於劉向《新序》《說苑》頗覺興趣，現正計劃選注，可略備研究文學史者參攷。

執事服務出版社，領導古典部分，得便倘能惠示貴社關於古典文之目的要求和辦法，以便借鏡和遵循，曷勝翹企！專泐，即頌著祉。弟黃公渚頓首。」見《譚正璧友朋書札》第81頁。

約是年或之後，寄給文學古籍刊行社《溫庭筠詩》《金奩集》整理稿。有札云：「茲寄上《溫庭筠詩》二冊，《金奩集》一卷，另《刊悞表》一分及《說明》一帋。希審閱為幸。文學古籍刊行社。黃公渚啟。十二。」

## 1955 年乙未，五十六歲

春，在山東大學講授魏晉南北朝文學史。郭同文《憶文學史家黃公渚》
云：「當講到南朝宋齊時代著名詩人謝靈運的山水詩時，從文學館前面的樹上傳來了鳥
鳴聲。他深情地吟誦道：『池塘生春草，園柳變鳴禽。』接着說：『這是謝靈運在《登池
上樓》一詩的詩句，好！好！好！你們打開講義，對這樣的詩句要用筆圈起來。』然後
他又用古韻的優美腔調一連吟誦了十多對優美精湛的詩句，都讓我們一一用筆在講義上
圈起來。接着，他精闢地分析了謝靈運是如何扭轉五言詩風，開創了山水派詩歌新穎而
又優美的詩風……課後，他讓我（當時為班級學習委員）和他一起，像謝靈運那樣到深
山探奇訪勝。我們一起，日遊南九水，暮宿嶗山飯店。第二天，又一起登上了嶗頂。」

五月十三日（7月2日），山東大學校黨委發出《關於傳達省委開展
批判胡風運動指示的要點（草案）》的通知。《山東大學大事記》。

八月，撰寫批胡風《思想學習總結》。見《黃孝紓檔案目錄》。第18條有
「思想學習總結」，55年8月，上批「胡風」二字，材料取出時間及原因一欄填「撤
出銷毀。86.5.31。」

八月，楊向奎撰寫檢舉黃孝紓材料。云：「關於黃公渚（中文系教授）。童
書業說：他曾兩次在黃家看到許思園，可以知道他們關係相當好。又曾聽說許和束星
北曾到黃家去過。黃的政治面貌也應弄清。這是有問題的人。楊向奎。一九五五·八。」
楊向奎《檢舉（黃孝紓）材料》（1955年8月）。

九月二十八日，撰寫《自傳》一份。毛筆書於山東大學印製的綠格稿紙
上，共十三頁，六千四百餘字，末題：「一九五五年九月二十八日，寫於青島山東大
學。」文見附錄。

秋，為山東大學中文系學生講授隋唐文學史，講到宋齊時詩人謝靈
運詩歌後，邀郭同文等陪同到勞山探奇訪勝，日遊南九水，暮宿勞山飯
店，第二天登勞山頂，並撰詞二首《清平樂·秋日遊南九水》《浣溪沙·勞
頂》。郭同文《著名文學史家、書畫家黃公渚》（《青島文史資料》第十四輯）：「1955年
秋，黃先生講授了宋齊時代山水詩人的開創詩人謝靈運的詩歌之後，便像謝靈運那樣到
深山探奇訪勝，讓我陪同他，日遊南九水，暮宿嶗山飯店，第二天登嶗山頂。」

深秋，由郭同文陪同看望由濟南回青島觀海二路四十九號養病的王
統照，並與王統照談到老舍及《駱駝祥子》。郭同文《名篇的鑒賞與寫作：橫
笛何人夜倚樓——在王統照故居暢談老舍的〈駱駝祥子〉》。

　　與蕭滌非為漢語言文學二年級同開《中國文學史（二）》課程。獨自為漢語言文學專業三年學生開設「《楚辭》研究」課程，擬出版《楚辭研究講義》。《山東大學中國語言文學系教學工作計劃 1955～56 學年》（1955 年 10 月 21 日）。按黃孝紓所開設《楚辭》研究課程，1955 年冬應已開設，系主任聽課計劃一欄已填寫黃氏課程名稱，聽課日期為 1955 年 11 月 1 日。按《楚辭研究》一書，後有油印本，王培源曾經眼，撰有《一份塵封的〈楚辭研究〉──簡說黃孝紓先生的〈楚辭〉研究》一文。

　　是年，製定科學研究計劃為專著《楚辭譯注》，給《楚辭》加以通俗注釋及譯文，約 1956 年夏完成，是時已經開始譯注。另有專著《燉煌俗文學研究》，主要工作是分類研究加以校釋，預計 1958 年冬完成，是時尚未開始。《山東大學 1955～56 學年科學研究計劃（中國語言文學系）》。

　　是年，在《文史哲》雜誌發表《批判胡適〈詞選〉中錯誤觀點》一文。載《文史哲》1955 年第 11 期。

## 1956 年丙申，五十七歲

　　四月，與高亨、陸侃如合作注釋之《楚辭選》一書由上海古典文學出版社出版。陸侃如所撰《楚辭選前言》小注云：「前言和各篇小引是陸侃如執筆的；《湘君》《湘夫人》《少司命》《山鬼》《國殤》《離騷》《涉江》《哀郢》《天問》《九辯》和《招魂》是高亨注解的；《東皇太一》《雲中君》《大司命》《東君》《河伯》《禮魂》《惜誦》《抽思》《懷沙》《思美人》《惜往日》《橘頌》《悲回風》是黃孝紓注解的。不過最後都經過相互的討論。」

　　第一學期，在山東大學講授《楚辭研究》，有油印《楚辭研究》講義。王培源《一份塵封的〈楚辭研究〉──簡說黃孝紓先生的〈楚辭〉研究》：「在教學過程中，黃先生先是與陸侃如、高亨先生共同注釋出版了《楚辭選》（上海古典文學出版社，1956 年 4 月），隨後，即編寫了《楚辭研究》，作為學生上課的講義。從 1956 學年的第一學期開始講授。在那一個時代，沒有現在每年必須有多少成果的任務，先生們出版著作非常慎重。黃先生的《楚辭研究》是否有補充修改後出版的計畫和打算，不得而知。現在留給我們的，只是當時的學生保留下來的一本油印的講義而已。」

　　五月十五日（6 月 23 日），張子炎寫檢舉材料，檢舉黃孝紓。「檢舉主要問題性質」一欄云：「漢奸組織的秘書長，一貫崇拜日本並傳播崇日思想。」「主要問題內容」云：「黃孝紓是前清青州府知府黃石蓀的第二子，辛亥革命後全家住在青島

湖南路（自己買的房子）。盧溝橋事變前，黃孝紓在青島大學教國文。日人占華北，漢奸要組織政府的時候，黃孝紓與弟黃孝平同來北京參與其事。偽組織成立後，他任司法委員會祕書長，頭子是董康。後來偽司法委員會取消，他給漢奸王揖唐做參事。淪陷末期，他在京任藝專學校校長。勝利後，回青島。據說仍回到青島大學（此校後改山東大學）。黃家在日占青島時，一直住青島。非常崇拜日本。在盧溝橋事變前後，我都曾見着他，他總說日本必勝。他任偽祕書長以後，我曾聽他說過『就這樣過些年，亦很好嗎』。以後同他言語失和，遂不再見面。勝利後，消息斷絕，輾轉聽說他又回青島大學，那時他們仍住湖南路，他家出福建數十年，可能不會回南。」見《黃孝紓檔案》。按張子炎時任和平區處秘書科科員。

六月，製定十二年科學研究計劃：「目錄學」，1956 年至 1960 年完成；「詞史」，1960 年至 1964 年完成；「敦煌俗文學」，1964 年至 1968 年完成。《山東大學中國語文學系十二年規劃》（1956 年 6 月）。按《山東大學百年史：1901～2001》載是年製定年度科研計劃中有黃孝紓的《目錄學研究》。

夏，偕同張伯駒伉儷在遊勞山白雲洞，有《白雲洞記》文與《寶鼎現・白雲洞與叢碧同遊》詞紀其事。見《勞山集》。

七月，指導山東大學歷史系學生生產實習工作，負責指導圖書版本學一小時。《1955～56 學年度歷史系生產實習計劃》。

七月十九日（8 月 24 日），顧頡剛於童書業家遇黃公渚，長談。《顧頡剛日記》（聯經版）第八卷第 107 頁。

七月二十二日（8 月 27 日），黃孝紓訪顧頡剛，同到青島圖書館，晤韓寶生、張錚夫、張伯仁等，閱書。顧又至黃孝紓家小坐，閱畫。《顧頡剛日記》（聯經版）第八卷第 108 頁。

七月二十八日（9 月 2 日），顧頡剛至黃孝紓家，與黃孝紓、黃為憲、曹祖勛同上觀海山遠望。晚黃孝紓與子為憲設宴招待顧頡剛，同席者杜宗甫、童書業、曹祖勛。顧在黃孝紓家見文徵明《夏木垂陰圖》。《顧頡剛日記》（聯經版）第八卷第 112 頁。

八月二十二日（9 月 26 日），訪顧頡剛，贈畫。《顧頡剛日記》（聯經版）第八卷第 123 頁。

八月二十五日（9 月 29 日），在《新山大》發表《六州歌頭》詞。詞云：「六州歌頭，中文系教授，黃孝紓。百花齊放，紅日麗中天。五星耀，八方聚，

集英賢，溯當年。七屆延安會，紆長策，決勝算，殄群醜，完一統，十年間。海宇澄清，指顧神州奠，重整河山。鎮熙熙皞皞，耕者有其田，地轉天旋，史無前。　　看通蜀道，耕沙磧，平天塹，濬河源。先進國，饒經驗，是蘇聯，許隨肩。萬國衣冠會，來日下，大團圓。秋十月，雙重慶，集天安。建設和平社會，前程近，好景無邊，揭紅旗處處，勝日萬方歡，歌管聲喧。1956 年國慶節，恭逢中共第八次全國代表大會開幕期間，敬賦俚詞，用紀盛美。」載《新山大》1956 年 9 月 29 日。

十二月十九日（1957 年 1 月 19 日），在《青島日報》發表《略論洛神賦的文學價值》一文。《青島日報》1957 年 1 月 19 日。

是年，在山東大學參加中國民主同盟。《民主人士登記表》。加入民盟後，曾提出編纂青島地方志、加強市立圖書館設備管理以及籌建市立美術館等多項建議。

是年，發表《關於「詞匠」問題》《洛陽伽藍記的現實意義》論文。分別載《文史哲》1956 年第 4 期、1956 年第 11 期。

是年，在《青島日報》發表《略談楚辭》論文。《青島日報》1956 年 12 月 11 日至 15 日。

1956 年至 1957 年第一學期為中文系漢語言文學專業二年級開設中國文學史課程，與蕭滌非合上，上課地點為化 114 教室。上課時間為週一、週三第三、四節，週五第二節。為漢語言文學專業三年級開設《楚辭研究》，上課地點文乙 06，上課時間為週四第五、六節。《山東大學上課時間表》（1956～1957 年第一學期）。

是年，指導董治安畢業論文《論辛棄疾》。另董治安學年論文《莊子和他的寓言》指導教師亦為黃孝紓。《山東現代著名社會科學家傳·董治安》云：「大學期間給予董先生教誨特多的另一位老師是黃孝紓教授。黃先生以自學而有所成就，知見廣博，尤精於詩詞、駢文和版本目錄之學。他先後指導董先生撰寫了學年論文《莊子和他的寓言》、畢業論文《論辛棄疾》。他課餘對董先生的指導方面良多，且往往涉及傳統學術的某些至要之點。董先生由披覽《書目答問》《四庫全書總目提要》而粗知文獻學門徑，也是在黃先生的具體指點下開始起步的。」

## 1957 年丁酉，五十八歲

二月，製定一九五七年科學研究計劃，題目為「目錄學研究」，研究目的「配合教學，指導同學對於古代書籍制度、部類及版本，有一明

確認識。以便從事古籍的研究。」研究期限「1956.8～1960.7」。《山東大學一九五七年科學研究計劃》（1957 年 2 月油印本）。

　　**三月，有人寫檢舉材料，檢舉黃孝紓。**謂：「黃孝紓，號公渚，又號匑厂。福建人。現年約五十多歲。此人是舊文學家，也就是舊社會的『名士』。著有《匑厂詩集》等。敵偽時期，曾在北京偽監察院，為該院院長大漢奸董康做秘書長多年。後並為偽華北政務委員會秘書，因此發了很多賣國財。在北京時住在東四牌樓東二條胡同，即郭嘯樓的房子，是北京有名的豪華住宅。並收買了大批珍貴古玩字畫，又娶名舞女為妾。他的罪行是極嚴重的。日本投降後，聽說在青島師範學校當教員，後來沒有消息。據我看來，此人可能仍匿居青島（因他原在青島住家多年），或者逃回福建或香港。他是舊社會的『封建名士』，我想在舊社會中不難查出下落。1957.3。」見《黃孝紓檔案》。按此材料未署名。

　　**春末，黃孝紓提名郭同文留校任教，做他的助手，合開魏晉南北朝文學史課。**郭同文《著名文學史家黃公渚》：「黃先生此時還未配備助手，1957 年春末，系裏決定讓他從應屆畢業生中挑選一位學生留校做他的助手。黃先生通過平日的瞭解和深入考察，提名我做他的助手，然後古典文學教研室主任馮沅君、中文系主任蕭滌非考察了我大學四年當中所學的各門課的成績並細讀了我寫的畢業論文《論〈三國演義〉的藝術特色》之後，三人聯合提名讓我留校做古典文學助教，6 月中旬得到了學校的批准，並決定黃先生為我的導師，我便成了他的助教和弟子，主攻魏晉南北朝文學史，在黃先生的指導下，合開此課。」郭同文《著名文學史家、書畫家黃公渚》（《青島文史資料》第十四輯）：「1957 年夏，我畢業了。由黃先生提名，馮先生贊成，中文系主任蕭滌非教授親自考查——審閱了我的畢業論文，然後三人聯合提名，由學校批准，將我留校擔任中文系古典文學教師，作為黃先生的助手，並與他一起合開魏晉南北朝文學史課。」

　　**夏，跋啟功所藏明拓松江本《急就章》。**云：「傳世卅一急就章，刱自史游資學誦。蒼頡散佚凡將亡，縣絙留遺世尤重。寫本傳有皇象書，石林摹刻等星鳳。松江本出吉水楊，波磔完好勢奇縱。閱世薪盡得火傳，補缺況有仲溫宋。君從何處獲此本，氈拓如新自殊眾。漢重小學解隸體，取便粗書適時用。故知通變能出新，蔑古非今俱一孔。藥法中自有菁華，論價應不同骨董。願君攝取玻璃魂，化身千億廣播種。開函綴語附簡末，頳顏一咲發春齆。元白先生出示松江本急就篇屬題即正。丁酉夏，匑厂黃孝紓識於青島。」《啟功先生舊藏金石碑帖》第 111 頁。

夏，與張伯駒同遊勞山華嚴寺，有《蘭陵王‧雨過涼飋習習》詞紀其事。載《東海勞歌》，序云：「華嚴寺建自明季，藏經廡風景最勝。丁酉夏日，與叢碧同遊。」

公曆五月，中共中央發出「關於整風運動」的指示，決定在全黨普遍地、深入地開展反對官僚主義、宗派主義、主觀主義的整風運動。學校黨委發動大家幫助黨整風。《山東大學大事記》。

四月十九日（5 月 18 日），山大黨委邀請了中文系講師以上的教師座談。中文系與會的有潘穎舒（講師）、馬松亭（副教授）、高蘭（教授）、殷煥先（教授）五人。黃孝紓發言云：「我已快六十歲了。過去，我知道，不該問的不問，因此我也不問，對行政工作知道得很少，甚至可以說完全不知。五年來換了多少黨委，不知道。我不認識房副書記，房也不知道我。如果說沒有調查研究，就沒有發言權。我的確不能發言。但這裏邀請，民盟督促，我總得發言。年近六十，但接受革命理論，才六歲，發言不一定對頭，請『童言無忌』吧。」最後，潘、高、殷都掉進陷阱，而黃孝紓此次全身遠害安然而退。李晉玉《國學大師黃公渚》。《黃孝紓的鑒定材料》（中共青島市委統戰部，1957 年 10 月 19 日）：「他在山大黨委召開的座談會上曾說：『前黨委書記（指崔戎同志）偏聽偏信，把人分成兩等，一謂積極分子，一謂落後分子。弄得全校不團結，說漂亮話的晉級加薪，而另部分人則被視為落後分子。』」又說：「冷了受不了，發高燒也受不了，這兩年來我不能說沒有提高，但是我覺得不僅熱起來了，而且有 40 度的高燒，課程多了，活動亦多了，民主黨派也爭取我。更奇怪的，高教部請人叫我編寫我沒有教過的明清文學史，我自己摸不清到底有幾兩重？最近領導上還要叫我到濟南開會，真是熱起來了，但是黨是否對某人有深入的了解呢？不一定，至少對我是如此，還可能是偏聽偏信。」

公曆五月，參加青島市政協會議。《黃孝紓的鑒定材料》（中共青島市委統戰部，1957 年 10 月 19 日）：「在會議上曾說：黨不能領導科學，不能領導學校和企業，因為這批幹部都是過去的農村黨員幹部。同時還說部分黨員幹部居功自滿，表現自高自大，瞧不起非黨群眾，往往以改造別人的身份自居。自己都不虛心學習，自我改造，我們要知道，目前敵我矛盾基本上不存在，面臨一個新時代，走向社會主義建設高潮，單純依靠成分好、資格老、地位高，放鬆自己的懶漢思想是不應再有的。說到肅反運動時，他認為基層幹部忽視了憲法的精神，甚至少數人抱有私人成見。說在運動中出現侵犯人權違法亂紀的事件。如他舉例說：本市及中等學校在前年肅反運動

中，就有被懷疑鬥爭的對象，沒有很好掌握具體材料亂扣亂押，進行搜查，在平反時，也不公開坦白的承認錯誤，採取遮遮掩掩的態度，使一些未結束的案件拖延時日，至今還未及時適當的處理，尤其是中學肅反時值酷暑，不管男女老幼，全部集中學習，母子夫婦被隔離，長時期不准出入，在鬥爭中打人罵人是經常的現象，甚至有被打落牙齒的，有被逼得跳樓自殺的，這種侵犯人身自由是嚴重違反憲法的。」

**公曆五月，參加山東省委宣傳會議，述及丁山死事。**《黃孝紓的鑒定材料》（中共青島市委統戰部，1957 年 10 月 19 日）：「在省委宣傳會議上又說：積極分子中有好的，也有投機分子。據我了解，有舊日朋友本來有個人主義、宗派主義（指楊向奎），在別的地方已經搞得很不好，來山大入了黨，他對丁山先生是很不對的，丁山有缺點，楊即發動了圍剿，丁死了很可惜。……楊入黨後並沒有克服宗派主義，楊領導歷史系也弄得不好，去年評級評薪他是二級，大家都不服。他學識不比別人高，在黨員說也很幼稚，如何對得起長征的老黨員。」

**1956 年至 1957 年第二學期為中文系漢語言文學專業二年級開設中國文學史（二）課程，上課地點為化 114 教室，上課時間為週一、三、五第三、四節。**《山東大學上課時間表》（1956～1957 年第二學期）。李晉玉《國學大師黃公渚》云是年「在山東大學講授魏晉南北朝文學史」。

**五月初五日（6 月 2 日）下午，王仲犖在九三學社山大支社與青醫支社於青島市政協聯合舉行的「民主辦校」座談會上談及黃孝紓評級事。**云：「從評薪定級一樁事看來，我們的黨委同志們對自己的家私估計是不足的。對每一個老教師，不要憑某些同志一兩句話就捧上天，也不要憑某些同志一二句話就打入地獄，應該實事求是的重新估計估計自己的家私。不用自我吹噓，也不要『貴遠而賤近』，『家有敝帚，寶之千金』，何況是實力雄厚，學問淵博的老教師，為什麼不見寶呢？評薪中，如北大游國恩教授評一級，而本校馮沅君教授評二級，我不知道他們的差異點在哪裡？如上海音樂學院的龍榆生教授評一級，而本校的黃公渚教授評四級，我也不了解為什麼差異有那麼大？我認為如果發揚民主，民主辦校，像這類問題可能會發生，但程度是會不同的。……黨委制領導下，人事制度的問題，我也想談談。這裡最重要的就是留助教研究生的問題，以及學生畢業的工作分配問題。一般的系裡，畢業生的工作分配，都決定在幾個青年黨員（他也是剛畢業）的輔導員手裡，我算是教研組主任，七年以來，留助教的工作，我都不知道，我認為這樣做是不好的。因為助教是未來的教授，將來教授水平的高低，也就是決定將來山東大學的學術水平，山大的後一代是否好，全決定在這一關，現在老教師老了，後繼力量薄弱，如果不注意留助教這

一點，將來學校學術水平會一天天萎縮下去而不是發展起來，所以人事制度由幾個年輕人來搞，是不妥當的。」「九三學社」山大支社主編《民主報》第二期（1957 年 6 月 8 日。此據 1957 年 7 月 3 日山大工會重印本）

五月十一日（6 月 8 日），中共中央發出《關於組織力量，準備反擊右派分子進攻的指示》。學校在整風運動中立即開展反右派鬥爭。《山東大學大事記》。

五月十七日至十九日（6 月 14 日至 16 日），參加青島市第一次文學藝術工作者代表大會，被選為執行委員。《青島文聯正式成立了，市文代會昨日勝利閉幕》，見《青島日報》1957 年 6 月 17 日。臧傑《大匠風度，和時代變動中的黃公渚》。

五月二十日（6 月 17 日），根據中央關於組織力量向右派進行反擊的部署，山東省委和省整風領導小組決定，在《大眾日報》（6 月 17 日）對各界知名人士十八人公開點名批判，陸侃如名列其中。七月上旬，山東大學「反右派鬥爭」告一段落，副校長陸侃如被劃為「右派」，撤銷一切職務，免去所有兼職，教授級別由一級降為四級。在開始的鬥爭會議上，黃孝紓認為陸的「墮落」是「受到外因的影響」，屬於「人民內部矛盾性質」。但黃孝紓的這一「誤解」，很快得到「同志及時批判、糾正」。許志傑《陸侃如、馮沅君年表》。杜書瀛《我所知道的陸侃如、馮沅君先生》：「1957 年，陸先生被打成右派。開始時陸先生還試圖辯白，聲言他的話，言之有『本』。劃陸侃如為右派的人，也知道陸侃如並未虛言，但是竟無一人敢出來說公道話。隨後，學校批，省裏批，全國批，7 月 21 日《人民日報》發表《陸侃如想把『九三』學社變成反革命司令部——道貌岸然的『學者』原來是野心勃勃的陰謀家》的長文。學校召開批判陸侃如大會。大會點名要馮先生發言批判。馮先生心情沉重，僵持良久，最後迸出一句：『我大半生與老虎同衾共枕，竟無察覺，是得了神經麻痺症吧？』8 月 24 日，陸侃如在省人代會上遞交了《向全省人民低頭認罪》書。馮先生也不得不在大會上對『右派分子陸侃如』做批判發言，歷數其數種『罪狀』。今日讀之，只能發出一聲：『唉！』」黃孝紓撰《整風總結》（1958 年 8 月 7 日）：「在反右鬥爭中，對個別右派分子的認識，也是有右傾情緒的，尤其是對一些社會上頭面人物，是模糊不清。右派分子陸侃如是有組織有綱領反黨反人民極右分子，開始在鬥爭會上，我曾這樣說，陸是海內知名的文學史專家，一向積極，受到黨的重視。以他的聰明，何至墮落為此，可能受到外因的影響。對他的問題，開始我認為是屬於人民內部矛盾性質，這一誤解，雖經同志及

時批判、糾正，但為右派辯護鑽空子，起了極不好的影響，我是喪失立場的。」

六月五日（7月2日），參加山東大學中文系反右鬥爭會，在會上批判劃為右派的陸侃如時，說「陸先生是我們最尊崇，最欽佩的人」、「陸的學術地位是中文系的光榮」，認為「陸的反黨活動是上了別人的當，而不是有意識進行的」，在會上還建議「馮沅君去幫助陸侃如」，因為他認為馮是「政治覺悟最高的」。《黃孝紓的鑒定材料》（中共青島市委統戰部，1957年10月19日），會上上說：「陸先生是我們最尊崇，最欽佩的人。」說陸的學術地位是中文系的光榮，認為陸的反黨活動是上了別人的當，而不是有意識進行的，在會上他還建議馮沅君去幫助陸侃如，因為他認為馮是「政治覺悟最高的」。

公曆七月上旬，反右鬥爭告一段落。山東大學全校共劃右派分子204人，隨後黨委決定及時轉入整風和改進工作階段。《山東大學大事記》。

七月初六日（8月1日），在青島海水浴場，遇顧頡剛。《顧頡剛日記》（聯經版）第八卷第290頁。

八月初一（8月25日），在青島永安戲院，顧頡剛遇黃孝紓與黃湘畹，同飲冰。《顧頡剛日記》（聯經版）第八卷第299頁。

八月二十三日（9月16日），蕭滌非於青島春和樓設宴請顧頡剛，黃孝紓與高亨同席為陪。《顧頡剛日記》（聯經版）第八卷第309頁。

閏八月初三日（9月26日），顧頡剛在山東大學為中文系同學講「詩經的來源問題」兩小時半，由蕭滌非、黃孝紓、高亨送回。《顧頡剛日記》（聯經版）第八卷第313頁。

九月，與杜宗甫合繪《送公糧》。題曰：「送公粮。五六年九月，黃公渚、杜宗甫合寫。」《中國書畫家》（2020年05期）。

閏八月初八日（10月1日），國慶節，與郭同文一起製定「培養計劃」。郭同文《著名文學史家、書畫家黃公渚》（《青島文史資料》第十四輯）：「在1957年國慶日那天，黃先生與我一起，製定了對我的『培養計畫』。從此，每週週三我都到黃先生家，由他對我進行單獨輔導。他告訴我，治學和教書都要求踏踏實實，要循序漸進，打好基礎，『做到水滴石穿』『水到渠成』。因此，他讓我攻讀魏晉南北朝文學家的原著，從一部部線裝書讀起，並教我如何積累資料，在充分占有資料，對資料融會貫通之後，才能寫出有品質講稿，才能開始著書立說。於是，在黃先生嚴格要求、精心指導下，我寫出了魏晉南北朝文學史講稿。」

閏八月十七日（10 月 10 日），山東省委整風領導小組將殷煥先被劃為右派分子。決定對其撤銷九三學社青島分社常委、宣傳部長、九三中央學習委員會委員、山大中文系語言教研室主任及教授學銜，《文史哲》學報編委、語言研究所兼任研究員，降為教員，工資由高教四級降為七級的處分。黃孝紓「開始也為他假象所迷惑，加以原諒，認為問題不大。後經揭發，才了然。」中共山東大學委員會《關於殷煥先通知錯劃右派改正問題的再複查意見》（1985 年 9 月）。黃孝紓撰《整風總結》（1958 年 8 月 7 日）：「其次對右派殷煥先，開始也為他假象所迷惑，加以原諒，認為問題不大。後經揭發，才了然。他有階級仇恨，反黨是有一慣性的。此外在報章上看到張伯駒、葉恭綽都墮落成右派，事先都為他們進步假象所惑，並替他們惋惜。」

閏八月二十六日（10 月 19 日），中共青島市委統戰部做出《黃孝紓的鑑定材料》。《黃孝紓的鑑定材料》提出安排使用意見：「應在古代文學，中國書、畫方面發揮他的所長，但因治學問題研究藝術的觀點、方法還須注意幫助改正，目前其長處是熟悉掌故，知識較多。又因其在這方面認識一些老年人，這方面的一些社會活動可參加一些。政治性很差，政治性的活動上作用不大，且年近六十也不宜再增多。但可維持其市政協常委及市文聯書、畫方面的職位。」

十月初十日（12 月 1 日），在青島古舊書店，遇顧頡剛。《顧頡剛日記》（聯經版）第八卷第 346 頁。

公曆十二月，整風反右運動結束，轉入正常整改階段。《山東大學大事記》。

是年，黃孝紓指導二年制碩士研究生江振華（山東大學畢業）、程秋德（華東師範大學畢業）。《山東大學二、三、四年制研究生名單》（1957 年 10 月 22 日印）。

是年，蔣維崧為刻「黃公渚」「公渚」「匍盫」「黃孝紓印」等印。見《蔣維崧印存》、《蔣維崧年表》。

山東大學 1956～1957 學年度畢業論文王希昶《江西詩派》、錢大宇《李商隱詩的現實意義》和山東大學 1956～1957 學年度學年論文陸家桂《唐傳奇關於戀愛題材的探索》、許汝賢《從離騷探討屈原的人物》、孟繁海《論李白詩歌的現實性》、王進《略談李白詩藝術風格》由中國文學史組黃孝紓教授指導。《山東大學 1956～1957 學年度畢業論文目錄匯編》、《山東大學 1956～1957 學年度學年論文目錄匯編》。

是年，與高亨合撰《答謝志文先生》一文，主要回答有關《楚辭選》問題。載《文史哲》1957 年第 4 期。

是年，馮沅君從北京參加高教部文學史編委會回來，傳達會上李司長等人決議，因為明清文學史資料部分的講義，原編寫人程千帆（右派）無法擔負，會上決定由黃孝紓編寫。後不知為何緣故，不能辦到而作罷。黃孝紓撰《整風總結》（1958 年 8 月 7 日）：「名利思想另一表現，是在去年馮沅君從北京參加高教部文學史編委會回來，傳達會上李司長等人決議，因為明清文學史資料部分的講義，原編寫人程千帆（右派）無暇擔負，會上要我編寫。我當時認為與程素昧生平，既然是高教部的事，義不容辭，可是必須候得明文或委託書，才能動手，結果不知為何緣故，不能辦到作罷。去年在黨召開的鳴放會上，對這事也發牢騷，這完全從個人着想，不關心整體利益，使人民教育事業受到時間的耽誤，我的名利思想，是多麼嚴重啊。」

## 1958 年戊戌，五十九歲

在《文史哲》第一期發表《歐陽修及其詞》一文，署名躬庵。《文史哲》（1958 年第 1 期）。按此文即《歐陽修詞選譯》之前言。

二月二十九日（4 月 17 日），致信譚正璧。函云：「正璧先生左右：獻歲發春，適擬奉候起居，忽頌手畢，藉悉履祺著祉勝常為慰。枕籍多娛，新著想與日俱增。講席陶鑄英才，亦一樂耳。《文史哲》編委近已改組，由山東人民出版社承印。陸侃如因右派退出，殷煥先兄亦因陸氏所累，暫劃為右派，也退出編委會。社中舊人不多，《文史哲》雜誌新方向以配合政治為第一義，目下選登稿件以反右派文章最所歡迎。前二期批判陸氏文藝思想論文想已閱及，弟近因教學事冗，又值反右運動過勞，大便下血，老境日增，殊悵悵也。專此奉覆，即頌撰安。弟黃公渚頓首。二‧廿九。」見《譚正璧友朋書札》第 80 頁。

四月，所撰《歐陽修詞選譯》一書，由作家出版社出版。按共選詞分別為《采桑子》《朝中措》《減字木蘭花》《臨江仙》《蝶戀花》《漁家傲》《玉樓春》《南歌子》《聖無憂》《浪淘沙》《定風波》《驀山溪》《浣溪沙》《御帶花》《洞天春》《踏莎行》《鷓鴣天》《憶秦娥》《南鄉子》《江神子》《青玉案》共二十一首，左欄今譯，右欄原文，下有簡要注釋。

隨後 1958 年 8 月 2 日修章在《光明日報》發表《今譯工作要明確目的——〈歐陽修詞選譯〉讀後感》一文。

姚文元在《讀書》雜誌（1958年8月29日第16期）發表《向「廣大群眾」推薦什麼東西？──簡評〈歐陽修詞選譯〉》一文，該文後收入1959年上海文藝出版社《興滅集》，認為：「（《歐陽修詞選譯》一書）挑選一些頹廢的、消極的作品，用資產階及頹廢派、唯美派的風格加以翻譯，並且用資產階級，封建主義的文藝觀點向『廣大群眾』推薦，那就根本離開了繼承文學遺產的正確道路。」並且認為這本書裏面既有「秦兆陽一流的修正主義的『寫真實』」，又有「封建文人用來評價文學的封建的人性論觀點」。

馮其庸在《光明日報‧文學遺產》1958年10月12日發表《評黃公渚著〈歐陽修詞選譯〉》一文，云：「黃公渚先生在『歐陽修詞選譯』一書的「前言」裏，用封建階級和資產階級的文藝理論，對歐陽修的詞，大力地作了肯定和讚揚，甚至把歐陽修的那些播寫色情的作品及反映封建地主階級的消極頹廢的人生觀的作品，也極口加以稱讚，一律把它作為香花向者推薦。這裏，就黃公渚先生在『前言』中涉及的一些文藝理論問題及本書的選工作，略加評論。」

程千帆《閑堂書簡‧致立朴》（1993年12月15日）：「五十年代，黃公渚曾譯歐陽修《六一詞》為新詩，似不成功。因譯成白話詩，要好，就得再創作。不然，就成逐句詮解，而再創作就往往與原作不是一回事了。特別是失去了古代文體特有的節奏、句法、風格上的特點。」

**四月二十五日（6月12日）**，在《新山大》發表《沁園春詞》。《新山大》1958年6月12日第369期第4版：「沁園春並序，中文系教授，黃孝紆。中國共產黨第八屆全國代表大會第二次會議，提出了社會主義建設路線，給全國人民帶來了極大的鼓舞和興奮，《新山大》校刊，函來征文，因結合當前我校教學整改運動，率賦俚詞，抒寫個人的感想和體會，『布鼓雷門』，知不足大雅一笑耳。萬眾齊心，鼓足幹勁，力爭上游。讓黃河見底，長江失險，地靈獻寶，山岳低頭。盛極一時，會賡八大，路線工農事事優。東風起，促百花齊放。紫姹紅稠。　　紅旗照耀神州。看美景前途不勝收。況全民教育，化行龍象；五年規劃，躍進驊騮。文運天開，校園春滿，垂老逢辰樂未休。吾生幸，走紅專道路，此志須酬。」

**五月初八日（6月24日）**，在《新山大》發表《決心拔掉我的白旗》一文。載《新山大》1958年6月24日第374期第2版。

**六月二十三日（8月7日）**，撰寫《整風總結》一份，主要從「右傾思想」「個人主義」「對黨領導的看法」「厚古薄今教學思想」四個方面進

行總結，認識到「造成這一系列錯悞根原，基本是資產階級立場意識，根本沒有改造，看問題模糊不清，不是從無產階級觀點出發，自然和新社會、新事物格格不入」，希望經過改造，「爭取三年內成為一個又紅又專的工人階級知識分子」。見《黃孝紓檔案》。「整風總結。在社會主義建設總路線燈塔照耀下，黨領導我們鼓足幹勁，力爭上游，向新時代大躍進，過好社會主義這一關。尤其是我一個舊知識分子，在短短解放八九年間，雖然受到黨的教育，有了新的改變和認識，但是存在我身上的資產階級思想，是相當濃厚的。興無滅資，不破不立，一年來在反右鬥爭，交心評比，教學改革，一系列整風運動，得到不少教育，思想逐漸提高，認識到我的一些錯悞觀點，基本是立場問題。資產階級知識分子，自命高人一等，實際是剝削階層，和工人階級不相容的。儘管入工會，參加民主黨派，依然沒有改變本來面目，改造不好，在新民主時代，勉強還能混過去，到了社會主義的形勢下，勢必被淘汰，甚至走上反黨反人民的道路，前途是非常危險的。民主黨派中間，清洗出一批右派分子，是我們前車之鑒。使我警忧，認為有徹底改造的必要，在交心評比批評厚古薄今教學思想會上，都作了初步檢查，這裡總結體會認識，有以下幾點：

（一）右傾思想

右傾思想，首先表現在鳴放期間，對肅反問題看法上，肅反運動，是鞏固人民政權重要環節，我曾親身參加，看到各地報道，清出許多反革命，就以我校來說，也清查出十二名，成績我不否認。過了一時期，黨因為鬥錯了某幾個人，要做些平反工作，向他們公開道歉，我便開始懷疑，認為政策是對的，基層執行幹部有偏差。一九五六年夏，吳大琨在政協發言，因他在肅反時被檢查，呼籲重視憲法，保障人民自由。不久人大常委會宣稱要在兩年內，做好平反工作。五七年鳴放時期，章、羅集團，主張設立平反委員會，他們都是社會上頭面人物，我當時並未意識到是右派向黨進攻的陰謀，認為可能得黨的同意，幫助整風。去年夏天到濟南參加山東省黨委召開的宣傳會議，會上聽到多半和肅反有關。尤其是我校劉遵憲和右派束星北等，在會上發言，把個別的鬥錯份子，加以歪曲擴大宣揚，說什麼違法亂紀，亂押亂扣，中學集中學習，母子被隔離，在鬥爭中發生打人逼人自殺等等事件，我也信以為真。因此回到青島赴政協報道，秘書處要我發言稿，便把宣傳會議所聞參考報紙所載，歸納一下，建議黨應加強基層幹部守法觀念，在舉例中，引用了右派分子歪曲言論，也認為少數單位肅反有偏差，侵犯人權，違反憲法，希望懲前毖後，重視法制，做好善後工作。

憲法明文規定固然有保障人民的自由，但是對階級異己分子則不在此例。右派不僅歪曲肅反成績，並且污衊了憲法，我沒有站在人民立場，相反的同情右派言論，甚

至為他們做了傳聲筒。固然由於我嗅覺不靈，歸根結蒂，是立場問題。在右派猖狂向黨進攻時，我們在大風浪中都迷失了方向。《人民日報》發表《工人說話了》一文，各省市工人紛紛在大會上堅決向右派鬥爭，扭轉局勢，取得決定性的勝利。使我感到慚愧，知識分子，立場沒有改變，帶着有色眼鏡看問題，必然有這樣錯悞，名為建議，實際和右派分子污衊肅反言論，並沒有兩樣。

其次是對積極分子看法上，也是有問題的。我在政協發言，一方面肯定積極分子是黨的助手後備軍，黨有權依靠這些人搞工作，認為當予鼓勵。但另一方面，認為黨群之間，有溝有墻，一些所謂積極分子，應負挖溝打墻的責任。由於黨偏信這些人，便造成群眾間的隔閡。這一言論，不但沒有認識積極分子的實質，並且污衊了黨。黨所信任的並不像我所說的帶有引號的積極分子，我把兩種不同的性質，混淆起來，因此造成這一錯悞的結論。另一原因，是有鑒於解放初期，四大金剛把持校務時間，看到少數所謂積極分子，現成為右派陸侃如等人醜惡面目，使我印象很深。在政協會上，大家都集中攻擊積極分子，我不能堅持真理，又不願附和他們不加分別的亂罵，故就我回憶我所接觸到的所謂積極分子，側重談一談我的意見，希望黨多向群眾中去了解，可能在使用積極分子上可能更好些。我對積極分子看法，雖和右派有區別，但憑個人主觀看法，悞會黨偏聽偏信，這無異附和右派分子言論，證實黨有官僚主義。

復次對工農出身的幹部看法，也是錯悞的。在政協發言，一方面肯定他們政治覺悟高，鬥爭經驗強。但另一方面，又認為不應以成份和資格自滿，放鬆自我改造，應努力提高思想水平和業務水平，更好為新形勢服務。這種輕視工農幹部，忽視他們政治統帥作用，這是一種資產階級瞧不起工農的看法。在發言中，還曾這樣說：『目前敵我矛盾基本不存在，面臨一個新時代，走向社會主義建設高潮。目前內部矛盾，是工農幹部和知識分子間不協調。』這也暴露我右傾思想。關於第一點，從右派向黨進攻陰謀被揭發後，已得到證明，不去多說。關於第二點，不是協調不協調問題，而是知識分子是否轉變立場，誠心誠意向工農學習。工農出身的幹部，固然要提高業務水平，尤重要的是知識分子放棄資產階級立場，下到農村鍛煉，參加勞動實踐，改變意識，才能彼此打成一片。政府號召知識分子上山下鄉，正是解決這一問題有效方法。

又其次，在反右鬥爭中，對個別右派分子的認識，也是有右傾情緒的，尤其是對一些社會上頭面人物，是模糊不清。右派分子陸侃如是有組織有綱領反黨反人民極右分子，開始在鬥爭會上，我曾這樣說，陸是海內知名的文學史專家，一向積極，受到黨的重視。以他的聰明，何至墮落為此，可能受到外因的影響。對他的問題，開始我認為是屬於人民內部矛盾性質，這一悞解，雖經同志及時批判糾正，但為右派辯護鑽

空子，起了極不好的影響，我是喪失立場的。其次對右派殷煥先，開始也為他假象所迷惑，加以原諒。認為問題不大，後經揭發，才了然，他有階級仇恨，反黨是有一慣性的。此外在報章上看到張伯駒、葉恭綽都墮落成右派，事先都為他們進步假象所惑，並替他們惋惜。

### （二）個人主義

我出身封建沒落官僚家庭，長期在舊社會裡，過着都市生活。我的資產階級個人主義思想，相當牢固的。解放後，在黨教育下，對個人主義危害性，有了認識。可是接觸到實際或個人利益，便故態復萌，考慮問題，經常把個人利益權放在第一位，把人民利益權放在第二位。

回憶解放初，我校為了教學整改，中文系取消一些不適合的古典課程。我沒有考慮自身的缺點和知識分子改造的重要意義，我要求教新課，沒有得到組織允許，我便埋怨黨領導不能很好深入下層了解，偏聽少數人意見，惧會對我排擠，認為當時軍代表有宗派情緒。

又如解放初房產登記住宅，因為舊習慣使用堂號，造成調查手續上麻煩，很長時間得不到解決，對於執行幹部態度有缺陷，使我感到不滿，而沒有認識到是政策必經的過程。又如校方為了照顧個別職工家屬，錄用一批人。我也介紹弟婦到團工作，嗣以精簡人事解僱，我曾向組織發牢騷，懷疑人事科不公平。

個人自尊心也很嚴重，去年鳴放時，黨召開座談會，會上房主任不認識我，我便不滿，起來自我介紹，言外之意，是證實房主任有官僚主義。這種狂妄自大的舊知識分子氣習，是和新社會不相容的。此外如住宅屋漏，買不起洋灰，請求校方代為修繕，因為不能抓緊，雨季致遭更多的損失，曾在工會小組大發牢騷，取得工會補助費。校車改變路線，使我向隅，也曾在工會反映，要求分配宿舍。對知識分子政策，只強調照顧一面，忽視教育改造，這都是從個人利益着想。上面舉的例子，已足夠說明了。

個人主義，表現在業務上也相當嚴重。重視資產階級性質的學術研究，輕視教學，認為搞研究易於名利雙收，高人一等。看到組中同人中搞研究有成績，好生羨慕，希望組織上能減少我的教學任務，儘有餘閒搞研究。名利思想另一表現，是在去年馮沅君從北京參加高教部文學史編委會回來，傳達會上李司長等人決議，因為明清文學史資料部分的講義，原編寫人程千帆（右派）無暇擔負，會上要我編寫。我當時認為與程素昧生平，既然是高教部的事，義不容辭，可是必須候得明文或委託書，才能動手，

結果不知為何緣故不能辦到作罷。去年在黨召開的鳴放會上，對這事也發牢騷，這完全從個人着想，不關心整體利益，使人民教育事業受到時間的耽悞，我的名利思想，是多麼嚴重啊。

教學中自由主義，也沒有根除，對蘇聯集體教學先進經驗，開始認為不習慣，阻礙學術思想自由。習慣後，又不能好好領會這一制度的精神，名存實亡，造成教學上一些損失。以上教學中的名利思想、自由主義，都是建築在資產階級個人主義基礎上，是和我階級出身家庭環境分不開的（教學思想，後面還有全面檢查）。

最後再談一談，這次在交心評比會上，同志和同學，都曾說我政治不開展，和忽視政治的傾向，這也和我個人主義有關。由於我有一個很長時間賣稿賣畫，過着自由職業的生活，養成自由思想及自由習慣，一向不關心政治，有時連報也不看。解放後，認識這一錯悞，積極參加校方和工會佈置的政治學習，雖有所改變，當然是不夠的。尤其是感到社會活動，是一種負擔。這一思想，深入檢查，有以下原因：首先我的政治學習為時甚淺，覺悟不高，理論不夠，口才又笨。集會發言，經常怕說錯了話，發生不好的影響。其次我的身體衰弱，腦力遲鈍，過度勞累，影響心臟老毛病，有時失眠脫肛，中氣中墜，步履維艱。又我幾年來擔任課程，老是不穩定，幾乎每學期講義都要更動。現在的新教學法，對我來說，是個大變革。從用白話文編寫講稿，以至課堂講解用淺顯口語來表達，都得從新學起。經過三番五次的考慮，一堂課備講義花費時間著實不少，有時還搞不好。社會活動多，感到忙不過來。個人經常這樣想，我的本行業務是教學，年已望六，政治已落人後，教學研究再搞不好，不僅不能為人民服務，有被新時代淘汰的危險。又看到近年來，政府重視知識分子，科學界錢學森、劉仙洲等人，獲得黨的優禮，並吸收入黨。因此想到還是專家吃得開。社會活動過多，一心不能二任，素無肆應之才，勢必忙亂一團糟，得不償失，不祇影響業務，甚至出錯悞。因此對政協、文聯集體會過多，有時感到是負擔。參加民主黨派，在全中文系的教師中，我也是最後的一個。反右開始，去年曾經一度有過退盟念頭。以上種種，都是這一思想動機所支配，使人感到政治不開展。

我並不是不想多參加社會活動，接受人民所給我的光榮任務，而是想盡量集中智力，先把本行業務搞好，有點成績後再說。這是我的打算，也是我的內心矛盾。這一次才檢查出來，仍然是個人主義作祟。雖然在我身上有些客觀原因，主要還是對政治不夠熱情，單從個人得失做過多的考慮，沒有樹立起革命的忘我精神。認為業務與我關係密切，把它放在第一位，不知不覺的把政治擺在第二位，主從不分，本末倒置，沒有意識到思想上不能政治掛帥，業務必然搞不好，就是個人打算，也要失敗。時代

進化，上層建築隨着經濟基礎而轉變，思想落後，一切事業，必然不能符合時代要求，以往是未曾意識到的。上面所舉，是我個人主義最突出的部分。

（三）對黨領導的看法

沒有共產黨，便沒有新中國。從事實證明，黨領導人民，反帝反封建，清除壓在人民身上的三座大山，把一個落後的半殖民地的國家，解放出來，成為獨立自主的富強國家，幾年來社會建設突飛猛進，在政治軍事經濟文化戰線上，出現許多奇跡。目前全國正向社會主義總路線邁進，這一劃時代的成績，只有共產黨來領導，才能有這樣空前成就，是無可懷疑的。

至於黨是否能領導科學，領導高等學校，在五四年以前，我從沒有考慮過。自從五六年黨號召向科學進軍，同時又宣佈知識分子政策，我才開始懷疑。我雖不讚成右派所說教授治校，取消黨委制。但是經常這樣想，學校究竟是學術機關，和工廠軍隊不同，最理想的是由黨內專家來領導。否則，黨只能原則性領導，具體業務不懂，勢必倚靠黨外專家，遷就他們意見，有時要受挾製，這樣可能領導權不夠健全。我這懷疑不是黨不能領導科學問題，而是考慮到黨是否能領導得更好的問題。主要是惧會目前階段，由黨培養出來專家人才，不敷分配，跟不上時代需要。黨領導科學，在黨中央人才濟濟，當然不發生問題。到了基層，領導幹部，可能不如理想。因此在考慮黨是否能領導高等學校問題，夾雜一些人事配備，發生不正確的懷疑。曾經一度惧把華崗當作我校最理想的人物，這種個人崇拜思想，極端錯惧的。

黨是集體領導，黨的方針政策，必須通過人來執行，不應局限在個人身上盲目的崇拜，也不應看到某些領導人的缺陷，便認為黨不能領導。業務服從政治，有堅強政治領導，奠定思想工作基礎，一切業務自然迎刃而解。忽視政治統帥業務的作用，這是二元論的說法。世上沒有萬能的人，要求領導幹部，件件精通，是不可能的事。就以高等學校來言，搞文學的，不一定熟悉理化，搞理化的，不一定熟悉工科。右派分子說外行不能領導內行，是別有用心，沒有理論根據的。

明瞭這個道理，也只有無產階級的政黨，把握正確方針，不僅能領導軍事政治經濟，而亦能領導教育和科學，不僅是政治原則性的領導，而且也能具體業務的領導。就以我校反右勝利後，教學整改，短短時間，各個角落，呈現一片躍進新氣象。在七一獻禮展覽會上，看到在黨領導自然科學各部分，出現許多奇跡，便是鐵的事實證明。這才是政治掛帥的開端，前途是不可想象的。

同時也說明我以往對黨領導的懷疑，對專家的迷信，是以舊眼光來看新事物，極其錯惧的。我的所謂專家，是些什麼？是未經改造資產階級的知識分子，正是新社會

不需要的垃圾，是科學文化革命的對象。儘管某些出身工農的幹部，一窮二白，未受舊社會洗禮，立場堅定，看問題清楚，領導高等學校和科學，對於各種科目具體業務，雖不一定完全熟悉，儘可依靠群眾，發動群眾，通過各種不同方式來領導，效果可能勝過專家。何況解放已八九年，在黨培養下的幹部，具有不同程度的業務水平，已經不是解放初期情形，我還停留在舊日的感性認識，是沒有從發展上看問題的。

另一方面，面臨技術革命、文化革命的新時代，一切為生產服務，走工農兵方向。教學研究，主要是結合現實，結合勞動，破除迷信，大膽創造，敢想敢說敢做，樹立共產黨風格，土專家成為科學院院士及大學教授，創造出來的成績，並是以往專家意想不到的。資產階級專家那一套少慢差費的研究及教學方法，已經落後於現實。那麼出身工農，有勞動鍛煉的黨員幹部，通過不斷學習，鼓足幹勁來負這一領導任務，自然游刃有餘。不僅思想感情與工農接近，在執行政策，佈置業務，也能密切團結群眾，符合新時代的人民大眾的要求。多快好省，想竅門，發掘潛在力，發揮創造性，不久的將來，技術文化界將有一個新的百花齊放的局面出現。右派分子所謂外行不能領導內行，應當屬於一些為時代巨輪遺棄的資產階級專家，而不是出身工農的黨員，是可斷言的。

經過這次大辯論，使我清醒，正視我的錯悞。去年在政協發言，估計黨領導科學，還要一時期，希望出身工農幹部及時提高業務水平。這是只見樹木不見森林的想法。錯悞根由，一是自身沒有放棄資產階級立場。二是在解放初接觸少數作風有缺陷的黨員，抱有成見，因此對黨領導有不正確的看法。這就說明我舊意識相當濃厚，必須徹底改造。只有一心一意依靠組織，服從黨領導，在工作上才不至於多走彎路，造成錯悞和損失。

（四）厚古薄今教學思想

我的非社會主義教學思想，在厚古薄今批判會上，已作了普遍檢查。這裡還須要概括的談一談。由於我生在一個封建家庭，有濃厚所謂正統文學觀念，中年又受資產階級教育影響。當時風氣，正值胡適提倡整理國故，我這一套脫離現實的冷門學問，得到當時的重視，有了市場，更滋長我厚古薄今的情緒。具體來說，突出有以下幾點：

（1）純藝術觀點：藝術是為一定基礎服務，沒有超階級的，純藝術觀是屬於資產階級範圍。我少年有過一段貧困生活，為了支持門戶，先父鼓勵我兄弟學點專門技術。中間賣文上海，接觸一些海派名流，都是搞脫離現實的純文學。因此對六朝文學，特別愛好。在舊大學教書也便是這一套。解放初，意識有所改變，五三年後，教育方

針走的是厚古路線，部訂《文學史大綱》，加重六朝文學分量，特別列有駢文一節，使我舊意識復萌，編寫『南朝文學』一段講稿，都從藝術上去肯定，甚至說駢文在語法修詞學上是一個進步。這不僅不符合時代要求，引導同學鑽進象牙塔，起了促退作用。

（2）形式主義的美學：美是生活，是有階級性的。我長期居住上海洋場，追求名利，和資產階級打交道。為了符合他們要求，我的審美觀念，自然常有階級烙印，是有問題的。畫宗四王，文喜駢儷，詩學義山，詞受朱彊村影響，模仿夢窗，認為這樣，才算避俗。我的避俗實質，是一種輕視民間文學思想。這種美學觀念，是為資產階級服務，勞動人民不需要的。解放後雖有些改正，但一接觸到古典文學，便又混淆不清。如同學大字報所指出的過分誇張謝靈運『孤嶼媚中川』詩下字之美，便是明顯的例子。

（3）沒落階級的情緒：由於我出身沒落官僚家庭，在舊社會裡度過大半生，階級覺悟不高，新的革命理論接觸不多。一方面留戀既往，另一方面感到苦悶，成為灰溜溜的人生觀，因此對古人帶有悲傷情調的抒情作品，起了共鳴。六朝是個動盪時代，不健康作品，占主要部分。我教這段文學史，在總論上有批判，可是分析作品，不覺流露出欣賞意味。經同學指出那些圈圈點點，正是那些不健康作品，引導同學走消極的路子。固然六朝文學是反面東西不好教，但也因我在內在因素，是非不清，抽象否定，具體肯定，造成教學上的損失。

（4）為考據而考據：考據要有目的，考古是為今服務，這才有意義。郭沫若先生研究金文，探討古代社會面貌和根源，方法是正確的。我對金文曾下過一番工夫，金石考證，實際是追求名利搞古董，孤證偏義不必說，並且有濃厚封建毒素。近年武漢師範學院開設『中國史籍介紹』一課，張舜徽氏所印行講義，將我《周秦、兩漢金石文評註》二書，列入必要參考書。去年出版社要我修正補充，我感到問題不少，沒有應承。近中編寫《楚詞譯注》，也有繁瑣考據的傾向。這一套鑽牛角尖考據方法，是不合當今大眾需要的。

（5）迷信思想：在學術上，舊的方面，迷信古人。曾經迷信過乾嘉樸學大師，迷信桐城派古文家。在新的方面，迷信專家。對郭沫若氏論楚詞，何其芳氏論李煜，我講稿中都曾引為論據。其次華崗和右派沈志遠、馮雪峰、黃藥眠等人，我也對他們著作一度迷信過。並且在課堂上為他們宣揚。迷信書本，我是嚴重的。在家庭教育影響下，有濃厚正統觀念和宗經思想。治學脫離實際生活，多半從書堆中研究出來。在美術繪畫方面，從仿古入手，不能寫生，因此也限制我的心得創作。文聯號召國畫界躍進，多寫新事物，應戰是應了，實在感到空虛，有點膽怯。迷信書本，更有與眾不同的，是迷信宋元版本，走的黃蕘圃死校的路子，直是在那裡翫古董，也是脫離現實的。

由於以上這一套厚古薄今資產階級教學思想，深入腦海，蒙蔽了眼光，處處用舊大學規格來衡量新事物，自然格格不入。就以最近教學整改中一個例子來說明，黨號召辦工廠，提倡勤工儉學，原則是擁護的。但接觸到中文系實際問題，便想不通。認為理科搞生產是一條鞭，文科結合不上，另搞一套，未免妨礙正課，得不償失。經過反復討論，逐漸明確共產主義大學和資產階級的大學，有着本質的不同。唯一的特點是教學研究要密切和生產結合，把腦力勞動和體力勞動界限統一起來，消滅那些脫離實際，輕視勞動的現象。

辦工廠不僅是理工的事，文科也不例外。文科主要研究對象是什麼？毛主席有過明確指示，只有生產鬥爭、階級鬥爭的知識，才算知識，才是學問。我們國家教學方針，為工農服務，是無產階級路線，沒有實際鍛煉，理論便成了空談，缺乏工農思想感情，就在課堂講授，也必然失敗。勤工儉學，不僅是經濟自足，思想鍛煉問題，而應把勞動這一神聖任務，作為共產主義新型大學生活方式之一。那才能思想水平和業務水平在相互影響下提高。這種風格，是舊大學夢想不到的。我的懷疑，經過深入檢查，仍然是舊思想作祟。脫離實際，也就是厚古薄今又一表見。歸根結蒂，不外是立場問題，沒有樹立起工人階級立場，看問題必然迷戀既往，忽視新生。經過這一次新教學方針討論，思想進一步提高，也是我的一個新的轉變過程的開端。

結語

以上四大部分，有屬於立場問題，有屬於政治思想學術思想問題。總的來說，造成這一系列錯悮根原，基本是資產階級立場意識，根本沒有改造，看問題模糊不清，不是從無產階級觀點出發，自然和新社會、新事物格格不入。

身負教育責任，為人類靈魂工程師，如何改變立場，樹立無產階級思想，發揮潛力，更好為新社會服務，完成技術革命文化革命，是我夙興夜寐急切欲解決問題。

在政治方面：我堅決服從黨領導，依靠組織，糾正以往忽視政治傾向。積極參加政策和時事的學習，從鬥爭中，提高政治嗅覺。在身體條件可能的情況下，盡可能爭取下鄉勞動鍛煉，向工農學習，培養工農思想感情。

在業務方面：系統的學習馬列主義文藝理論，提高業務思想水平。使古典教學更好為現代文學服務。爭取三年內成為一個又紅又專的工人階級知識分子。（另詳《紅專規劃》）。

我有信心，清除暮氣，力爭上游，鼓足幹勁，向青年學習，一同前進。總結體會認識，作為我今後努力奮鬥的目標。

一九五八年八月七日寫於山大中文系黃孝紓。」

八月十六日（9月28日），山東大學中文系遷往濟南。黃孝紓因病長期住在青島。《山東大學大事記》。

## 1959年己亥，六十歲

六月份之前，已經交「大文學史」中「古文運動」一節三萬字初稿，並致信中文系要求下學期來濟授課。按《中國大文學史》，1960年4月中華書局出版一冊，署名《中國人民文學史》，山東大學中文系編著，凡三編：第一編原始社會文學，第二編奴隸社會文學，第三編封建社會初期文學。發行不廣。其餘稿件在山東大學文學院資料室。《中文系古代文學史教研組檢查報告》（1959年6月9日）：「《大文學史》是個艱巨的工作，為了發揮師生合作和教師的主導作用，在系領導下成立了編委會。我們把文學史分成四段，第一段，先秦至漢末，由高亨任組長，約作50萬字。第二段，魏晉至五代，由蕭滌非兼組長，約70萬字。第三段宋元，由馮沅君任組長，約50萬字。第四段明清至「五四」，由袁世碩兼組長，約105萬字。參加的同學，各段多少不等，共約70人，主要是三年級的同學。

在這一工作上，我組先生的負擔是相當重的。計有以下三項任務：①寫出所擔任的七萬字或十萬字左右的初稿；②負責輔導同學有關編寫上的一切問題；③負責審閱並修改同學的稿子。為了保證質量，我們加強了輔導，最近規定每周禮拜五進行集體輔導，使輔導制度化並正規化。

經過這次檢查，各段發展情況是不平衡的。先生方面，有的已完成定量的二分之一（黃公渚先生分攤的『古文運動』三萬字已交初稿）。但有的還待動筆（如蕭滌非、袁世碩），不過，問題不大，但已提出要求，先生也作了保證，一定如期完成個人的編寫任務。同學方面，第一，第三和第四段約寫了三分之一，第二段不到四分之一，該段隋唐部分，因人力不夠，問題較大。」

又云：「下學期，我組黃公渚先生下學期有教學任務，他本學期就有信來要求來濟，由於年會和身體關係，他已要一間向陽的小房，希望系領導跟校部商量解決。」

七月七日（8月10），冒廣生（鶴亭）病逝於上海。冒懷蘇《冒鶴亭先生年譜》。

七月十三日（8月16日），顧頡剛來青島療養，至觀海二路三號訪黃公渚、並晤其弟君坦，長談。《顧頡剛日記》（聯經版）第8卷第672頁。

七月三十日（9月2日），訪顧頡剛，言冒廣生（鶴亭）等人去世事。《顧頡剛日記》（聯經版）第8卷第680頁。按冒鶴亭於本年八月十日病逝於上海，

享年八十八歲。

八月十一日（9月13日），顧頡剛來訪，並一齊訪張鏡芙，仍未晤。
《顧頡剛日記》（聯經版）第8卷第695頁。

八月十八日（9月20日），顧頡剛來談。《顧頡剛日記》（聯經版）第8卷
第688頁。

八月二十五日（9月27日），訪顧頡剛，同至咖啡飯店進西餐。飯
後顧頡剛至家小坐。《顧頡剛日記》（聯經版）第8卷第691頁。

八月二十九日（10月1日），發表《臨江仙》詞及《松柏長壽圖》
慶祝國慶十週年。載《山東大學報》1959年10月1日第437期。《松柏長壽圖》
上題曰：「松柏長壽。國慶十週年紀念。黃公渚。」圖左有詞曰：「萬馬奔騰齊躍進，
欣欣眾志成城。十週國慶祝昇平。八方更氣象，四海振歡聲。　　銅鐵完成新計劃，
十年定可超英。前途萬里此初程。辛勤開華路，公社屬人民，調寄臨江仙，敬獻建國
十週年。黃公渚。」

九月朔，繪山水冊頁。共九開，分別有題記云：（一）「窮通世事坐談間，自
古龍鱗不易攀。碧潤有聲塵慮淨，白雲無恙我心閑。黃孝紓。」鈐「公渚長年」白文
方印。（二）「青山寂無言，白雲自舒卷。對此澹忘歸，何心在軒冕。雲擁青山遠，風
生碧樹涼。黃孝紓。」鈐「黃頵士」朱文方印。（三）「湖水茫茫浪拍天，春風湖上有
人煙。小樓半在花林內，簾卷青山看釣船。黃孝紓。」鈐「孝紓」白文方印、「公渚」
朱文方印。（四）「幾家茅屋水邊村，花落春潮昔到門。溪上數峰青似染，居人說是武
陵原。黃孝紓。」鈐「黃頵士」朱文方印。（五）「看畫情偏遠，題詩興不慳。漁舟歸
晚浦，僧舍隔秋山。樹色微茫裏，鐘聲杳靄間。何年謝塵鞅，結屋此中閒。黃孝紓。」
鈐「匋盦」白文方印。（六）「十年失腳走紅塵，忘卻山中有白雲。忽見畫圖疑是夢，
冷花涼葉思紛紛。黃孝紓。」鈐「孝紓」白文方印。（七）「鵝餐水面霜，人望天邊月。
水月一般清，前山掛晴雪。黃孝紓。」鈐「匋盦」白文方印。（八）「山氣寂已晦，川
寒斂如夕。沈沈綠樹多，隱隱千峯出。碧嶺藹煙華，寒泉散石脈。黃孝紓。」鈐「頵
士之璽」朱文方印。（九）「山家住在雲深處，眼見雲來復雲去。朝隨爽氣入空山，夕
變浮嵐掛高樹。蒙茸草色迷東西，石路崎嶇高復低。己亥九月朔，黃孝紓。」鈐「孝
紓」白文方印、「公渚」朱文方印。見集古齋2023年11月30日秋季藝術品拍賣會·
中國書畫。

九月，曾克耑在香港刊印《曾氏家學》成，前有黃孝紓題詩。題曰：
「名氏蟬嫣舊德長，百年左海盛文章。詩壇主客推排盡，尚記南豐薦瓣香。　　石湖

餘事闢吟筒，頹放賓僚著此翁（謂叟）。閩蜀諸孫重聚日，祭筵今告九州同。　　冊卷殘編屬護持，九原繼志倘能知。丁寧苦憶親傳硯，膳部淵源到拾遺。　　許尋兒孫漫等觀（章行嚴以侯官許氏家世為比），盈門風雅費雕刊。他年鶡里成丁卯，家集寧資博一官（宋初許用晦孫為揚州記室，以進家集得官）。」見曾克耑輯《曾氏家學》，1959年排印本，書牌題「太歲在屠維大淵獻玄月刊於香港」。

是年，作《天門峰圖》。見《嶗山名勝畫集》。

是年，黃孝紓與杜宗甫、童書業、陳文浩合寫《群山競秀圖》。《青島日報》刊有作畫照片。陳壽榮《記青島市國畫研究會》云：「一幅是四位老畫家合寫的山水畫《群山競秀圖》，照片近處黃公渚教授正在意氣風發揮毫作畫，杜宗甫老畫師從旁欣然提供建議，童書業教授聚精會神觀看黃教授落筆，遠處陳文浩老人昂首微吟，醞釀詩句準備題跋。」

是年，曹靖陶（惆生）所撰《中國音樂舞蹈戲曲人名詞典》由商務印書館出版，作者於前言中列名致謝。曹惆生《中國音樂舞蹈戲曲人名詞典前言》：「我對於音樂舞蹈戲曲藝術，並無專門研究。只是由於愛好，少時見典籍中有關這一類的記載，便隨手摘錄。三十年來倒也不覺積稿盈篋。以前，黃賓虹、吳承仕、李拔可三先生在日，曾屢勸我整理成書，但一直因循未果。解放後，黨和政府重視文化藝術，號召大家正確接受祖國文化遺產。當時我考慮到：如果把這些材料整理起來，匯為一編，對於研究我國藝術傳統及整理中國藝術史是具有一定參考價值的，應該是一件有意義的事。乃於一九五三年四月，決心著手，費時達三年之久，終於脫稿。但是，由於作者水準有限，不敢遽言完美，且急於成書，疏漏不免，尚祈讀者不吝指教，以便在再版時能作一次修改。最後，此書在編寫中，承商衍鎏、趙景深、丁悚、陳方恪、黃公渚、徐蘭沅、嚴雪亭、錢仲聯諸先生幫助解決疑難，謹此表示謝意。」

是年，山東大學大學中文系總支《中老年教師政治排隊登記表》中有題名「黃孝舒」的《政治態度排隊登記表》。在「解放前後的主要政治表現」一欄填有：「解放前不過問政治，平日以詩詞、歌賦、書畫自愉，受封建文化影響較深。解放後，接受新事物比較遲緩，封建文人的作風濃厚。生活上仍保有士大夫階級的遺俗，有『遺老』的味道。認為一朝天子一朝臣，與教書不相干。對黨和政府的各項政策措施表示一般擁護。思想改造運動中，主要批判了政治、教學方面脫離實際、整理國故的錯誤方法和舊的教育思想，政治方面主要批判了喪失民族立場，參加敵偽機構工作情況。在社會主義改造等各項運動中，無突出表現。」在「整風、反右、

交心運動中的主要問題」一欄填寫有:「大鳴大放時,同情右派觀點,發表了一些右派言論。如說『黨不能領導科學』、『積極分子顛倒是非、打擊別人』、肅反有『侵犯人身自由,嚴重違反憲法的事件』等言論。反右鬥爭中表現右傾,不願參加會議。經批評後,尚能揭發右派分子。交心運動中對錯誤認識不足,對歸外客觀影響。」在「對總路線、大躍進、人民公社和右傾鬥爭等政治運動的看法及其表現」一欄填有:「因病,較多時間在青島,沒參加政治運動,對各項政治運動缺乏起碼了解,以階級本能上看,他是不能接受三大萬歲的。」見山東大學大學中文系總支《中老年教師政治排隊登記表》。按約在 1959 年國慶日以後,人們又把總路線、大躍進、人民公社稱之為「三大萬歲」。

約是年,有人代填《民主人士登記表》。表中謂:「黃出身封建官僚家庭(其父是清末翰林,後官知府),自幼受封建文化影響較深。解放前不問政治,平日以詩詞、歌賦、書畫自愉。解放後接受新事物較遲緩。封建文人的作風很濃厚,生活上仍保有士大夫階級的遺俗,認為一朝天子一朝臣與教學不相干。對黨的政策、表示一般擁護,思想改造中批判了舊教育思想和喪失民族立場等問題,各項運動中無突出表現。1957 年大鳴大放時同情右派觀點,也有些右派言論。如『黨不能領導科學,不能領導學校』。因為是農村幹部對積極分子說『黨偏聽偏信,依賴他們為耳目』『得意忘形,顛倒是非,打擊別人,抬高自己』『肅反有侵犯人身自由,嚴重違反憲法的事件』。反右鬥爭不願參加會議,交心運動中對錯誤認識不足,劃為中右。幾年來思想有些提高,改劃中中。在古典文學方面有一定的教學和研究能力,過去治學多屬攷據、詞章、注釋典籍,著《䌰庵文集》等書十餘種。專長詩詞、駢文、書畫,對板本、目錄亦有些研究。有一定學術水平。在研究古典文學藝術的舊文人中有些名氣,現養病住在青島家中,目前仍保留青島市政協委員。檢舉材料稱黃任司法委員會祕書長,後作漢奸王揖唐的參事,曾說『就這樣過些年,已很好嗎』,此段歷史未予查證。」

## 1960 年庚子,六十一歲

一月七日,致信中華書局,表示願意承擔《朱敦儒與張孝祥》《宋末愛國詞人》二書寫作任務,並寄《詞林紀事補編》《綠窗新話校釋》二書請中華書局審查出版。函云:「中華書局編輯部仝志:奉到編字 1511 號大函,知悉貴局 1960 年出版計劃,並囑就來件選擇古典文學讀物題目,甚荷。鄙人老病,患血壓高,近在休養中,恐有負盛意,如不一定受時間的限制,就選目所開,如《朱敦儒與張孝祥》《宋末愛國詞人》等,如無人擔任,尚可黽勉效勞。

　　並承示具体題目，不以計劃開列為限，凡是認為合適的也可以另外提出商量。□徵貴編輯部奉百花齊放的精神，更好的發揮文學遺產的潛力。茲另郵寄呈拙著二種，係近年整理畢功者，或可備古典讀物之用。

　　（一）《詞林紀事補編》。是書為詞學資料性的讀物，係鄙人兄弟合輯，補張宗櫹原書所未備，張氏書 1957 年五月由上海古典文學出版社印行，據聞係中華書局印刷廠承印，占原書的一半，搜集書籍，約百餘種。似可為研究詞學之一助。日後張氏原書再板時，坿到後面，庶成全璧。特此寄上審查，如認為可取，當歸貴局印行，否則敝帚自享，即希發還，別無副本，千萬勿遺失。

　　（二）《綠窗新話校釋》。是書係宋代民間說話人的底本，採集遺聞佚事，存精去蕪，重加編纂，作說話人肄習之用。在這一基礎上，增加情節，添枝添葉，成為有血有肉適合市民要求的故事小說，因此內容不一定與原書原事相符，每一故事，用經濟筆墨，縮短成為簡短文字，自成體系。在小說史上，有一定地位和價值。友人譚正璧先生在《話本與古劇》一書中，曾有一文介紹，可以見其重要性。此書向無刊本，遠在 1934 年左右，與友人夏劍丞、盧前為文藝雜誌社編輯《文藝雜誌》，曾從劉氏嘉業堂假得明鈔本，分期登載雜誌中，惟惜抄本不精，校對也欠仔細，魚亥滿目。嗣歸青島，從德化劉氏點易堂覓得明鈔殊本，較嘉業堂藏本為佳，據以覆校，始皎然可讀。惟原書屬文言，不便一般讀者，曾經加以淺釋，繕有成書。嗣因 1957 年周夷氏就《文藝雜誌》本校補，交古典文學出版社印行，捷足先登，廢然擱置，未敢問世。周夷氏從《太平廣記》等書搜輯，使之還原，付出勞動力固然很大，惟古人著書，自有體例，《史記》改《尚書》，《漢書》改《史記》，各有千秋，正不必強為一致，反失廬山真面。是書為話本的縮本，也就是故事最初的樣貌也，從中可以窺見古代藝人對古典小說的修養，和對故事去取刪節演變的痕跡，目前提倡民間文學，似此天壤僅存孤本秘笈，為說話藝人的枕中鴻寶，未忍任其湮沒，不自秘惜，謹將鄙人校釋本寄呈審校使用。

　　以上二書，別無副本，收到時請賜回，審查意見，能早日賜示尤盼。此致敬禮。黃孝紓啟。一九六〇年一月七日。」

　　**中華書局回函，請其承擔《宋末愛國詞人》一稿。**函云：「孝紓同志：一月七日來信已收到，承您支持我們編寫文學方面的幹部讀物，很感謝。為了避免重複，我們擬請你先撰寫《宋末愛國詞人》一稿，並希將完稿時間見告。《朱敦儒與張孝祥》，請暫緩，不情之請，希鑒諒。《詞林紀事補編》《綠窗新話校釋》二稿，今日始收到，俟閱讀後，再將我們的意見奉告。此致敬禮。編輯部。」（1960 年 1 月 11 日擬稿，封發 1 月 16 日。）

正月十三日（2月9日），山東大學中文系師生編寫完成《中國大文學史》。《山東大學大事記》。

1959～1960 年下學期，為中文系漢語言專業三年級開設必修「古代文學史」課（與蕭滌非、朱德才合開），週三第一、二節，週五第三、四節，102 教室。又為中文系漢語言專業三年級、四年級開設選修課「宋詞選」，週二第三、四節，101 教室。《山東大學上課時間表》（1959～1960 學年第二學期）。

五月二十八日（6月21日），在山東大學新校教學樓前，與蕭滌非同山東大學中文系 56 級「隋唐文學編寫組」同學合影。石家麟《綠茵驕將學界人傑──懷念蕭滌非先生》。1959 年，全國高校大興「集體搞科研」之風，山東大學中文系 56 級和 57 級也著手編寫一部百萬言的《中國人民文學史》，隋唐部分指導教師為黃孝紓和蕭滌非。

**仲秋，題張伯駒藏曾鯨繪《侯朝宗像秋江釣艇圖》。**題云：「泛扁舟，江湖滿地，廁身溪叟漁父。故山猿雀歸何處，板蕩衣冠南渡。蘆荻浦，夢不到、蓬瀛竿拂珊瑚樹。鷗汀勁櫓。對一鏡明漪，芙蓉兩岸，爭得遂初否。茄花薑，鉤黨南都又舉。尋巢燕子非故。梅妍柳翠傷心地，十二朱樓塵汙。思舊雨、撫扇底，桃花生悔多情誤。江天鐵羽，歎憔悴儒冠，陸離長劍，遺恨忍終古。庚子秋仲歲，王少鶴通政《摸魚兒》原韻拜題，似叢碧道兄詞掌雅屬即政，甘龍樵父黃䏡庵。」（畫卷頂左）。此畫現藏故宮博物院。見付陽華《故宮博物院藏侯朝宗像的繪製收藏與解讀》一文。

七月十七日（9月7日），與弟黃孝平等共遊匯泉公園小西湖。黃孝平有詞《臨江仙·白露節志堅約同仲兄䏡厂同遊匯泉公園小西湖，時歸島上逭暑》紀其事。見黃孝平《紅跗躑盦詞賸拾遺》。

七月二十日（9月10日），山東大學中文系古典文學教研組製定 1960 年至 1961 年學年度各項工作計劃。在第二學期，計劃黃孝紓與蕭滌非、牟世金合開「中國文學史（隋唐）」課程。《山東大學中文系古典文學教研組 1960～61 年學年度各項工作計劃》（1960 年 9 月 10 日製定）。

是年，吳則虞以《長亭怨慢·記聽罷西司殘鼓》一詞題黃孝紓《勞山紀遊詩冊》。吳則虞致龍榆生函（1960 年 7 月 2 日）云：「公渚以《勞山紀遊詩冊》囑題，草草填《長亭怨慢》一首塞責，荒率可笑。」見張暉《龍榆生先生年譜（增訂本）》。按吳則虞《長亭怨慢》詞載《東海勞歌》前。

　　十月，朱西溪於歿前七日以《玉樓春・海山自古無人賞》詞為黃孝紓題《勞山圖》。吳則虞致龍榆生函（1960 年 10 月 30 日）云：「今日得赴，朱西溪翁於本月廿二日逝世。歿前七日，猶為黃公渚題《勞山圖》（《玉樓春》）。」見張暉《龍榆生先生年譜（增訂本）》。按朱西溪《玉樓春》詞載《東海勞歌》前。

　　十二月七日（1961 年 1 月 23 日），黃君坦致龍榆生函談及黃孝紓近況云：「家兄公渚仍患血壓高，不得米食，惟以雜糧充膳，頗苦之。」黃君坦致龍榆生函（臘八前一日），見張暉《龍榆生先生年譜（增訂本）》。

　　冬，繪《春山幽趣圖》。題曰：「春山幽趣。慕冰女史方家雅教。庚子冬日，匑厂黃孝紓。」鈐「黃孝紓」、「輔唐山民」白文方印。見山東瑞豐・恒昌 2020 年秋拍小書齋・中國書畫（一）專場。

　　是年，仍擔任山東大學中文系《中國大文學史》隋唐五代編寫組顧問。石家麟《濟南往事「七」》：「大躍進的餘威在學術界的體現，就是北京大學中文 55 級同學在批判學術權威的口號聲中，以群眾運動的形式，在 1958 年集體編寫了一部《中國文學史》，出版後封面印成紅色，俗稱『紅皮文學史』。北大，是中國高校的一面旗幟，此舉影響了全國。別的高校我們不知道，反正山東大學中文系也動起來，準備寫一部三百萬字型大小稱『中國大文學史』的書。比我們高一屆的中文 55 級受命編一本《文藝學新論》，編『大文學史』的任務，落在中文 56 和中文 57 兩屆同學的頭上。

　　那是 1960 年上學期，亦即大學四年的最後一學期，開始還上點課，不久就停課，以科研代讀書。『大文學史』編寫分為幾個段（或組），先秦兩漢，魏晉南北朝，隋唐五代，宋元，明清，近代。同學們採用自願報名的方式，把名字簽在某一段上。我比較喜愛唐詩，入學後在青島，曾在書店買過一本北京大學林庚先生寫的《詩人李白》的小冊子，介紹李白的生平並對其詩歌進行綜合評價，很適合大一的學生閱讀。後來還買過一本《唐才子傳》，這是古人寫的，也是對唐代詩人的介紹。因而我報名參加隋唐編寫組。

　　先秦兩漢組由虞振國任組長，高亨先生是顧問，虞振國學兄當時是年級黨支部書記；魏晉南北朝由牟世金任組長、陸侃如先生為顧問；隋唐五代編寫組由向仍旦、凌南申任組長，顧問是蕭滌非、黃公渚二先生；宋元組組長是田士琪，顧問是馮沅君先生；明清組組長是趙呈元，顧問是袁世碩先生；近代組組長是曾元生。」載《山東大學報》2008 年 4 月 30 日第 1714 期。

## 1961 年辛丑，六十二歲

初夏，周至元以《嶗山名勝畫冊》徵黃孝紓、杜宗甫染翰，二人俱為繪巨峰一幅於上。黃孝紓並題曰：「巨峰為勞山主峰，氣勢絕雄偉。至元先生印可。匔庵。」周至元《懶雲詩存》。《嶗山名勝畫集》。

致徐瑜信。云：「徐瑜同志：鑒昨日曹正義助教來，帶到魚肝油收到不誤。前日寄給蔣主任青島所發糧食定量卡片及公費醫療報銷單，想已轉系辦公室，計蒙鑒及。卡片係為了核實糧食定量，杜絕浮冒，在職人員需本單位蓋章，方為有效，才能購糧。我的定量係去年按照系中老年教師一般的規定為二十五市斤半，不知近中有無增減，如有變動，須系中出一證明，好向糧食局更改。寄去卡片蓋章後，先行寄下，因此間十日一購糧，家中食糧□□挪借不易也。

再高級知識份子油，自從我的戶口轉青後，並由□校出具證明，每月都由本市油量局發給油票，本月又持戶口薄向油糧局申請油票，忽而不發，硬說濟南供應高級知識份子油另有購油小本，不憑戶口冊，為了防冒領重分，須本單位再出一個證明（擬好一稿，請酌用，是否系中可出一證明）。

本學期所印《隋唐文學史講義》及《工具書使用法講義》，希便中檢一分惠寄為盼，前此得到余先生函，知系中職員有一分調往招生委員會，曹助教來才知道您仍在辦公室。故此幸托。此致，敬禮。黃公渚啟。廿二日。」按，信末有山東大學黨委致青島市糧食局信一通，為此事，日期為 1961 年 7 月 28 日。黃孝紓信當在此日前。

公曆八月，與杜宗甫、赫保真為青島市文聯主辦的國畫講習班作示範表演。見《黃公渚、杜宗甫、赫保真國畫展覽會明開幕》（《青島日報》1961 年 12 月 5 日）。

秋九月，黃孝平（君坦）持黃孝紓繪《松下觀瀑圖》祝郭可詵（學群）六十壽。黃孝紓題云：「吳小僊松澗觀泉圖，舊藏吾友許修直百硯室，用筆奇肆，實兼有高、夏之長，非張平山、鍾欽禮輩所能及也。匔厂黃孝紓識。」鈐「公渚日利」朱文方印、「匔盦」白文方印、「尊知火馳」白文方印。黃孝平題曰：「辛丑秋九月，持壽學群大兄六十初度。黃君坦拜祝。」見中國嘉德四季第 55 期·金秋拍賣會·墨萃琳琅——中國近現代書畫（一）。

十月二十九日（12 月 6 日），青島市文聯在中山路財貿展覽館舉辦「黃公渚、杜宗甫、赫保真國畫展覽會」。《黃公渚、杜宗甫、赫保真國畫展覽會明開幕》（《青島日報》1961 年 12 月 5 日）：「青島市文聯舉辦的『黃公渚、杜宗甫、

赫保真國畫展覽會」，定於 6 日在中山路財貿展覽館開幕。這次展出的一百二十餘幅作品，是這三位畫家從他們的新老作品中挑選出來的優秀之作，其中有山水、人物、花鳥等，都顯示了現實生活的蓬勃景象，和祖國江山的美麗多嬌。黃、杜、赫是我市的三位老畫家，從事中國畫創作都有三十餘年的歷史，繪畫技法高超，也都兼擅書法和詩。他們在黨的『百花齊放，百家爭鳴』的方針指引下，幾年來辛勤創作，是我市和我省歷屆美展的積極參加者。他們還熱心培養國畫接班人，8 月間都曾為文聯主辦的國畫講習班作過示範表演。」

　　十一月初七日（12 月 14 日），《青島日報》刊出青島市文化局副局長李錚撰《祖國風光好、詩情畫意濃——黃公渚、杜宗甫、赫保真畫展觀後感》一文。云：「三位老畫家都有三十餘年的勤學苦練的歷史，畫門很廣，可謂全能，但又各有所長。黃先生和杜先生以山水畫著稱，赫先生的花卉久負盛名。黃、杜合作的『江山如此多嬌』和『田家生活』等，均展示了今日祖國山河的錦繡面貌和農村美景；畫面上不再是古畫中的禿山茅屋，而是農田水利，木輪水磨在工作，以及農林牧副漁五業俱盛的景象。黃公渚的『嶗頂雲嵐』、『嶗山雲煙洞』和『松風峴』等，構圖巧妙，採用披麻、折帶、斧劈以及多種皴法，隨心所欲，繪成高山大川，屹立雄偉，層巒疊嶂，諸峰環繞，湍湍急流，穿山躍谷，雲霧隱約，深谷蒼松……，筆到之處氣魄宏偉，熱情奔放，使觀賞者猶如身臨其境。再如『武夷山色』一幅，畫家以赭石、石青與朱紅相調，著在山石，呈現紫色晚霞，用此新創為作品增色十分。那冊頁水墨畫『麥島石壁』的構思，尤其耐人尋味，採用減筆構圖，足見惜墨之功；墨分五色而層次分明，干筆不斷，濕筆柔潤，創造除了『去落懸崖石壁間，孤舟擎帆待風發』的意境，尤對舟子仰視空雲的剎那，實達到形神巧合了。」又《青島日報》本日又刊出馮憑《題贈畫家黃公渚先生》詩，云：「武夷山色紫英英，妙筆揮毫奪天工。幾番觀賞幾番醉，不看武夷看丹青。」

　　十一月初八日（12 月 15 日），山東大學中文系製定三年規劃，中有為老教師配備助手一條云：「本學期已為高亨、陸侃如、黃公渚、馮沅君、蕭滌非、孫昌熙等六位教師分別配備了董治安、牟世金、焦玉銀、趙呈元、斜東星、劉波為助手。爭取在 1962 年暑假後為殷孟倫等老教師配好助手。」《中文系關於貫徹教育部高等學校工作條例（草案）的三年規劃（1961～1964）》（初稿）。

　　十一月十五日（12 月 22 日），所撰《愛國畫家八大山人》一文由《青島日報》刊出。《青島日報》（1961 年 12 月 22 日）。

十一月二十九日（1962 年 1 月 5 日），與杜宗甫同撰《喜看黃山寫生畫派》一文由《青島日報》刊出。《青島日報》1962 年 1 月 5 日。

十二月五日（1962 年 1 月 10 日），山東大學中文系古典文學教研室製定 1961～1962 學年度第二學期工作計劃草案，第六項本室成員及分工中列有「黃公渚：在青島休養，指導助教和研究生。焦裕銀：在青島隨黃公渚教授進修」。《1961～62 學年度第二學期工作計劃草案》。焦勇勤《先父焦裕銀先生事略》：「1961 年先父畢業後留校任教，並於 1962 年至 1964 年期間赴山東大學青島校區擔任著名學者黃孝紓先生助教，跟隨黃先生學習唐代文學。1964 年先父返回山東大學濟南校區從事古典文學教學工作。」

十二月二十二日（1962 年 1 月 27 日），所撰《八聲甘州·題嶗山療養院圖》詞由《青島日報》刊出。《青島日報》1962 年 1 月 27 日。

山東大學中文系古典文學教研室擬定工作計劃，《文學史叢書修改編寫計劃》中改寫時間未確定的書籍有：《唐宋古文運動》《唐傳奇》，蕭滌非、黃孝紓、鈄東星合編。《古典文學研究室 1961～1962 學年第二學期工作計劃》。

是年，與吳天墀、杜宗甫、赫保真、關友聲、黑伯龍聯合畫展在濟南展出。

是年，中文系製定研究生招生計劃，黃孝紓，因病長期休養而不招生。《能夠培養研究生的導師名單》云：「姓名：黃公渚。專長：隋唐文學、六朝文、唐宋詞。業務水平與科學研究簡況：研究唐宋詞、六朝文造詣很深，對唐代詩歌、散文也有深入研究。」

是年，嚴一萍輯《美術叢書》第五集，由臺灣藝文印書館出版，第一輯中有《延嬉室書畫經眼錄》一卷，題黃頵士撰。收錄《釋常瑩傲石田翁雲山長卷》《高逢吉鄒之麟山水合卷》《明人修篁雞鷇卷》《余曾三雜花卷》《夏仲昭嶰谷清風長卷》《梅瞿山仿李營丘梅花書屋立軸》《陳古白墨蘭長卷》《徐堅臨倪雲林獅子林圖長卷》《邵爪疇山水卷》《任月山林木寒隻圖立軸》《管幼孚紅袖添香夜著書圖立軸》。按此中條目皆收錄在《中和月刊》所刊之本中。

是年，與杜宗甫合繪設色山水一幅。題曰：「一九六一年，杜宗甫、黃公渚合寫。」青島博物館藏，編號 3045。

## 1962 年壬寅，六十三歲

正月初五日（2 月 9 日），所撰《滿江紅‧一九六二年春節試筆》詞由《青島日報》刊出。《青島日報》1962 年 2 月 9 日。

正月初七日（2 月 21 日），文學院召開院務會議，商議為黃公渚配備助手：焦裕銀。「配備助手。高亨：董治安、顏學孔。陸侃如：牟世金。黃公渚：焦玉銀。蕭滌非：斜東星。馮沅君：袁世碩、朱德才、趙呈元。孫昌熙：劉波、凌南申。劉泮溪：孫伯海。高蘭：呂亞人。殷孟倫：蔣維崧。殷煥先：錢曾怡。周遲明：馬松亭。」《中文系會議記錄》。

正月十七日（2 月 21 日），所繪山水一幅由《青島日報》刊出。《青島日報》（1962 年 2 月 21 日）。本期《青島日報》刊出漁夫所撰《日暖春風花滿園——〈青島市國畫、書法、篆刻展覽〉觀後感》，中云：「黃公渚的山水畫以蒼勁見長。由於技法純熟老練，雖依古老傳統而又不拘泥，因而能別創一格，繪出了一幅熱情而喜人的一片秋色，遠樹、近林、高山、低坡，層次清晰，結構新穎，對山形結構處理尤有獨到之處。」

致徐瑜信。云：「徐瑜先生：許久沒有通信，想你健康已恢復。前月焦助教帶來包裹，已交令妹徐瑭，想已有復函。茲有懇者：去年十月承校方寄發副食品供應證，由黨委會出具公函致此間商業局，轉由本市供應。自一九五一年十一月至一九六二年二月止，共發給四個月。從三月分起，須另換新證，舊證無效。我的工作單位在濟南，為避免重複，須校方證明，方能換新證。此間統戰部曾兩次函校方黨委要證明，未見覆信。囑為向函系中，催詢如何情形，祈費神一問。濟商業局所發舊證，去歲曾交商業局存檔，如校方須要舊證，當取回寄上。又聞人言自本年一月份起，從講師以上，每人每月加發三斤黃豆，如確有其事，亦希要一證明，致本市糧食局，以便須取。前次系中寄來《中國共產黨歷史講義》已收到，另一冊並交焦助教。以後必有此類檔，請費神代留惠寄，需費若干當寄奉。賤恙春氣發動，血壓又增高，正在治療中。另公費報銷十六張單已注係由余先生辦理。仍希轉交為幸。此致，敬禮。黃公渚。廿一日。」按山大黨委致青島市商業局、糧食局信為 1962 年 3 月 28 日，此信當作於此之前。

是年謝國楨避暑青島，訪黃孝紓先生於觀海二路之寓廬，詢以清初膠東之人文，黃先生贈謝國楨《安靜子詩文集》，曰：此青州之古文家也，然筆力微弱，似不足以稱之。謝國楨《江浙訪書記》。

夏，繪贈趙維山水一幅。題曰：「趙維先生方家教。壬寅夏日。黃匋庵寫。」此幅承青島籍金精舍主人安效忠先生賜告。

夏，與張伯駒、潘素、弟黃孝平在天風海濤樓合寫《祝壽圖》，為祝友人張子厚七十壽。張伯駒題云：「張叢碧寫梅，潘素寫松，黃匑厂補石，黃甦宇補菊，為子厚道兄七十壽。中州張伯駒識於琴島天風海濤樓。」見榮宏君《張伯駒年譜長編》第 361 頁。

五月十四日（6 月 15 日），所書章草書法一幅由《青島日報》刊出。《青島日報》1962 年 6 月 15 日。

公曆七月，中國美術家協會山東分會、山東人民出版社編輯出版《山東國畫選》，中錄黃孝紓繪《嶗山沙子口》《嶗山顧道中》二幅。《嶗山沙子口》，題曰：「沙子口。輔唐山民黃匑庵。」鈐「長樂」朱文長方印、「黃孝紓」白文方印、「天荼翁六十後之作」朱文白方印、「漚社詞人」白文方印。《嶗山顧道中》，題曰：「放眼長空對沉寥，瀛壖地盡海嶕嶢。岡巒閱世無今古，潮汐知時自暮朝。山崩嵂，石顙頹，波掀地軸撼靈鰲。雲垂濤走天容墨，百怵回皇海若驕。勞山顧道中得此景，匑庵黃孝紓。」鈐「我見青山多嫵媚」朱文長方印、「長樂」朱文圓印、「公渚記莂」朱文方印、「匑盦」白文方印。《山東國畫選》，1962 年山東人民出版社。

七月，《勞山集》之詞之部《東海勞歌》一卷油印刊行，一冊。是書張公制題簽。前有《勞山集自序》，題詞者有番禺葉遐庵、長沙蛻園瞿宣穎、萬載龍元亮、汪公嚴、許寶蘅、枝巢盲叟夏仁虎、王琴希、錢塘朱西溪、涇川吳則虞。後有跋云：「《勞山集》者，匑庵匯訂舊作《勞山遊記》及詩詞都為三卷。《紀遊詩》業於一九五二年印行。詞一卷，久庋行篋，比以朋好索閱，懶於迻錄，爰付油印，藉正方雅。年運一往，老病侵尋，心靈枯竭，久廢文字，書生結習，敝帚自珍，知不足識者一哂也。《遊記》一卷，迻寫未竟，將以俟諸異日耳。一九六二年七月匑庵坿識。」後附黃孝平《墮庵勞山十詠》。

七月十日（8 月 9 日），所撰《臨江仙》一詞由《青島日報》刊出。云：「省美協集合全省國畫家，在青探討山東國畫提高問題，並邀請北京、南京等地畫苑耆宿，避暑作畫，並舉行聯合展出，盛會一時，調寄臨江仙一詞志欣幸也。齊放百花春爛漫，人文海岱英多。檀欒金碧助觀摩。營邱開法乳，黃石壯煙螺。枝上鳴禽飛動意，珊瑚玉樹交柯。海天雨霽定風波。爭榮新卉木，還我好山河。」署名黃匑庵。《青島日報》1962 年 8 月 9 日。

公曆七月至九月，山東文聯、中國美術家協會山東分會和青島文聯邀請京、滬、寧、魯四地著名國畫家三十餘人聚集青島，研討中國畫風

格。進行近兩個月的創作和研究活動，活動期間舉行兩次展覽觀摩會。其間，黃公渚邀請于希寧等七位畫家在其枕菹軒共同創作《秋光圖》，黃先生題詩並跋云：「翛翛鳳尾倨奇礌，黃菊離披獨傲霜。自是秋光無限好，百花齊放占年芳。壬寅夏，遣暑青島，雪泥、个簃、寒汀、友聲、企華、希寧、天池合寫，翦庵題。」《王个簃年譜》：「8月16日，應山東省文聯、美協和青島市文聯聯合邀請，赴青島參加中國畫創作會議，與會者有上海孫雪泥、江寒汀、呂蒙、楊寒、錢君匋；南京錢松喦、亞明、俞劍華、陳大羽、張文修、蕭平；北京李苦禪、王雪濤、吳鏡汀、郭味蕖、田世光、李燕、郁風；山東于希寧、關松聲、劉魯生等，由孫長林陪同。」周積寅《俞劍華年譜》：「七月至九月應山東美協之邀，七月十五日赴青島避暑。應邀者，北京李苦禪、郭味渠、崔子範、郭傳璋、顏地、王雪濤、田世光，上海王个簃、江寒汀、孫雪泥，南京錢松喦、亞明、張文俊、陳大羽等及山東于希寧、張彥青、王企華、陳惟信等齊集青島，作畫論藝，由山東省副省長李宇超、余修主持，並將作品在青島、濟南展覽一次，於一九六四年印行《國畫作品選集》。」俞劍華發表《評介中國畫聯展省內部分》（《青島日報》1962年8月21日）一文論及黃公渚云：「在山水方面：黃公渚澤古功深，粹然長者。」1963年6月，中國美術家協會山東分會從這兩次展覽作品三百餘件中選三十二幅編成《國畫作品選集》，內收黃公渚《崂山桑家潤》一幅，其前言云：「為貫徹黨的百花齊放、百家爭鳴、推陳出新的方針，進一步提高我省國畫創作水準，於一九六二年暑期，本會特邀北京、南京、上海一部分著名的山水、花卉畫家，同我省山水、花卉畫家一起共三十餘人，會集於青島，進行了將近兩個月的創作和研究活動。為便於探討和研究，及有利於創作經驗的交流，在活動期間，曾先後舉行過兩次展覽觀摩會，共展出山水、花卉作品三百餘件，不少作品受到廣大觀眾的歡迎。通過這次暑期的創作和學習，對我省畫家也有不少幫助和提高。為了進一步推動我省國畫創作的發展，本會將兩次展覽會中的作品選了三十二幅，編輯成冊，以供國畫作者及愛好者觀摩、欣賞和研究。在畫冊的編輯過程中，蒙各位畫家的大力支持和指導，特表示感謝！但由於我們水準所限，在編輯工作中可能還存在許多缺點，深望讀者批評指正。中國美術家協會山東分會，一九六三年六月。」按《國畫作品選集》1964年3月由山東人民出版社出版。

十二月八日（1963年1月3日），發表《浪淘沙·新年獻詞》於《青島日報》。載《青島日報》1963年1月3日。詞云：「一九六三年，一歲開端。紅旗三面照瀛寰。萬象更新風日麗，好景無邊。　　耕者有其田，幹勁衝天。豐收爭取着先鞭。都道人民公社好，六億騰歡。」

十二月，與陸侃如、高亨合注《楚辭選》，由中華書局排印再版。

是年，繪《勞山巨峰圖》。題曰：「巨峰為勞山主峰，海拔一千三百公尺，俯視柱後，齊比高崮，靈旗諸峰，左右環侍，如諸孫之朝太公，其勢歸然獨尊焉。輔唐山民黃輞庵寫於緗廬，時年六十有三。」載1963年王則潞香港影印《勞山集》卷首，《中國書畫家》2020年05期。

本學年指導研究生馮能保。《62～63學年中文系研究生、進修教師情況》。

## 1963年癸卯，六十四歲

《山東大學學報》（中國語言文學版）第一期刊出黃孝紓《清詞紀事緒言》。按：《清詞紀事》手稿，現在黃氏後人處。見黃瑛等撰《黃公渚家人收藏圖錄小記》，載《大匠如斯——黃公渚誕辰一百二十週年紀念集》第3頁。

清明節前二日，謁詩人趙孝陸（錄績）墓，歸後作《鷓鴣天》《臨江仙》二詞。其一《鷓鴣天》：「蕭落交親渺隔生，昏鳶風起近清明。招魂黑劫超龍漢，埋骨青山即馬塍。哀宿草，憶班荊，長眠不及待河清。金甌無恙神州奠，一掬香花告九京。鷓鴣天。」其二《臨江仙》：「輕暖輕寒寒食節，拂衣習習和風。京山入眼化人宅。好春三月半，短景百年中。一卷新詞謨鬱閣，《衍波》《珂雪》同功。騎鯨天上去從容。歸來華表雀，應慰九州同。臨江仙。癸卯清明前二日，謁詩人趙孝陸墓感賦，黃輞庵。」據墨迹，見《中國書畫家》（2020年05期）。

春，與楊國璽合繪設色山水一幅。題曰：「一邱一壑意在沈黃之間。癸卯春，楊國璽、黃公渚臨寫。」今藏青島博物館，編號3155。

春，繪《師方壺法設色山水》一幅。題曰：「師方壺法，似藝圃同志雅屬。癸卯春，輞庵作。」鈐「公渚」朱文方印。杜宗甫題曰：「輞厂此幅用筆蒼勁，氣勢雄壯，自是晚年得意之作，惜有殘缺，余為重加整理，不免有續貂之譏。壬子冬，無咎杜嘉識。」鈐「宗甫題記」方印。今藏青島博物館。

春，門人閩縣王則潞影印《勞山集》稿成。王則潞受黃先生委託於香港刊印《勞山集》，並增加《輔唐山房猥稿》一卷。全集分三部分：「東海勞歌」為詞之部，「勞山紀遊集」為詩之部，「輔唐山房猥稿」為文之部。曾克耑題簽。前有天茶翁黃輞厂《勞山集自序》。各部之前都有題詞，《東海勞歌》前題詞者有：番禺葉遐庵、長沙蛻園瞿宣穎、萬載龍元亮、錢塘許寶蘅、江寧枝巢盲叟夏仁虎、王琴希、錢唐朱西溪、涇川吳則虞。《勞山紀遊集》前題詞者有黃雲眉、遐庵、中州張伯駒、至德周志俊。王則潞《勞山集跋》云：「曩在成都聞青城、峨眉之勝（峨眉，俗作峨眉。趙堯生

侍御定為浼湄，浼水之湄也），輒思樸被往遊，人事卒卒，終以不果勝踐為憾。及客膠
嶴，又以時危道梗，欲一訪二勞而不可得。子輿氏所謂行止非人之所能為也，豈不信
哉。庚寅夏，輾轉南來，孑然一身，局處海隅，環島周遭僅十數里，匪直崇山峻嶺不
可覿，幽泉怪石亦所罕覯，其獅子、大嶗諸峰不啻培塿而已。而春秋佳日，風和氣爽，
猶當時挈徒侶，攀躋其間，藉草移暑。噫，余所願遊者不可得，而往其不願遊者又孿
之不置，造化弄人，抑何甚也。余師軔厂先生近寫定《勞山集》，遠道寄余，蓋裒集其
平昔紀遊之作，文十三篇，詩一百三十七首，詞一百三十五闋，於二勞九水之勝，曲
盡其妙。余昕夕夢寐而欲往者，讀此可以當臥遊矣。因亟為刊行以餉世之有山水癖者，
至其文辭之美，在先生特碎金屑玉耳，初不足以盡其才若學。抑吾聞之古之賢達，遭
時不偶，侘傺失志，往往寄情一丘一壑間，發為文章，以吐其胸中磊落欽奇之氣，若
元亮之愛丘山，子厚之樂居夷，皆造物所以慰賢者，而賢者亦引之以自慰者也。先生
茲集殆無近是歟。癸卯春日，門人王則潞謹跋。」王則潞影印本後又收入臺灣《近代
中國史料叢刊》二編。

　　**四月二十七日（5 月 20 日），周叔弢在青島文化商店遇黃孝紓。**《周
叔弢日記》云：「午後，到文化商店，選墨二枚。遇黃公渚，已二十餘年不見，同到苗
海南處看大滌子《巢湖圖》。隨後，又到公渚家，匆匆看畫數卷，題跋中有洪升、孔尚
任、徐釚，皆難得。公渚以所畫山水一幅見贈。」周啟乾《〈周叔弢日記〉中的祖父及
其友人》：「在 1912 年至 1914 年間，祖父也居青島，玩伴中就有劉廷琛之子等一些遜
清遺老的子弟。他與黃公渚的相識，當也是在這時。此後，自 1919 年起，祖父又在青
島工作數年，與黃再續前緣，應是意料中事。」

　　**閏四月初八（5 月 30 日），所繪山水一幅由《青島日報》刊出。**《青
島日報》1963 年 5 月 30 日。

　　**閏四月十三日（6 月 4 日），山東大學中文系製定 1964～1967 年新
增導師招收研究生計劃表：唐宋文學專業，黃公渚（教授，四級），1965
年擬招研究生兩名。**《1964～1967 年新增導師招收研究生計劃表》。《中文系古典
文學教研室 1962～63 學年第二學期教師工作情況表》云：「黃孝紓，男，教授，現開
課程或其他工作是：休養，培養助教。」

　　**夏，為張公制《奇觚詩選》撰序、題辭並題簽。**書簽題云：「奇觚詩選。
癸卯夏，黃公渚。」黃孝紓《奇觚集序》云：「山左詩派自漁洋山人標舉神韻，宏暢宗
風，飴山、荔裳諸人繼之，並步趨盛唐，揚華佩實，泱泱稱盛。乾隆初元，則李憲暣
及弟㫮、喬躋起，精研格律，以中晚唐為宗，浸淫於水部、閬仙諸家，下及四靈，發

揚光大，集中晚之大成而妙臻神化。至是山左詩派又一變。隨石桐兄弟游蹤所到，餘風且遠及嶺表，世稱高密三李也。

鑄民先生居鄰三李之鄉，自幼好文辭，才氣橫軼，長於歌行，服膺少鶴，而格律謹嚴，又與十桐為近。中年氾濫於唐宋諸家，尤好稱少陵、遺山。蓋閱歷世故，望古遙集，不期而與訢合，擬諸三李，遭際不同，所成就容有出入，而發於性靈，止於禮義，固同一論詩軌轍也。竊以詩者造化之秘思，勞者之歌，而性情之黐也。蟠天地，動鬼神，囊括萬彙，亙古今中外而不敝，炳然與史同功。故謳吟所托，感喟無端，心聲不同，有如其面。凝重之人，其詩典以則；通曠之人，其詩葩而法；燥易之人，其詩浮以靡；溫柔敦厚之人，其詩從容大雅，意量恆超乎物象之表。雖體制風格因時嬗變，不必盡同，然非學養兼充弸於中而彪於外，鮮有克自樹立，以造乎古人瓊絕之境，不朽之業，容為淺者所漠視，所謂能喻獨座而不能適眾好者。先生當有以自信芟汰舊作哀而存之，藏諸名山，付諸其人，意在斯乎。軥厂黃孝紓識於觀海廬。」

題辭云：「綺歲才名聘九能，晚收譽望玉壺冰。許身稷契心期在，豈獨談詩慕少陵。淵源共道從三李，格律尤應近十桐。五字長城籠萬有，泱泱大國是齊風。田園寄興共柴桑，蕃錦閒搜急就章。感事吟成諸將什，號為詩史擅三長。飢溺為懷用世心，良方洴澼抵千金。印臺月色牟山翠，懸夢鄉關耐冷吟。寥落交親怳隔生，期頤天假以詩鳴。噌吰閶轄饒清籟，牛沐鐘聲共此情。歌嘯欲超生死海，悲歡此亦性情黐。白亭逝後宗風在，勝啖哀家爽口梨。老去編詩取自娛，推排故我換今吾。苦吟味在酸鹹外，自是奇觚與眾殊。腹痛回車菰麗園，圖書慎郿閣無存。海濱留得靈光在，大雅扶輪道自尊。」

八月二十三日（10月10日），生日。對郭同文云：「作為一名學者，到了六十多歲，就是生命的秋天了，是收穫季節，我要在生命之秋，將《清詞紀事》《三唐詩品》《中國詞史》《魏晉南北朝文學史》等書稿完成，更要竭盡全力，謳歌海上名山——嶗山，為這座我所最喜愛的山寫詩作畫。」郭同文《著名文學史家黃公渚》。

八月二十九日至九月初八日（10月16日至24日），參加青島市政協第一次全體會議，當選為主席團成員。《青島市志‧政協志》。

約是年，董治安至青島函授，看望黃孝紓。黃談及蔣維崧，認為蔣維崧書法與篆刻皆佳。董治安《緬懷蔣維崧先生》：「大約是1963年，我到青島函授，順便去看望黃孝紓先生。黃先生書畫俱精，而說起蔣先生則深表敬重。他說：『你們只知道蔣先生的字好，不知道他的篆刻更好。』『蔣峻齋的篆刻超過了錢xx。』

『應當讓他招書法研究生、篆刻研究生。』返回濟南後，我轉述了黃先生的這些話，蔣先生沒有說什麼，但看得出來有些感慨。」

## 1964年甲辰，六十五歲

審查郭延禮《秋瑾詩文選》中詞選注釋稿件。郭延禮《秋瑾詩文選前言》。

仲夏，自繪《勞山北九水》一幅自青島寄龍榆生。龍榆生有《好事近》一詞紀此事，序云：「甲辰仲夏，黃公渚教授自青島寄贈所寫勞山北九水一角，有招待同遊之意，病中展玩，為神往者久之。」

夏，為余修書隸書聯「文禽發聲清於磬，修竹結實餇我鳳」。題曰：「集漢校官碑，似余修同志法家正。一九六四年夏，匋庵黃公渚。」見山東恆昌2013年迎春藝術品拍賣會‧齊魯書畫名家專題。

五月二十日（6月30日），山東大學黨委統戰部致信黃孝紓，通知黃孝紓參加山東省委主辦的知識分子學習會。云：「黃孝紓先生，頃接到省委統戰部通知，定於七月底至八月底組織我省知識分子去煙台學習。請您屆時參加。青島參加學習人員，由青島市委統戰部組織前往。請您逕向青島市委統戰部聯繫辦理參加學習的有關具體事項，屆時出席，特此通知。此致，敬禮。山東黨委統戰部。1964.6.30。」見《黃孝紓檔案》。

六月初二日（7月10日），致信山東大學黨委統戰部，以身體原因拒絕出席所謂知識分子學習會議。云：「接奉六月三十日大函，轉省委統戰部通知，安排鄙人暑期前往煙市出席知識份子學習屬向青市統戰部聯繫等。因鄙人因患惡性高血壓及心臟冠狀動脈硬化症，不能出席，已面覆青市統戰部。專此奉覆，此致。山大黨委統戰部。黃孝紓啟。七月十日。」原函在《黃孝紓檔案》中。

六月初八日（7月16日），中共青島市統戰部致信山東大學黨委統戰部，反映黃孝紓不願參加知識分子學習會議的情況。云：「中共山東大學黨委統戰部：七月五日接你部通知黃公渚參加省煙台高級知識分子學習會議的來信後，我們立即派員將來信轉交本人。黃在反覆閱讀之後，對我前去送信的幹部說：『我有高血壓，現在低壓在120以上，叫我去煙台開會，一方面我要問問醫生，一方面我還要研究研究，最後寫封信給學校黨委。』當我送信的幹部離開他家之後，黃則對正在他家訪問的市政協幹部說：『我才不去啦！等上醫院弄個病號證明捎給學校，說不能去就算了。』又據張公制（青島市付市長）反映：『我接我孩子來信（張堅，在你校任教）說，黃公渚長期脫離學校，又不參加學習，黨委統戰部對此很有意見，要我勸

勸他。但是因我年老行動困難，就叫市政協幹部前去黃家轉達我動員他趣煙台學習的意見。據說黃的仍然一點不想前去，他提出的主要理由是：一、他現在培養了兩個徒弟，不能脫身前往。二、他的胳臂有病。」總之，看來黃是不想去煙台學習的。特將黃不願去煙台的情況反映給你們。此致，敬禮！中共青島市委統戰部。1964 年 7 月 16 日。」見《黃孝紓檔案》。

六月初十日（7 月 18 日），王佛生有致關某主任的信，談及黃孝紓拒絕參加煙台學習事，並云「對黃孝紓不應過於遷就」。信中云：「關於黃孝紓參加煙台學習問題，青島市委統戰部及黃本人均已回信。從反映來看，他借口身體不好，不願參加政治活動。據焦玉銀（中共黨員，現由黃培養的助教）同志介紹黃高血壓係一般問題，並不嚴重。黃來信亦無醫生證明。中文系劉澤宣同志意見，通知他回校工作。我考慮對黃孝紓不應過於遷就，應由人事處通知他來濟南檢查身體。根據情況再確定回去，還是住校工作。現培養助教二人，均在黃家中學習，脫離集體也會有不好影響。以上意見當否，請示。王佛生。1964 年 7 月 18 日。」信末又有幾行云：「暑假煙台學習會期間，劉畔溪等又寫信動員他參加學習。黃寄醫師證明，係神經科證明血壓較波動，再次拒絕參加學習。」見《黃孝紓檔案》。

六月十四日（7 月 22 日），致信劉泮溪，談及因血壓原因不能參加知識分子學習會議。云：「泮溪主任，奉手書敬悉是省委召開知識份子學習會，前日已得此間統戰部通知。煙臺已三十餘年未到，本想借學習機會一遊，藉與諸公把晤。惟是入月以來，受天氣影響，血壓陡高。低血壓經常在乙百二十度左右，頭重眼昏。經治療，高壓降低，低壓不降。前星期有一次高壓忽降至乙百四十，低壓竟高至乙百十四，相距僅十六度，心房發慌，後服中藥，重用羚羊尖藥劑，手麻減輕。今日又經青醫檢查，低壓仍為乙百乙十，醫囑須適當靜養。似此情況，礙難赴煙出席參加，無任悵惘。前星期焦助教返校，曾致章主任一函，報告病狀。時間倉卒不及向醫院索證明，茲將今日檢查書寄上，便呈章主任為荷。餘不一一，此致，敬禮。黃孝紓頓首。廿二日。」原函在《黃孝紓檔案》中。

七月初六日（8 月 13 日），在青島，偕高亨訪顧頡剛。《顧頡剛日記》（聯經版）第十卷第 112 頁。

七月初十日（8 月 17 日），在家與弟黃孝平（君坦）宴請顧頡剛，同席者商錫永、謝靜之、杜宗甫、鄭鶴聲。《顧頡剛日記》（聯經版）第十卷第 114 頁。

七月，計劃到一九七〇年完成《唐代散文新論》《唐代小說新論》
《三唐詩品箋注及詩選》三部書稿。《山東大學1964～1970年科學研究計劃》
（1964年7月3日）黃孝紓項目有：「《唐代散文新論》，主要內容：評論唐代散文1970
年完成，負責人和參加人員：黃公渚、焦玉銀。《中國古典文學研究叢書》。《唐小說新
論》，評論唐代小說，1970年完成，負責人和參加人員：黃公渚、焦玉銀。《中國古典
文學研究叢書》。《三唐詩品箋注及詩選》，主要內容：就宋育仁原著加注，並附作品，
以資互證。1970年完成，負責人和參加人員：黃公渚。」

八月初一日（9月6日），顧頡剛至黃孝紓處，並晤黃孝平（君坦），
看黃氏所藏清人墨蹟。後同訪張鏡夫，未晤。《顧頡剛日記》（聯經版）第十
卷第125頁。

九月二十八日（11月2日），龍榆生有《滿庭芳》詞簡寄。詞序云：
「甲辰立冬前五日，侵曉漫成一曲，寄謝子異詩家遠貽藥物兼簡公渚教授青島。」按
是年黃孝紓約龍榆生青島之遊，龍榆生有《浣溪沙·老友黃訒厂教授有招青島之約，
率拈小調報之》一詞紀其事。見張暉《龍榆生先生年譜（增訂本）》。

十月初三日（11月6日），在濟南，顧頡剛訪黃孝紓。《顧頡剛日記》
（聯經版）第十卷第160頁。

十月十二日（11月15日），中共山東大學中文系總支認為：「黃公
渚自從學校五八年下半年遷校來濟南以後，因他在青島有自己的樓房
和家屬，就借故一直留住在青島，不來濟南。進修教師和研究生找他輔
導，也必須要去青島，到他家去。在留住青島期間，他還利用自己辨識
古字畫的便利，販賣字畫，低價買進，高價轉售，牟取厚利（此事正在
調查）。今年暑假，學校幾次通知他去煙台參加學習，他借口有病，拒絕
不去。」《山東大學中文系教師隊伍當前存在的主要問題》（中共中文系總支，1964年
11月15日）。《中文系教師出身情況》（1964年11月12日）云：「黃公渚，男，四級，
出身封建官僚，成份教員，黨派民盟，歷史問題無，政治態度中右。」

因學校接到檢舉信，反映黃在買賣字畫當中，進行投機倒把活動。
十月，學校通知黃孝紓來校輔導研究生。在黃留校期間，經查證，黃確
實買賣過字畫，並得到一定數量的收入，後請示山東省委統戰部同意，
讓黃暫住學校一個時期，以便弄清問題，並指定中文系黨總支負責人和
他個別談話。《山東大學關於黃孝紓問題的複查意見》（1985年12月30日）。

　　十月二十三日（11 月 26 日），出席中文系毛主席著作學習討論會。
同時出席者有馮沅君、高亨、張伯海、陳東生、牟書芳、錢曾怡。

　　公曆十二月中旬，學校開展面上的社會主義教育運動，在大字報中
和擺問題會上幾次批評了黃孝紓。其後中文系黨總支又委託民盟的同志
和老教師找黃談過話，並找了兩名青年負責照顧他的生活，黃思想上沒
存什麼準備，看了大字報和聽了批評後，壓力很大。《山東大學關於黃孝紓
問題的複查意見》（1985 年 12 月 30 日）。

　　公曆十二月以來，中文系出現一批揭發黃孝紓的大字報。如：「黃公
渚先生可以印這樣一張名片：『大學教授兼古董字畫買賣商』。黃先生這幾年來，在青
島幹了些什麼呢？原來借養病為名，趁□放縱，興風作浪，企圖恢復資本主義的時期，
乘機投機倒把，販賣古董，轉手之間就可賺到暴利幾百元。望黃先生檢查思想，改正
錯誤，立即退賠從中剝削所得。從 58 年來，黃先生為了個人生活方便，住在青島，青
年教師與研究生都得跑到青島去受教，浪費了多少國家資金？更可惡的是，不但你自
己脫離政治，也領得青年同志脫離集體，脫離政治。張伯海、錢□□、牟書芳、劉淦。
64.12.20。」又如：「大字報。黃公渚先生：你的工作崗位在濟南，而人長住在青島，
捫心自問，有什麼感想？你為什麼不把你的愛人接來，長期住在濟南呢？你在青島可
以養病，在濟南就不能養病嗎？你長期脫離工作崗位，必將是政治落後，思想落後，
工作落後。給革命事業帶來損失。黨對於年老多病的同志都是照顧無微不至的。但也
要求我們在精力可以工作的時期，為革命多提供一些力量。高亨。」又如：「請看黃公
渚剝削階級的猙獰面目。封建官僚地主家庭出身的黃公渚先生，不僅是一個善於投機
牟利的書畫商，而且是一個對於勞動人民更顯示了猙獰面目的剝削分子。他在家中僱
着一位廚師，多年來，這名老工人以其家為家，然工資很低，但仍然忠忠實實為黃公
渚效力（黃自己也承認這工人的老實）。前幾年生活困難時，黃公渚忽然不叫人家去他
家中喫，在當時困難情況下，連同工資在內，每月只給這位老工人十六塊錢。之後，
這老工人的血汗被他壓榨取得沒了油水，生了重病。黃公渚就□□□□的反動官僚地
主的咀臉，一腳把這位老工人踢開不管了，後才又零零碎碎給了人家幾個月工資。就
這樣，這個無依無靠的老工人，雖然幸運地熬到了新社會，可是又□為他黃公渚一手
剝削，成一個痛苦悲傷的晚年，至□這個老工人幾次到法院去告。

　　黃公渚，我們要問你，你身為人民教師，直到今天，人民仍然以高薪供養着你。你
對自己的身體看得那麼金貴，為什麼對一位老工人那樣無情，那樣殘酷。你必須把自己
的剝削階級思想徹底交代清楚，你必須立即想辦法挽救你自己的剝削階級的罪行。」

　　十一月十八日（12 月 21 日），參加山東大學中文系社會主義教育运动第三次座談並發言。同時發言的有劉淦、劉畔溪、呂慧娟等。黃孝紓發言云：「聽了周興書記談臨沂參觀回來的報告，想到知識分子渺小。回憶過去在青島去嶗山公社參觀，那原是一個窮棒子社，群眾把山建成梯田，修了水庫，認識到勞動人民戰勝自然的偉大。以後，我又參觀了城陽公社。這些原是也很窮，原是種菜，向香港銷售為主。改良種子，研究室是以老農為主，帶着一批學生。老農可以觀察氣象，打了很多井，每畝地上都有井，安上了機器水車，種出菜銷售到香港，換很多外匯，建立了許多小學，從農村改變面貌，反映出我國飛躍的發展。文化教育戰線上如何適應工農業的發展，是我們當前的主要任務。我們應急起直追，文化上還趕不上工農業迅速的發展。全國有 3.6 萬兒童不能入學，全日制不能適應需要，要半工半讀。社會主義建設需要有社會主義覺悟的人才能勝任，教育工作者必須革命，才能夠上教育工作者。我們老一輩多數是舊社會過了大半生，目前要過社會主義生活，不去掉舊思想，就會有被時代的車輪碾碎的危險。剛聽到，資產階級與黨爭奪青年，感到過分。資產知識分子怎麼辦呢？現在才恍然大悟，實質是在與黨爭奪青年。青年人剛從農村來沒接觸我們的，有誠意樸素的作風；以後接觸我們，就愛漂亮，這就是與黨爭青年。四脫離：灌輸學生脫離勞動，輕視勞動。今天是以政治為靈魂，沒政治沒生命。我在舊社會養成長期脫離政治的習慣。解放後才認識到政治上的重要。1962 年我病休的時候，叫我培養幾個研究牛，當時我提出了政治方面我水平低不能管，這是只管教書不管教人。我們教古典文學的不容易結合，我教的是厚古薄今、枝枝節節的脫離政治。我教，費了很大力氣，效果不高。如焦玉銀曾對我談，他要搞唐上文古文運動，我拿出几本書，費了很大力氣教給他。現在要來評讀，那些東西用不着，脫了實際。關於勞動，我因這幾年病體，未能參加，研究生是由海洋學院帶的。

　　關於我檢查自己買賣書畫，我自私自利，出身於剝削階級家裡，雖不是資產階級，滋長了資產思想。我父親不做事了，靠賣字，我家人口多，為了維持家庭，我的幾個兄弟都是二十多歲除外謀生，我也是二十多歲到上海謀生弄字畫等等，養成了我好書畫的興趣，看到心愛的字畫我就喜歡買。字畫不是一般的東西，無一定的行市。有時買進來就一錢不值，積壓在家裡。我們喜歡買有關文獻的作品，這是一門冷貨。我們沒有力量像富商那樣用大量錢買宋元人的。我所讓出的都是很吃虧的，我讓出的是200 元，買的是 400 元。有一張我是（買賣），這一張在山東是有名的，解放初期字畫不值錢，我買到蓬萊人的一張，花了 56。鄭振鐸去青島，說這張畫可以值 200～800元，可以讓給故宮。去年因修下水道無錢，托人賣給北京一個古董家，據說這張畫已

展在故宮。這張畫在我手裡 14～15 年，去年賣出去了，得了好幾百元，這是囤積，貪圖暴利，其他都是我家中所藏的。」見山東大學中文系黨總支《中文系面上社教留校人員言論彙輯（1964 年至 1965 年）》。

十一月二十三日（12 月 26 日），下午，參加山東大學中文系教師小組座談「孫（漢卿）書記第二次關於開展社教運動的報告」並發言。一同參加的有高亨、陸侃如、劉畔溪、張伯海、孫昌熙、周遲明、關德棟、陳東生、錢曾怡等，皆有發言。黃孝紓發言云：「我感到運動在健康進行，正氣發動，邪氣敗退。尤其是形成了革命力量，黨是誠信誠信挽救某個人過好社會主義生活。這兩天我心情很不平靜，有些灰溜溜的心情，我下決心改造自己，重新做新人。」見山東大學中文系黨總支《中文系面上社教留校人員言論彙輯（1964 年至 1965 年）》。

十一月二十五日（12 月 28 日），中文系招開「關於開展社會主義教育運動會議」，出席者：劉澤宣、呂慧娟、楊義蘭，會上呂慧娟提出黃公渚主要問題是「販賣字畫」等問題。

十一月二十九日（1965 年 1 月 1 日），在濟南山東大學投繯赴死。山東大學作出「關於黃公渚畏罪自殺」的結論，結論中說黃公渚「販賣古字古畫，牟取暴利」、「進行投機倒把」、「對廚工有嚴重剝削的行為」、「抗拒改造，走上了自絕於人民的罪惡道路」。按：公曆為 1965 年 1 月 1 日。《山東大學關於黃孝紓問題的複查意見》（1985 年 12 月 30 日）。《關於黃公渚教授的死亡情形》：「（一）其死亡時間不詳。（二）在 1965 年 1 月 2 日，上午 9 時左右。有杜常懿同志忽來我家叫出診，當我急速同往 13 號樓 102 號，一進宿舍，見黃××仰躺在床上，頭向右側，眼目已閉，張口未合，舌不露見，臉及兩手，顏色青紫，兩手成半握形，兩腿微屈。檢查以手觸及頭項強直堅硬，發現兩側耳後牽連到下頜頸項一帶，有一條凹陷樣的長深痕，心臟早已停止搏動，因此血液循環也早已停止，故膚色發青紫。故未作送醫院的必要。以上是檢查情況。此證。醫師姚慎。1965.1.2 上午 10 時。」

趙洪太先生（張洪剛訪問）云：「黃先生高高瘦瘦的，長臉，不蓄鬍子，從 50 年代就拄着文明棍，整個人是非常文靜的。他說話不慌不忙，聲音比較低，生活亦是十分考究。他喝茉莉花茶類的香片、綠茶類的龍井都有不同的講究，而且無論喝什麼茶都要用成套的茶壺、茶杯、茶碗，用他的話來說就是『美食不如美器』。

黃先生吃飯同樣細緻，我們通常都是用大盤子，他卻像南方人般愛用小菜小碟，對食物的色、香、味都很重視。究其緣由，大概是他過去生活條件優渥。他父親當年在滿清似有官職，應是屬於白旗或黃旗。他說河南路有一個飯館，每到夏天就會在門

口搭一個涼棚賣啤酒。當時沒有空調，只能等太陽落山後吹起的海風，我們大家就這樣坐在棚子裏涼快。黃先生曾告訴我炒海蜇絲非常美味，我說海蜇絲應該涼拌，炒了就咬不動了。程硯秋點了油菜，炒得很好吃，黃先生卻一心想買海蜇。他還擅長做黃酒雞和黃酒鴨，整個的小黃雞不必切開，放上蔥、薑等佐料，直接倒進一斤黃酒，慢火炖半個多小時，非常好吃，後來我在濟南還自己炖過一次。我們一般年輕人都並不重視飲食，或蒸或煮，熟了就可以吃，何須那麼複雜。由此就可以看出來黃先生的生活有多麼細緻，他對吃飯的重視甚至還影響了蔣維崧，蔣維崧吃飯也是用許多小碟。

　　我在入學之後沒有聽過黃先生講課，只是對他的事情有所耳聞。當時56屆畢業的有姚文珊、董治安、錢曾怡，其中姚文珊留校當研究生，正是師從黃公渚先生。她應當對黃先生瞭解得多些，如果健在的話也該八十多歲了。黃先生對詩詞很有研究，他有一本書是自己填的詞，有人拿到此書竟將作者『黃孝紓』認作清朝人了，我就告訴他，黃先生不是清朝人，而是民國的人。黃先生和北京方面的聯繫較多，和程硯秋、梅蘭芳等戲劇界人士都有交往。56年我們在青島第三公園的大演出廳舉辦了一場書法展覽會，此事原是北京有人寫信托黃公渚去辦的，但黃先生無心操辦活動，便交由殷孟倫去做，殷孟倫又委託給了我。我當時年輕，就聯繫到了文化局局長王□□，他承諾我們可以在第三公園舉辦，並且將董必武等人的書法從北京帶來了青島，和黃公渚、殷孟倫、蔣維崧的書畫作品一同展出。

　　黃先生當時的住所究竟是觀海一路還是觀海二路，我們也沒有留意。58年山大遷往濟南後，學校考慮到年齡大就照顧他繼續留在青島帶山大的研究生，仍算山大的編制。他帶的研究生就直接住在他的家裏，課程也並不多，姚文珊就是這樣。至於他是否參與了教材的編寫，我也不太清楚，因為其他人可以對文學史進行分工，如秦漢、隋唐等，但他沒有過來，具體怎樣就不得而知了。山大給他安排的住房是6號樓第1單元301，他既然留在了青島，我們當時就借住在他的空房子裏。房子一共三間，裏面南北相連的兩間留給他。當時我剛結婚，沒有房子，就先在那裏住下了，62年1號樓蓋好以後，我們就搬到了1號樓。64年學校給他的房子調到12號樓1單元1層了，12號樓比1號樓稍大一些，比6號樓好，裏面的傢俱非常漂亮，是從青島運過來的。學校應該是考慮到年紀問題，這樣他就不需要上樓了。當時我們和中文系來往不多，不知道他有沒有常來住。

　　黃先生住的房子有三間，他在裏面那一間。我過去看到，他是用鞋帶拴在窗戶的插銷上，繫成一個扣，自己往下一沉，就躺着死在了床上。他是因為一幅畫想不開才出了此事，實在是非常遺憾。」

　　劉淦《素面朝天——彈指如夢七十年》:「這次思想教育運動開始,由於當時把知識分子看作是資產階級的一部分,屬於運動改造的對象,要求自然就嚴厲起來。係黨總支按照上級的規定,責令黃先生必須來濟南,住在山東大學新校宿舍參加運動。他的宿舍,幾間屋裡,只有一張小牀、一個學生課桌、一把木椅,顯然都是系裡為他由學校借來的,還有一套由食堂借來碗筷。看來他仍然不打算在此久住。

　　除了開會,系資料室裡貼了一些大字報,當時規定,只准參加運動的人員觀看。我記得,其中有人貼出黃先生的大字報。大字報剛貼出,事情的真假虛實尚不知道,黃先生當天夜裡就在宿舍裡上吊自殺了。

　　第二天,系裡開會不見他來,派人去找,才發現他已自殺身亡。系裡除向上級報告請示外,又與火葬場聯繫,派幾個參加運動的青年教師和研究生,去他宿舍幫助把屍體搬上運屍車,並收拾他屋裡的東西,送到系裡。我也被派遣參加了這項工作。

　　我們去時,已經有火葬場工人將屍體抬進汽車裡。汽車開走,我們就收拾打掃房間,並且把桌椅等物品搬回系辦公室。在當時的政治氣氛下,我們也不能有什麼表示。但在大家心裡,就好像壓上一大塊石頭。

　　黃先生給我們講魏晉六朝文學史課,他講課很有特色,學生聽得特別有興趣。他事先印好講義和參考資料,發到大家手裡,講文學史的敘述部分,主要提示重點。因為大家手裡已經有講義,不必忙於記錄,聽課時比較輕鬆,全神貫注於理解內容。更有趣味的是,他講作家作品分析,不用那種靜態的分條列目的解析,而是在課堂上引導大家學習欣賞品味的方法,讓你自己體味作品裡面蘊含的意趣和藝術特色。

　　他叫學生拿出印發的作品資料看著,他自己就一邊慢慢地深情陶醉地吟詠,一邊仔細地欣賞品味,常常忘情到旁若無人。他欣賞到精彩之處,就提醒大家說:『圈上,圈上!』如同過去老先生教學生寫毛筆字,哪裡寫得好就用紅筆劃圈一樣。黃先生教我們為古代詩劃圈,就是告訴大家,此處正是畫龍點睛之筆,應當深入體會。一首詩、一篇散文,雖然就這樣引領大家欣賞一遍,卻能給人留下極深的印象。聽過黃先生講課,我才第一次明白什麼叫『心靈相通』,初步學會怎樣才能更好地欣賞文學作品。

　　黃先生的離去,無疑對我國優秀傳統文化的普及和發展史個很大的損失。他的離去,也使我聯想起魏晉六朝時代的文化名士嵇康、阮籍、陶淵明等人,覺得對這些古人的性情理解得更深刻了。」

　　吳則虞有《慶宮春》一詞悼黃孝紓之逝:「慶宮春·悼軹庵,用彊村拜半塘殯宮韻。逝水鐘沉,空尊月落,臘燈向曉無明。百囀鶯啼,五更蟬蛻,夜台長此深局。覆

蕉悲蜆，偏輪與、金蛇有靈。椒漿私奠，半紙秋詞，聊抵寒馨。　　山陽笛語愁聽。回首蓬萊，倒屣先迎。眼底南荆，袖中東海，舉杯狂吸長鯨。薛譚今老，繞梁也，都成曼聲。滄波渺渺，雲路漫漫，不度凡僧。則虞揮淚倚聲。」見黃孝平《紅躑躅庵詞稿》稿本夾頁。又見《安徽當代先賢詩詞選》。

焦裕銀《學博藝精的黃孝紓教授》：「1964 年，先生六十四歲，身體健康，正是著述之年，幾部書稿如《清詞紀事》《三唐詩品》，亟待定稿問世。豈料一場轟轟烈烈的『社教運動』席捲而來，而慈祥和藹的黃先生，竟成為這次運動的犧牲品，這一年十二月的一個嚴寒的夜晚先生悄然辭世，終結了他教學科研的一生。」

黃孝紓死後，山東大學做了「關於黃公渚畏罪自殺的結論」。1985 年 12 月 30 日中共山東大學委員會《山東大學關於黃孝紓問題的複查意見》否定了此前學校作出的「關於黃公渚畏罪自殺」的結論。對結論中所說的黃公渚「販賣古字古畫，牟取暴利」、「進行投機倒把」、「對廚工有嚴重剝削的行為」、「抗拒改造，走上了自絕於人民的罪惡道路」等。複查認為：原結論是不恰當的。黃的字畫屬於個人收藏，所賣的字畫，有據可查的只有一幅。而且是賣給了國家，經文物部門的確定，符合當時文物收購原則，不屬投機倒把，牟取暴利，對廚工的問題不能說是剝削行為。原結論缺乏事實根據，結論意見是錯誤的，應予以否定，撤銷原結論。

在山大為黃先生補開的追悼會上，殷孟倫先生曾問：像黃先生這樣的全才大家，今後到哪裡去找？

至於黃孝紓先生會成為倒賣文物的販子嗎？李晉玉《國學大師黃公渚》一文記述文革後蔣維崧語云：「哪有這事！過去玩古董的，偶爾走眼，此事難免。而黃先生以此得罪當道而投繯，書畫文玩當街焚燒以儆效尤，瀝青路面為之熔化，酷烈為前所未有，真一大浩劫！」

## 身後

## 1965 年乙巳

公曆一月十五日，山東大學中文系社會主義教育運動第三階段第六次會議，主要討論「混革命在系裡的表現、危害性，如何做徹底的革命」。主要有牟書芬、孫昌熙、趙省之，錢曾怡、馮沅君、陳東生、殷煥先、周遲明、陸侃如、張伯海、劉淦、蕭滌非、呂慧娟等。孫昌熙發言云：「④業務上過硬，政治上不管，以業務向黨討價還價，借故身體有病，不參加會。⑤工作上有一點成績，就作

為討價還價的本錢。⑥追求個人享受，不下鄉，下去幾天表現得也嬌氣十足。⑦工作上、政治上陽奉陰違，口頭上擁護黨，內心希望黨垮臺。經濟上，口頭擁護社會主義，背後搞投機倒把。⑧打着革命的招牌，與黨爭奪青年。⑨背着進步包袱，做一些損害革命的事。」見山東大學中文系黨總支《中文系面上社教留校人員言論彙輯（1964 年至 1965 年）》。

公曆一月二十三日上午，山東大學中文系召開「厚古薄今問題」批判會議，主要討論「厚古薄今在系裡的表現，危害性如何」，會上批判涉及黃孝紓。參加會議者有蕭滌非、殷煥先、趙省之、陸侃如、馮沅君、高亨、劉淦、劉畔溪、孫昌熙等。蕭滌非云：「有人強調冷門，為什麼？不就是因為自己有這方面一點知識，就不考慮它對社會是不是有用。有人好做形式主義的藝術分析，這也是個人主義，不過是因為他對前人詩話、詞話知道多一些，俯拾即是，因此，在大學生、青年教師面前才賣弄一些，如黃公渚。又如在課程安排上，也有計較，古典課時數唯恐其少，追究起來，他不是從為國家政治服務出發，而首先考慮個人，甚至是為了怕失業。為什麼脫離現實鬥爭，對當前理論戰無興趣，就是從個人主義出發，自己不懂，怕從頭學。我自己就是這樣，所以上次才說□不成話的話。」劉淦云：「我想談談厚古薄今造成的危害：我們有些教師、學生，受厚古薄今影響，變成古人了。我們系一位青年教師結婚，一位老教師在婚禮上朗誦『水調歌頭』。」

三月十五日（4 月 16 日），黃孝平（君坦）致函龍榆生報告黃孝紓逝事。龍榆生有《玉樓春》一詞悼黃孝紓之亡。黃孝平函曰：「榆生吾兄左右：日前奉手教，敬悉一切。兄以心情苦劣，遲遲未報，歉甚歉甚。新春惟興居安善，調攝康強是祝。承唁家兄公渚之喪，感激涕下。家兄患高血壓、心臟動脈管硬化之症，養病海濱六年。每歲輔導研究生均來青就學。今次因係女生，不便使之前來，遂與學校商酌，暫以兩月為期，赴濟授課。適逢社會教育種種運動，開會頻繁，旅食起居不適（未帶家眷前往，缺乏照料），舊疾猝發，不及醫治。人生草草，悲愴奚如。總之生活思想跟不上新時代，深悔前數歲不能使就退休，致此厄劫也。弟憂患餘生，孑然顧影。原冀白頭弟兄，遁居海曲，殘年藉付，稍得聽雨消夏之頤，今並此亦不可得。徘徊暮早中，反不如逝者翛然引去之為安耳。奈何奈何。耑復，敬請大安。不盡一一。弟君坦頓首。」龍榆生《玉樓春》詞云：「玉樓春，匑庵下世百日矣，小窗風雨中賦詞追悼。夢痕猶印燕臺雪。墮溷飄茵那忍說。年年相望海雲濃。舊約殷勤慳一訣。　天涯涕淚餘悽切。麗句清詞空在篋。勞歌唱罷總消魂。金線泉邊腸百結。乙巳初夏，忍寒。」見《近代詞人手札墨蹟》中冊、張暉《龍榆生先生年譜（增訂本）》。

四月二十六日（5月26日），龍榆生將黃孝紓所遺手寫詞稿寄與王則潞，請其代印。見張暉《龍榆生先生年譜（增訂本）》。至1969年王則潞據黃氏手稿影印，卷端題「碧慮簃詞乙稿」，次行題「閩縣黃孝紓頵士」。後有王則潞跋云：「《頵厂詞乙藳》一冊，三十年前曾用仿宋刊行。乙巳春，頵厂先生病逝濟南，龍榆生先生檢寄其手寫原稿，囑為付印，因重刊以餉世之知音者。惜乎，榆生先生亦已去世，不可得而覘矣。己酉初夏，門人王則潞謹識。」

七月初五日（8月1日），顧頡剛於日記中記黃孝紓逝事。《顧頡剛日記》（聯經版）第十卷第313頁：「聞楊拱辰言，黃公渚已於去年十二月秒病歿濟南。予去年到青島，曾與往還三次。到濟南參觀山東大學時，又晤之於其圖書館寓舍。想不到一個月間遽化為異物。」

七月十二日（8月8日），顧頡剛寫黃公渚夫人信，唁公渚之喪。《顧頡剛日記》（聯經版）第十卷第315頁。

七月二十二日（8月18日），顧頡剛於日記中再記黃孝紓逝事。《顧頡剛日記》（聯經版）第十卷第320頁：「聞伯祥言，黃公渚之死實係自殺而非病死，蓋山東大學運動中要對他作批判，而他受不了之故。此君平生專務風雅，寫字、畫圖、作詩、填詞無一不工，而亦無一不脫離現實，一與現實接觸便致不相容也。」

## 1966 年丙午

夏，門人閩縣王則潞於香港影印《頵庵文稿》一卷成。收有《飲虹簃所刻曲序》《握蘭簃裁曲圖詠序》《漢短簫鐃謌注序》《潛樓圖序》《吳遊片羽序》《冒鶴亭京卿和杜工部夔州五律詩序》《彊村挍詞圖序》《陳庸庵尚書〈花近樓詩續篇〉序》《重刊蒼梧詞序》九篇。與其弟黃君坦《問影軒駢體文存》、黃公孟《攖寧齋遺稿》合編為《左海黃氏三先生儷體文》。

文革初，黃氏潛志堂兩次遭到抄家，所藏典籍、書畫以及黃孝紓著述手稿當街焚燒以儆效尤，瀝青路面為之熔化！弟媳劉希哲（黃孝綽妻）及三妹黃瓊、五妹黃瑋一齊仰藥赴死。劉宜慶《島上名士最後的文雅——黃公渚小傳》：「第一次，紅衛兵闖進黃公渚的書房，將黃公渚收藏的古籍善本、法書字畫、手稿抄稿，統統清運到馬路上焚毀。一時間，火光衝天，黃公渚家傳的《四部叢刊》，連同古籍善本、金石拓片、名家字畫、創作手稿，統統灰飛煙滅。萬卷藏書化為灰燼，在空中飄飛，紙灰落到大海。藏書數量眾多，長時間的焚燒，以致馬路柏油融化，出現一個大坑。黃公渚的孫子黃毓璋記得，家中堂屋懸掛的一幅明代的名畫，也被焚毀。

看到觀海二路上冒出陣陣輕煙，青島市博物的人聞訊，心急如焚地趕來，只搶救出零星古籍和字畫。『文革』結束後，青島市博物館發還黃公渚舊藏，黃公渚的女兒黃靚宜決定將善本和精品畫作捐贈給青島博物館。而一些價值不大的古籍，黃毓璋還記得用地排車拉到中山路古籍書店處理了，以免目睹舊物，想到家難傷心往事。黃毓璋手邊，只有一幅爺爺黃公渚的小尺幅的畫作，是青島市博物館當年在火堆中搶回的。」

## 1969 年己酉

初夏，門人閩縣王則潞於香港影印《𬤇厂詞乙藁》成。

## 1972 年壬子

臺灣文海出版社《近代中國史料叢刊》第七十三輯影印《𬤇厂文稿》出版。

## 1974 年甲寅

臺灣文海出版社《近代中國史料叢刊續編》第四輯影印《勞山集》出版。

## 1977 年丁巳

張仁清撰《六十年來之駢文》由臺北文史哲出版社出版，所論第八人為黃孝紓。此書選六十年來駢文作品光映朗練，增華邦國，享高名於一代，振奇嚮於千秋者十人，條論諸家成文特色，內容並夾敘各朝駢文發展之概況，及對諸人之影響。所選代表人物分別為：一、劉師培；二、李詳；三、范增祥；四、易順鼎；五、饒漢祥；六、孫德謙；七、黃侃；八、黃孝紓；九、陳含光；十、成惕軒。

論黃孝紓云：「黃孝紓。孝紓字頵士，號𬤇庵，福建閩縣人。父某，清光緒中，以翰林轉御史，出為守，歷官皖魯，政績懋著，晚年隱於即墨之勞山。孝紓幼承庭訓，潔身養志，功名利祿，非所縈心，唯專意墳籍，寄情翰墨而已。於詩、詞、畫造詣極深，時有三絕之譽。民國十三年鬻畫上海，旋主吳興劉承幹之嘉業堂，凡十年，因遍讀所藏書，從遊者甚眾，隱然為東南大師，晚年應聘為山東大學教授，鄒魯俊彥，多荷裁成。所著《𬤇庵文稿》，光緒二十五年（按當為民國二十四年）亦刊行於世。其弟君坦、公孟並工詞章，今人王則潞取三人之作合刊為《左海黃氏三先生儷體文》。

𬤇庵靈悟天挺，才思橫逸，弱年韞櫝六經，貫穿百氏，固已華實兼資，神明內斂。既而塵視軒冕，曠懷高蹈，則儼然魏晉間人也。於六朝最喜范曄、酈道元、劉峻、庾

信諸家作品，於清人則瓣香汪中、洪亮吉二大家，觀其《與馮夢華論文書》可以知矣。（《與馮蒿庵書》略）芻庵聲華意氣，籠蓋海內，唯生平不輕搦管，偶有所作，必事出沈思，義歸翰藻者始出之，故其弟子王則潞殺青所編者，祇三十四篇耳。玩其篇章，咸能斟酌前修，擺脫凡猥，尤能獨出機杼，自鑄偉詞。其中極輕倩者有《寒望賦》，極流美者有《吳遊片羽序》，極疏澹者有《潛樓圖序》，極典贍者有《冒鶴亭京卿和杜工部夔州五律詩序》，極華茂者有《彊村校詞圖序》，極雄渾者有《重刊蒼梧詞序》，極清潤者有《旌表節孝蔣母馬太夫人誄文》，極沈鬱者有《孫益庵先生誄文》，極綺麗者《有弔雷峰塔文》，極纖濃者有《梅妃傳傳奇引》，極典雅者有《頌橘廬記》等。他如《真珠梅賦》之風骨翹秀，運意深婉，《悼孤鶴賦》之風韻跌宕，音節蒼涼，《寒柝賦》之文霞瀹漪，緒颸搖曳，《益都臙脂井記》之豐姿秀逸，聲光兼美，《乙丑二月花朝集周氏學圃記》之挨蔚春華，時標麗藻，均不媿一時之選。而享譽最高，讀之令人盪氣迴腸，擊節三歎者，則非《哀時命賦》莫屬。此篇體仿庾子山之《哀江南賦》，低徊家國盛衰之故，驚心動魄，傳徧大江南北，茲全錄之，以供觀賞。（《哀時命賦》略）

　　觀其音調高抗，神韻緜遠，知其薰陶濡染於六朝者深矣。大抵芻庵之作，類都運意深遠，用筆幽邃，鍊字鍊詞，迴不猶人，往往於綺藻麗縟之中，存簡質清剛之制，故能戞戞自異，卓然名家。近人錢基博云：『孝紓以盛年富才藻，而奉親孤往，與山林枯槁之士同其微尚，識者悲之。刊有《芻厂文稿》六卷，大抵融情於景，而抒以警煉之詞，效鮑照以參酈道元；夾議於敘，而發以縱橫之氣，由庾信以窺范蔚宗。辭來切今，氣往轢古；以視李詳之好雕藻而乏韻致，孫德謙义尚氣韻而或緩懦；其於孝紓，當有後賢之畏焉。』（《現代中國文學史》）蓋篤論也。」

## 1980 年庚申

　　山東大學校紀委根據中央組織部文件規定，對校被定為右傾機會主義分子或有右傾錯誤因而受過處分、挨過批判的同志的檔案進行逐個清理。《山東大學大事記》。

## 1981 年辛酉

　　《山東大學建校五十五週年特刊 1926～1981》發表董治安撰《懷念黃孝紓老師》一文。

## 1982 年壬戌

　　四月，周叔弢在為清道光刻本《古文辭類纂》題跋時，特別詳細介

紹了清代雕版名手穆大展的生平與事蹟，強調這是「吾友黃公渚」「為我略述穆氏生平」所提供，同時指出：「吾友黃公渚藏穆大展五十六歲時婿東陸星山燦為穆氏所繪《攝山玩松圖》，題詠者八十一人。」見周啟乾《〈周叔弢日記〉中的祖父及其友人》，李國慶《弢翁藏書年譜》。

## 1983 年癸亥

是年，周叔弢應天津古籍書店經理張振鐸之請，寫成《清代雕版刻工穆大展略傳及刻書資料》，同樣是運用「吾友黃公渚」提供的材料。周啟乾《〈周叔弢日記〉中的祖父及其友人》謂：「在彰顯前輩雕工輝煌業績的同時，也使亡友的學術貢獻得以傳揚而不致湮滅。祖父或許正是用這樣一種方式，在默默地懷念故人。」又見李國慶《弢翁藏書年譜》。

## 1985 年乙丑

十一月十九日（12 月 30 日），《山東大學關於黃孝紓問題的複查意見》撤銷了此前學校作出的「關於黃公渚畏罪自殺」的結論。中共山東大學委員會《山東大學關於黃孝紓問題的複查意見》：「黃孝紓，字公渚，1900 年出生。中國民主同盟盟員，青島市政協常委，山東大學中文系教授。一九五八年，我校由青島遷來濟南，黃孝紓因病長期住在青島。一九六四年，學校接到檢舉信，反映黃在買賣字畫當中，進行投機倒把活動。同年十月，學校通知黃孝紓來校輔導研究生。在黃留校期間，經查證，黃確實買賣過字畫，並得到一定數量的收入。後請示山東省委統戰部同意，讓黃暫住學校一個時期，以便弄清問題。並指定中文系黨總支負責人和他個別談話。十二月中旬，學校開展面上的社會主義教育運動。在大字報中和擺問題會上幾次批評了他。其後中文系黨總支又委託民盟的同志和老教師，找黃談過話，並找了兩名青年負責照顧他的生活。黃思想上沒有什麼準備。看了大字報和聽到批評後，壓力很大，於一九六五年新年上弔身死。黃孝紓先生死後，學校作了『關於黃公渚畏罪自殺的結論』。結論中說黃公渚『販賣古字古畫，牟取暴利』、『進行投機倒把』、『對廚工有嚴重剝削的行為』、『抗拒改造，走上了自絕於人民的罪惡道路』。經複查認為：原結論是不恰當的，黃的字畫屬於私人收藏，所賣的字畫，有據可查的只有一幅，而且是賣給了國家，經文物部門的確定，符合當時文物收購原則，不屬投機倒把，牟取暴利。對廚工的問題不能說是剝削行為。原結論缺乏事實依據，結論意見是錯誤的，應予以否定。撤銷原結論。中共山東大學委員會。一九八五年十二月卅日。」

山東大學為黃孝紓平反並補開追悼會。追悼會上，殷孟倫先生曾問：像黃先生這樣的全才大家，今後到哪裡去找！黃阜生《古韻的歌者黃孝紓先生》。

## 1986 年丙寅

《文史哲》第六期发表焦裕銀撰《學博藝精的黃孝紓教授》一文。

《山東省文化藝術志資料彙編》第十輯《青島市文化志資料專輯》載黃為憲、魯軍撰《黃公渚在青島》一文。

## 2001 年辛巳

郭同文撰《著名文學史家、書畫家黃公渚》一文成，後載《青島文史資料》第十四輯。

## 2002 年壬午

施議對《當代詞綜》出版，錄黃孝紓詞九首。為《鷓鴣天·聘目高樓炙玉笙》《南鄉子·落月下如潮》《小重山·秋日聞雨聲，淒異達旦，不寐》《漢宮春·真如張氏蓬園杜鵑盛開，榆生有開花之約，後期而往，零落盡矣，因賦》《暗香·為伯駒題紅梅冊，和白石韻》《三姝媚·春日招同彊邨、子有、劍丞、伯夔、紹周、季純、帥南諸君遊梵王渡公園，彊邨丈有詞，余亦繼聲》《湘春夜月·重遊怡園》《摸魚兒·法原寺牡丹，用誦芬室主人韻》《蘭陵王·甲子暮秋，天蘇以落葉詞索和，爰得此解兼約惠風同作》。

## 2003 年癸未

杜澤遜師赴蓬萊慕湘藏書樓觀書，發現黃孝紓撰《碧廬簃詞話》稿本一卷。杜澤遜師《慕湘藏書樓觀書續記》（《藏書家》2004 年第 9 輯）云：「《詞話》卷端題『輔唐山人黃翊厂著』。《紀遊集》又分《勞山紀遊百詠》（詩，據小序作於癸酉乙亥間，即民國二十二至二十四年間）、《輔唐山房猥稿》（遊記十三篇，題甘龍翁，各篇末附同時師友評語）兩部分。又《東海勞歌》一卷，收詞五十闋，題「天茶翁」。各詞亦附師友評語。全書綠格紙，半頁十行，右框外上方印『碧廬簃鈔本』五字。鈐『個儻指揮天下事』朱文方印。」後《碧廬簃詞話》整理本刊於《國學季刊》2017 年第 5 期。

## 2004 年甲申

杜澤遜師撰《〈清人詩文集總目提要〉札記》辨正《清人詩文集總目提要》著錄黃孝紓文集之誤，並為黃孝紓撰寫小傳。文云：「《清人詩文集總目提要》第 1856 頁：『窮菴文稿六卷，黃孝紓撰。孝紓字窮菴，號寄廬，江蘇上海人，此集民國二年鉛印，首都圖書館藏。』按：黃孝紓先生，字頵士，一字公渚，號匑厂，福建閩侯縣人。生於 1900 年。1930 年前後為上海劉承幹嘉業堂門客十年，撰《吳興劉氏嘉業堂藏書紀略》。1938 年起任山東大學中文系教授。1964 年懸梁自盡。工於駢文辭賦及詩詞創作，復擅書畫，於目錄版本之學亦臻上乘。錢基博《現代中國文學史》、錢仲聯《近百年詞壇點將錄》、謝國楨《江浙訪書記》存其事蹟。其《匑厂文稿》六卷，收辭賦駢文，民國二十四年上元蔣國榜湖上草堂排印線裝本二冊，余存一帙。此條書名、字號、籍、版本多有未確。依其年代亦不宜收入。2004 年 12 月 20 日於槐影樓。」《〈清人詩文集總目提要〉札記》載《圖書館雜誌》2005 年第 6 期。

## 2006 年丙戌

《嶗山研究》第 1 輯（中國海洋大學出版社）發表劉懷榮《黃孝紓先生與嶗山》一文。

## 2007 年丁亥

《中國楚辭學》發表王培源《一份塵封的〈楚辭研究〉——簡說黃孝紓先生的〈楚辭〉研究》一文。

## 2008 年戊子

《文史哲》第四期發表劉懷榮《黃孝紓先生生平、創作與學術成就述略》一文。

劉夢芙《二十世紀中華詞選》由黃山書社出版，選黃孝紓詞十八首。

## 2011 年辛卯

馮永軍《當代詩壇點將錄》由華東師範大學出版出版。論黃孝紓為「天損星浪裏白跳張順，黃孝紓。駢文一黃（秋岳）復一黃，人言為之詩格傷，細按並行兩不妨」。又評之曰：「閩縣黃公渚詩詞駢古文俱工，復精於繪事。早年與弟君坦、公孟有『江夏三黃』之目，奉親居青島，以家世故，所往還者，多為前清遺老，有《島上流人篇》廿餘首述諸遺老事，為郭則澐取為《十朝詩乘》之

殿。溥儀關外建滿洲國，黃公渚曾隨其父上表稱臣。其詩亦有作遺少口吻者。董康評黃詩曰：『蕭寥奇高，有千仞攬輝之概。』錢仲聯《十五年來之詩學》論黃公渚云：『今日閩中詩人，如石遺《近代詩鈔》《石遺室詩話》正續編所採，亦至夥矣，而皆可以無述。僕獨推閩縣黃公渚孝紓為名家』，『所著《匑庵詩》載於《青鶴》雜誌者，精深華妙，極洗練之功，與近日閩派詩人，步趨略異。蓋公渚平生與遊者，映庵外濡染於陳仁先曾壽者頗深。』公渚雖閩人，然所為詩實近同光體之贛派。」

　　《文史哲》第五期发表劉懷榮《黃孝紓先生的詩文創作和治學特點》一文。

## 2012 年乙巳

　　《中華詩詞》第一輯《耆舊遺音》刊出黃孝紓詞作十餘首。《中華詩詞》2012 年第 1 期。

　　三月十六日（4 月 6 日），次了黃為爵卒於蘇州，享年九十歲。黃為爵，1922 年 7 月出生，1949 年 6 月參加工作。1949 年 6 月至 1953 年 3 月期間，分別任中國石油公司青島石油公司，中國石油公司徐州石油支公司審計員、審計、財務副股長；1953 年 4 月到 1969 年 4 月分別在中國石油公司江蘇公司任會計，淮陰地區建築公司財務科副科長，中國煤炭石油公司江蘇公司會計等職；文革期間，即 1969 年 5 月到 1978 年 9 月曾下放到江蘇省「五七」幹校、射陽縣農村勞動；文革結束後，1978 年 10 月重新調回江蘇省石油公司工作，直到 1986 年 7 月退休。在這期間，他在省公司一直從事財務、審計，歷任財務科員、助理會計師、高級審計師等職。

## 2015 年乙未

　　《春秋》第一期發表郭同文《憶文學史家黃公渚》一文。

## 2020 年庚子

　　公曆八月，《民國詞話叢編》出版，第七冊收錄《碧廬簃詞話》。

　　九月二十日至二十九日（11 月 6 日至 15 日），由青島市美術館和大愚美術館主辦，在青島市美術館舉行了《大匠如斯——黃公渚誕辰一百二十週年紀念展》，後編印《大匠如斯——黃公渚誕辰一百二十週年紀念集》。《紀念集》作品圖錄部分有黃公渚家人收藏圖錄、藏家王作亮收藏圖錄、藏家李臣忠收藏圖錄、藏家李蛟龍收藏圖錄、藏家韓維湘收藏圖錄、黃公渚山水影集。

紀念文集部分有劉宜慶《島上名士最後的文雅——黃公渚小傳》、劉懷榮《黃孝紓先生的詩文創作和治學特點》、劉天宇《黃孝紓研究的價值與意義》、韓維湘《黃孝紓匐厂文稿瀝塵》《黃為雋老教授電話訪談錄》、王鵬《黃公渚山水詩詞、山水畫爭議》、徐秀娟《黃公渚哀時命注》、高原《黃孝紓與嶗山的情緣》、計緯《青島版聊齋詩文選》、劉天宇《延嬉室書畫經眼錄的發現及其價值》、臧傑《大匠風度，和時代變動中的黃公渚》、劉雲卿《黃孝紓先生年表簡編》、王作亮《代後記·我與黃孝紓先生的不解之緣》。

## 2022 年壬寅

《古典文學研究》第二期發表由劉懷榮整理的黃孝紓遺稿《試論唐代古文運動之實質及其影響》一文。

## 2023 年癸卯

公曆五月，魯東大學邵涵撰寫碩士學位論文《黃孝紓詞研究》。

2018 年 12 月初稿
2024 年 3 月七訂

# 附錄：左海黃氏傳記、評論資料輯錄

## 一、黃曾源傳記、評論資料彙編

### （一）《清授資政大夫欽加二品銜在任候補道山東濟南府知府翰林院編修黃公諱曾源行狀》（吳郁生撰）

公諱曾源，字石孫，號立午，晚號槐瘦。其先鐵嶺人，國初有諱希宣者，以軍功官至副都統，駐防福州。其後徙居閩縣洋嶼鄉，十餘傳至公。祖諱恩貴，始以道光丁酉舉於鄉，官新寧縣知縣，有治績。考諱運昌，福建雲霄同知。公生自將家，慷慨負大志，弱齡得《黃漳浦先生集》讀之，喟然慕其為人。光緒戊子舉於鄉，庚寅成進士，入翰林，辦理清秘堂事務，撰文處行走，國史館協修，會典館纂修，方略館纂修，功臣館纂修。京察一等，擢監察御史，署禮科給事中，歷掌山東、江南、四川、河南道督理街道御史。公以孤童，不數年，洊升清要，感激恩遇，思以文章氣節自樹立。座師若翁文恭、李文正、潘文勤、王文敏、李文誠、孫文毅、黃漱蘭侍郎、汪柳門侍郎，皆一時清望，交相引譽。甲午，中日戰事起，朝廷議棄臺灣求成。公盱衡時勢，疏請權計利害，審慎邦交，略謂以臺灣資敵，則其勢益張，不特為中國悠遠之患，亦環海列國大局所關。與其棄臺灣於日本，不如權以臺灣為各國租借地。又曰新進者勿貪功而輕嘗試，老成者勿畏事而廢綢繆，主外交者勿瞻循而忘後患，主內政者勿鋪張而昧終圖，時以為名言。庚子拳匪變作，當軸者復附和之，稍有異議，禍且不測。君執言侃侃，不為威怵，所全甚眾。及兩宮西幸，獨留京與諸王公大臣奔走擘畫，傳遞消息，而籲請回鑾一疏，尤關宗社大計。車駕還京，兩宮即日召見，

溫諭垂詢，至為墮淚。事寧，臣工競言變法，公獨謂宜詳求治理，變法以實不以名。條陳四事，謂法不變，則弱，弱必亡。變而不得其道，必亂，亂亦亡。變法者，存亡之機，震動恪恭之事，非歡抃鼓舞之事也。疏上，聳動朝列。而禍俱驗於數十年之後。其他尊主權，清治本，懲貪邪，抑奔競，整頓上書房諸疏，尤言人所不敢言，與事後成敗，國之存亡相印合。居諫垣五年，章數十上，所彈劾皆一時貪墨及飾智固寵之輩，直聲凜然。與中江王病山，瀘州高城南同時有三諫之目。卒以戇直忤權貴，外簡安徽徽州府知府。未幾，變法之詔下，廢科舉，設議院，國論遂囂然不可復靖。常深矉大息隱憂禍至之無日。嗣調補山東青州府知府，調濟南府知府，以河防勞績保道員。時國事日非，孑然孤立，而回顧同列，皆新進少年，競相齮齕。公憤時不可為，稱疾引去。及武昌變作，山左易幟，已先期隱居島上矣。旋遷青州，再徙膠澳，獨居深念，二十年如一日。以丙子十月廿四日卒，春秋七十有九。公剛腸嫉惡，好直言，坦白無城府。推誠接物，初持一心，未嘗有所變易。東海徐蔭軒相國，公座師也，嘗以論拳匪事面折失歡。及相國死難，公獨於圍城中走哭其屍，人尤難之。至性敦篤，根於天稟。少丁家難，撫育諸弟，資以成立。嘗謂生平百無一能，惟立志堅定，習知窮悴，往往失諸意中者得諸意外。雲霄公傾家急難，負官私帑累鉅萬。及公身無擔石儲，資館穀餬口，索逋者日闐於門，攻苦於學，不懈益奮，卒以發名成業。官京師十年，青鞋布襪，悃愊如學究，持躬廉介，餽遺不入於門。晚遭世變，豁刻自處，流離顛沛，有凜然三軍不可奪之志。古所謂特立君子，其近似歟。配史氏、王氏，前卒。繼配支氏。丈夫子四人，孝先，王夫人出。孝紓、孝平、孝綽俱支夫人出。女子子四人，長適泰州支懋年，四適福山王世楨，並早歿。餘待字。孫七人，為憲、為爵、為佶，為龍、為倬、為伋、為俊。著有《奏議》及《詩文集》若干卷，藏於家。予故與公同官京朝，世變後，復同避地青島。廿餘年來，親知凋盡，恃有公望衡過從，稍慰藉於風雨之會。公復久病，溘先朝露，儽然踽迹，不知置身何世，悼公益自念也。爰次其行誼著於篇，庶修邑乘者有所採焉。謹狀。載《青鶴》1937 年第 5 期。又見汪兆鏞《碑傳集三編》卷二十四，題作「二品銜候補道山東濟南府知府前禮科給事中翰林院編修黃公行狀」。

### （二）《濟南府知府黃公墓志銘》（張學華撰，《碑傳集三編》本）

歲丙子冬十月癸亥，前濟南府知府黃公曾源以疾卒於青島，耆舊凋霣，海內嗟歎。朱少保益藩請於朝，賜「潛志效忠」扁額，唯公謇諤匪躬，清介絕俗，得天褒而論定。公子孝先、孝紓等以吳侍郎郁生所為狀來請銘。按狀，公諱曾

源，字石孫，晚號槐瘦，本貫奉天鐵嶺，國初有諱希宣者，以軍功官副都統，駐防福州，後徙居閩縣洋嶼鄉，世為福州駐防漢軍正黃旗人。祖諱恩貴，道光丁酉舉人，廣東新寧知縣。父諱運昌，福建雲霄同知。公少俊異，讀《黃忠端公集》，慨然景慕，以節義自勵，弱冠補諸生，而雲霄公遽歿，負公私帑累鉅萬。益刻苦力學，光緒戊子舉於鄉，庚寅成進士，改翰林院庶吉士，散館授編修，充國史館協修，方略館、功臣館、會典館纂修，協辦院事。公以詞臣清祕，獨講求時務，洞知中外大勢。甲午中日媾和，將棄臺灣。公力陳利害，不可以臺灣資日本，呈掌院代奏，時論重之。轉山東道監察御史，歷掌江南、四川、河南道，督理街道，署禮科給事中。在臺五年，益慷慨言事。庚子拳匪倡亂，當軸者陰為嗾使，大臣多附和者。公執言侃侃，不為勢怵。及聯軍入都，兩宮西狩，人情惶擾，復有籲請回鑾一疏，請嚴懲禍首，早定大計。車駕回京，廷臣爭言變法。公謂法不變，則弱，弱必亡；變法不得其道，則亂，亂且速亡。變法者，存亡所繫，宜詳求治理，以實不以名，聞者悚然。其論立憲自治，謂章程雖極完密，庶民不信，則阻力易生。而乘間抵隙，重為行政之累，是禦侮之效難知，鬩牆之釁已構。迨後禍變迭起，皆如所言。至若尊主權，清治本，懲貪邪、抑奔競、整頓上書房，封章屢上，皆言人所不敢言。與中江王乃徵、瀘州高枬稱三諫，直聲震一時。尋授安徽徽州府知府，徽俗好訟，甫到官，教民方某倚教生事，勢張甚。公持正不撓，主教者亦為折服，民教遂安。懲治奸蠹，釐不便於民者數十事，風氣因之一變。調山東青州，時方厲行新政，公持以鎮靜，事舉而民不擾，州人感戴。再調濟南，以治行舉卓異，河防敘勞，保道員。公顧獨居深念，怫鬱不自惕，時時有遂初之志。武昌變起，海疆騷動。東帥謀獨立，公義不苟從，亟引疾去。初居島上，旋徙青州，復還島居。禍亂侵尋，歲無寧日。公蒿目橫流，忠憤鬱積，浸以衰耗，晚年患風疾，遂至不起，春秋七十有九。公性鯁直，意有不可，無所依違。待人必以誠摯，淡泊逾於寒素，而廉隅自矢，清操介節，有張清恪、于清端之風。獨其遭逢晚季，不獲以特達之知為一時表率。至於桑海既更，歷九死而不變，潛蹤孤往，誠所謂艱苦卓絕者矣。配史氏、王氏，繼配支氏。子四人：孝先，王出，孝紓、孝平、孝綽，皆支出。女四人，適支、適王，餘未字。孫七人：為憲、為爵、為佶、為龍、為倬、為伋、為俊。所著《奏議》及《詩文集》若干卷，藏於家。公歿後，孝先等即於其年十二月六日奉厝於青島京山之陽萬國公墓，俟他日歸葬焉。余與公同舉鄉會試，先後同官諫垣。既復同典東郡，余守濟南，擢濟東道，公繼

余任，結席連輿，無一日不相見，深談恆至夜分，同官之樂，詫為未有。比余遷江西，始與公別，甫數月而國變。余屏跡海濱，往時朋舊，音訊□絕。公屢遷徙，猶時時通問，以歲寒相勗屬。世難未已，常思一見，終不可得。公既久病，余亦早衰。今公歿而余存，憂患餘生，倮然待盡，愴懷今昔，流涕而為之銘。銘曰：

奮跡將門，樹望台閣。威鳳九霄，神羊一角。妖氛召亂，乘輿播遷。屢陳讜論，燭照幾先。汲黯淮陽，龔遂渤海。臥閣私憂，登車危涕。高春景迫，大陸流橫。萬變譎詭，孤抱堅貞。東陵鋤瓜，西山餐蕨。人識故侯，帝褒清節。唯余於公，如雲逐龍。鵲華一別，夢斷驚烽。浩劫自天，悲歌何地。想像平生，淒涼隔世。足音空谷，心事寒灰。鑱詞埋石，莫知我哀。按張學華撰，載汪兆鏞《碑傳集三編》卷二十四。

## （三）《濟南府知府黃公墓志銘》（張學華撰，《同聲月刊》本）

歲丙子冬十月癸亥，前濟南府知府石孫黃公以疾卒於青島。海濱抗節，逾二十年，少保定園朱公聞於朝，賜「潛志效忠」扁額。惟公謇諤匪躬，貞介絕俗，得天褒而論定。公子孝先等以書來徵銘。按狀：公諱曾源，字石孫，晚號槐瘦，本貫鐵嶺。國初有諱希宣者，以軍功官副都統，駐防福州，後徙閩縣洋嶼鄉，世為福州駐防漢軍正黃旗人。祖諱恩貴，道光丁酉舉人，廣東新寧知縣。父諱運昌，福建雲霄同知。公少慕節義，讀《黃石齋先生集》，以古人自期許。弱冠補諸生，而雲霄公遽歿，官私逋負累鉅萬，益刻苦力學。光緒戊子舉於鄉，庚寅成進士，改翰林院庶吉士，散館授編修，充國史館協修，方略館、功臣館、會典館纂修，協辦院事，撰文處行走。京察一等，轉山東道監察御史，歷掌江南、四川、河南道，督理街道，署禮科給事中。通籍後究心時務，洞知中外大勢。庚子拳匪倡亂，大臣多附和者，公執言侃侃，不為勢怵。及聯軍迫京師，兩宮西狩，人情惶擾。公始入臺，即上籲請回鑾一疏，請懲辦禍首，早定大計。車駕還京，廷議爭言變法。復疏請詳求治理，謂法不變則弱，弱必亡，變法不得其道，則亂，亂亦亡，其語絕痛。時方狃於更新，紛呶不已。公獨居深念，以為禦侮之效難知，鬩牆之釁已構。迨禍變迭起，皆如所言。乃歎其識慮之遠，而當軸莫之省也。封章數十上，若尊主權、清治本、懲貪邪、抑奔競、整頓上書房，皆切中時病，為權貴所憚。與中江王乃徵、瀘州高枬稱三諫，直聲震一時。出為安徽徽州府知府。徽地瘠而俗囂，民教交鬨，訟經年不解。公平亭曲直，無不悅服，羣情帖然。在官三年，懲治奸蠹，解除苛嬈，風氣為之一變。

調山東青州府，其為治一如徽州，政舉而民不擾。再調濟南，大計舉卓異，河防敘勞保道員。顧省會首郡，上不得專制，下不得親民，不獲竟其施。值籌備立憲，枝梧萬端。益與公夙心刺謬，時時有遂初之志。武昌變起，海疆騷動。東帥謀獨立，公義不苟從，亟引疾去。閩亂不能歸，寓青州十四年。公舊治也，州人愛戴不衰。旋徙居青島，蒿目橫流，忠憤鬱積。晚年得風疾，遂至不起，春秋七十有九。公性伉直，恥事婧妸，疾惡嚴而宅心獨厚，清操卓絕，被服如寒畯。少丁家難，晚值國屯，顛沛流離，硜硜之守，不踰尺寸。自言立志堅定，可質古人，數十年如一日也。竄身海島，聲銷影沈，故國之思彌摯，曰潛曰忠，庶幾無愧矣。生平篤於內行，撫育諸弟，資以成立。教子不騖時趨，繼起多才。領袖後進，人倫之望，當代所稱。配史氏、王氏，繼配支氏。子四人：孝先、孝紓、孝平、孝綽。女四人，長適支懋年，次適王世楨，餘待字。孫七人：為憲、為爵、為佶、為龍、為倬、為伋、為俊。著有《奏議》若干卷並《詩文稿》藏於家。某月日孝先等權厝公於青市京山之陽萬國公墓，待他日歸葬焉。余與公鄉會同年，同出典郡。余守濟南，擢濟東道，公繼余任，晨夕相過，深談恆至夜分，同官之樂，詫為未有，遭時多故，輒與私憂竊歎，懼禍至之無日。洎余改官江右，瀕行時，以各保歲寒相勗，不謂遂成語讖也。滄桑後，遷徙靡寧，猶以時通問。嘗思一見，終不可得。世難未已，而公竟長逝矣。余以衰病之身，僬然待盡，愴懷今昔，流涕而為之銘。銘曰：

奮跡將門，樹望台閣。威鳳九霄，神羊一角。祅氛召亂，乘輿播遷。屢陳讜議，燭照幾先。汲黯淮陽，龔遂渤海。臥閣私憂，登車危涕。高舂景迫，大陸流橫。萬變譎詭，孤抱堅貞。東陵鋤瓜，西山餐蕨。人識故侯，帝褒清節。唯余於公，如雲逐龍。鵲華一別，夢斷驚烽。浩劫自天，悲歌何地。想像平生，淒涼隔世。足音空谷，心事寒灰。鑱詞埋石，莫知我哀。按張學華撰，載《同聲月刊》第4卷第2號，與上一篇文字有異，今俱載以備檢。

### （四）《山東巡撫孫寶琦奏請以黃曾源補濟南守摺》（孫寶琦撰）

奏為揀員調補省會要缺知府以裨地方恭摺仰祈聖鑒事。竊照濟南府知府張學華升補濟東泰武臨道，接准部咨宣統二年二月二十九日奉上諭：山東濟南府員缺緊要，著該撫於通省知府內揀員調補，所遺員缺，著鮑心增補授，欽此。欽遵在案。查濟南府知府係省會要缺，管轄十六州縣，地方遼闊，時有法審案件，兼之新闢商埠，鐵路交通，內政外交，倍極繁重，必須幹練明敏，熟悉時務之員，方克勝任。臣督同布政使朱其煊、署提學使羅正鈞、按察使胡建樞於

通省知府內逐加遴選。查有青州府知府黃曾源，年五十三歲，係福州駐防漢軍正黃旗榮全佐領下人。由附生應光緒十四年戊子科福建本省鄉試中式舉人。十六年庚寅恩科會試中式改庶吉士，十八年散館授編修，二十年大考三等第三十六名，二十一年充國史館協修，二十四年三月奉旨記名以御史用，二十六年京察一等，二十七年二月傳補山東道監察御史，七月署督理街道御史，八月署禮科給事中，九月署江南道監察御史，十一月轉掌四川道監察御史，二十八年二月調掌河南道監察御史，三月二十七日京察奉硃筆圈出，四月十九日蒙召見一次，奉旨記名以道府用，六月二十一日奉上諭安徽徽州府知府員缺，著黃曾源補授，欽此。二十四日蒙召見一次，九月十八日領憑到省，十一月初十日到任，三十一年五月二十三日奉硃筆圈出青州府知府著黃曾源調補，欽此。三十二年正月二十五日到省，二月初六日到任，宣統二年三月調署濟南府知府，十九日到任。臣查該員心術純正，為守兼優，現署濟南府知府，措置裕如，以之調補濟南府知府，實堪勝任，與例亦屬相符合，無仰懇天恩，俯念員缺緊要，准以青州府知府黃曾源調補濟南府知府，實於省會要缺有裨，如蒙允准該員係現任知府調補知府，銜缺相當，毋庸送部引見，所遺青州府知府員缺，遵旨即以鮑心增補授。再該員係再調之員，所有安徽徽州府任內罰俸處分，均係光緒三十四年十一月初九日恩詔以前之案，應請免其核計，除咨部查照外，理合恭摺具陳。伏乞皇上聖鑒敕部核覆施行，謹奏。宣統二年七月初一日奉硃批，吏部議奏。欽此。《政治官報》清光緒三十二年（1910）七月初六日第 999 期。

### （五）《黃曾源履歷》（《清代官員檔案履歷全編》本）

黃曾源，現年四十五歲，係福州駐防漢軍正黃旗榮全佐領下人。由附生中式光緒戊子科本省鄉試舉人。庚寅恩科會試中式進士，改翰林院庶吉士。十八年散館授職編修。二十年大考三等第三十六名。二十一年充國史館協修官。二十三年充直省鄉試磨勘官。二十四年三月奉旨以御史記名用，十二月充協辦院事，本衙門撰文官，功臣館纂修官。二十五年二月充鑲紅旗管學官。二十六年京察一等。二十七年二月傳補山東道監察御史，七月署督理街道御史，八月署禮科給事中，九月署江南道監察御史，十一月轉掌四川道監察御史。二十八年二月調掌河南道監察御史，三月二十七日京察覆帶引見，奉旨硃筆圈出，四月十九蒙召見一次，奉旨記名以道府用。本月二十一日奉旨補授安徽徽州府知府。《清代官員檔案履歷全編》第 6 卷第 741 頁。

### （六）《送黃石孫侍御出守徽州序》（林紓撰）

壬寅七月，黃石孫侍御出守徽州，今侍郎郭公、京兆尹陳公餞之。……乃生則用諍以攻其私，死復平心以原其眚。侍御固不因人之曲而曲之，因人之直而直之，且其事人也，不以生死盛衰易其操，阿諛黨順變其言。嗟夫，若侍御者，誠君子也。林紓《送黃石孫侍御出守徽州序》。

### （七）《詞綜補遺・黃曾源》（林葆恒撰）

黃曾源，字石孫，號立午，晚號槐癭，漢軍正黃旗人，駐防福州。光緒庚寅進士，山東濟南府知府。石孫侍御官諫垣，當庚子拳禍，諍言有直聲，與中江王病山、瀘州高城南有三諫之稱。亂後居青島，與勞韌叟、劉潛樓密謀匡復。年八十荷宸翰「潛志效忠」之褒。所著《奏議》《詩文稿》甚富。詞不多作，悱惻芬芳，原本忠孝，殆唐玉潛、謝皋羽一流人物也。林葆恒《詞綜補遺》卷四十六。按《詞綜補遺》錄其詞三首，為《浣溪沙・幾日輕陰閟小庭》《渡江雲・丁巳春盡日寄懷潛樓侍郎北都》《金縷曲・春寒寄懷芸閣同年》。

### （八）《琴江志・黃曾源》（黃曾成撰）

成家藏《石孫詩稿》一本，並序云：「庚午幕於鄮江黃星翁明府署中，閏陽月，渠出其大公子曾詒詩一本。曾詒者，石孫初名，曾詒後更名曾源也。閱半月，復出其第三峽詩以示余，係《殘菊》《問菊》《憶菊》等題，皆有忠臣孝子語氣等語。末署『小弟溥漫記』。」

愚按：國變後，石孫辭袁總統徵聘，有云「西山薇蕨，古之人有行之者」，其始終一節可謂性成矣。又庚午迄今已五十有三年，今石孫年六十有五，是詩係十三歲時所作，真奇童也。《殘菊》云：「漠漠秋陰送晚涼，誰來三徑共傾觴。獨憐老益能完節，不向西風怨夕陽。」又「老隱陶公志最高，飄零何事落蓬蒿。霜華近日多如劍，忍向西風說素操。」又「風雨淒淒惟寂寞，依依籬下總無言。自甘老死蓬蒿地，不受陽和一點恩。」其他等題闕錄。黃曾成《琴江志》第八編文苑。

### （九）《長樂六里志・黃曾源傳》（李永選撰）

黃曾源，字石孫，洋嶼人。清光緒庚寅進士，由御史臺出守徽、青、濟南等郡。服官十餘年，宦囊羞澀，衣服飲食，有寒士所不堪者，曾源處之晏如也。林畏廬紓送其出守徽州，有句云：「石孫不因人之曲而曲之，因人之直面直之。且其事人也，不以生死盛衰易其操，阿諛黨順變其言，誠君子也。」辛亥後，

居青郡，杜門不出，望門投刺者，皆拒而不納。辭袁項城徵聘書云：「西山薇蕨，古之人有行之者。」其始終亦自完一節焉。有《石孫詩稿》一卷。見《琴江志》，參《畏廬文集》。李永選《長樂六里志》。

### （十）《呈黃石孫先生》（李景墭撰）

直臣不見容，斥逐如棄婦。及其出臨民，民懷如慈母。枉尺而直尋，朝廷亦何負。先生居諫垣，遭時惑五斗。幾先陳禍福，天幸免災咎。再擊觸權貴，遂換青綬綬。徽州號難治，六邑半盜藪。政成移青齊，碑在路人口。郡國今為墟，人心刻賢守。我觀鼎革初，官賤如芻狗。睥睨舊使君，寧復知誰某。惟公愛青民，能知獨否否。移家來寓公，蔀屋結鄰右。出門無一車，扶杖兩腳走。父老環起居，兒童隨拍手。如此官與民，晚近直烏有。我來京國初，直公去朝後。獲交諸後昆，文字得諍友。名父有是兒，應愧陳堯叟。洗腆顏自朱，不須到臍酒。李景墭《呈黃石孫先生》，見《愉園詩集》上卷。

### （十一）《贈黃石孫》（夏敬觀撰）

落落鄭所南，堂堂熊勿軒。與道作扞衛，世壞常獨完。矜挈同志妻，共此一瓢簞。諸郎但劬學，攻苦若素安。我始識仲子，契心文字間。邐歸壽翁媼，示我述德言。翁初仕京朝，瀝忠吐肺肝。言輒犯卿相，陰遣去諫垣。出守歷二郡，郡平政用寬。時微詗先幾，媼曰盍免官。遂耦冀缺耕，簪藜貌閑閑。治青晚居青，眾識故守顏。擔酒為翁壽，想見吏民歡。夏敬觀《贈黃石孫》，見《忍古樓詩》卷十一。

### （十二）《黃石孫丈挽辭》（夏敬觀撰）

諫草存遺篋，堂堂白馬生。敵防疽食患，國慮首施傾。不幸言皆中，相看世屢更。宦遊朱邑比，終有不忘民。

我遊諸子際，仲子最相親。述德知朋哲，遭時賦屯屯。瑟琴胡久徹，瞻拜竟無因。繼志誠非易，傷哉是忍貧。夏敬觀《黃石孫丈挽辭》，見《忍古樓詩》卷十五。

## 二、黃孝先傳記、評論資料彙編

黃孝先，字伯騫、伯謙，號半髡。曾源長子。民國二十九年（1940）卒。著有《甕天室類稿》。

黃孝先，字伯謙，一字半髡，福建閩縣。見《采風錄》作者題名錄，民國二十一年（1932）排印本。

黃孝先，字伯騫，漢軍正黃旗人。曾源長子，福州駐防，有《甕天室類稿》。甕天門望清華，少領香名。其尊人槐瘻太守，潛志效忠，過變後，以遺逸終老。君亦懷才嫉俗，不樂仕進，日與麴蘗為伍。酒酣耳熱，操紙筆，詩文立就。所為詞，豪情茂采，不事修飾，而自合聲律。惜不自珍惜，身後存稿，強半散失。林葆恒輯《詞綜補遺》卷四十七。按《詞綜補遺》錄其詞四首，為《虞美人·與幹廷別三年矣，江南書至，根觸舊情，即以寄懷》《臨江仙·海角墜歡重拾取》《蝶戀花·世事浮雲容易換》《宴清都·蟄居窮島，不覺春闌，觸緒愁生，歌以當哭，並寄軻弟上海，璽弟都下》。

黃孝先，字伯騫，號半髡，閩縣人。有《甕天室詞存》。林葆恒輯《閩詞徵》卷六。按《閩詞徵》錄其詞十一首，為《菩薩蠻·銀荷照影成蕭索》《浣溪沙·銅魚涵燈卸晚妝》《虞美人·與幹廷別三年矣，江南書至，根觸舊情，即以寄懷》《臨江仙·海角墜歡重拾取》《前調·容易相逢容易別》《蝶戀花·世事浮雲容易換》《前調·寄劉伯明》《古香慢·歲暮蠟梅花下作》《望梅·中秋對月，用碧山韻》《宴清都·蟄居青島，不覺春闌，觸緒愁生，歌以當哭，並寄軻弟上海，璽弟都下》《風流子·與軻弟同作》。

黃孝先，伯騫，《甕天室類稿》。葉恭綽《廣篋中詞》。按《廣篋中詞》錄其詞二首，為《望梅·仲秋對月，用碧山韻》《宴清都·蟄居窮島，不覺春闌，觸緒愁生，歌以當哭，並寄軻弟上海，璽弟都下》。

## 三、黃孝紓傳記、評論資料彙編

### （一）《哀生篇示份君》（黃孝紓撰）

我生歲在子，月中南呂律。觜觿宵無光，欃槍犯天躔。兩宮幸西京，計已四月閏。九逵莽羶塵，宗廟委倉卒。王孫泣路隅，達官死鞭抶。十室九空亡，慘礉難具述。大人重官守，不忍詭言逸。應門無臧獲，我母躬井繘。糧盡繼以糜，窮搜到芋栗。危城逾十旬，祖宗實陰騭。消息憑蠟丸，密疏陳一一。行朝鑒忠藎，優詔到蓬蓽。入秋和議定，誤國一朝黜。忍辱為生靈，行成起良弼。負重文忠公，北上逮茲日。哌哌我始孩，志喜難為匹。名余曰鴻遵，紓取國難諡。憂患與生俱，少即攖羸疾。炎天瘧為祟，藥店呀骨出。一呷起沈痾，李候實我活。謂李秀瑜章京。玲嵹得親憐，不令親卷帙。隨官歷徽青，山氣健屖骨。意態竛竮駒，頗不受羈紲。一歲再易師，夏楚甘如蜜。喧呶雞犬愁，挾卷鬥秋蟀。循循侯官師，教誨亦多術。待問如撞鐘，善誘到佔畢。八齡卒鄒書，奇字識六七。撥鐙為八分，蠆扁亦奇崛。十一畢九經，千言不停筆。文成長老驚，自命羖與末。拏舟大明湖，朝山禮千佛。背誦秋柳詩，跌宕送日月。一朝國步

移，武漢幟先易。訛言及山東，徵調大軍集。疊臣持兩端，陰進游士說。廷爭
惟大人，語切皆盡裂。投版盡室行，勞山坐晞髮。廉吏不可為，蕭然立四壁。
平生瞻生資，半為〔註1〕大駔沒。書籍隨雲煙，身外幾長物。結廬在闤闠，邪
許兩耳聒。詣人出無車，經旬髮不櫛。清寐擾市聲，雜處皆短褐。汹汹八表昏，
劫罅幸一盌。如何小桃源，復此兵氛及。倉皇突未黔，鐵籠隨拔宅。青州復來
歸，所遇非舊識。六載三徙居，求田無一尺。行年已及冠，差幸有家室。大男
始勝衣，長女肌玉雪。弟兄天一方，季也困微秩。堂上春秋高，喜懼近花甲。
崢嶸生事憂，俯仰盡吾責。平生青雲思，半為世亂詘。蹉跎百無成，累汝共窮
乏。躬操井臼勞，補綻到敝襪。食貧汝素甘，我愧面常熱。人生實苦相，所志
每難奪。嶽嶽我初祖，蘭錡啟勳閥。傳家有賜書，弈世著高節。不辱惟潔身，
榮進非所屑。會當事耦耕，南畝歌行餚。不然抱遺經，著書發潛德。持茲報所
生，庶汝趣能協。願崇愛翫風，一洗牛衣泣。載《同聲月刊》第 1 卷第 12 號。又見
《雅言》卷二，1941 年第 2 期。

## （二）《匑厂畫隱傳》（董康撰）

匑厂，畫隱者，閩之長樂人。家世通顯，先德給諫公精鑒賞，收藏唐宋以
來名蹟至夥。畫隱濡染家學，趨庭之暇，擎精六法。積三十年之攻苦，造意用
墨不懈而及於古，綜宋元明諸大家之長，鎔於一冶。僑居青島，性復好遊，嘗
襆被入勞山，觀草木鳥獸之狀及山川煙嵐風雨晦明之變態，得粉本百餘幅而
歸。中年橐筆大江南北，尋黃子久、吳仲圭故躅。憑覽山川，畫境益恢奇自恣。
居北都時，縱遊名勝，履綦所至，遠至醫巫閭、高句麗。聞人言海外三神山之
狀，輒心焉嚮往。舶趠萬里，遍遊日光、箱根、富士、高野、奈良、比叡、葉
山諸勝。尤愛別府之耶馬溪，圖其八景而返，畫境又一變矣。古人謂畫須得名
山大川之助，殆近似歟。嘗論繪事雖小技而通於道，非夫襟抱高遠飽學問能文
章者，其不能名世行遠必矣。古人如鷗波、雲林、六如、衡山、香光，皆非僅
以畫名，故能聲光熊熊，流傳片楮為世貴重。畫隱自毀齒能文，著述等身，擅
隸草，自六朝唐宋諸碑板無不博習，逾冠以經訓主講上庠，治校勘目錄之學，
皆有成書。工倚聲，褋裯漚社蟄園諸老宿之間，爭折輩行與交。刊有《碧慮簃
詞甲乙稿》《匑厂文稿》若干卷行世。綜其一生，為經師，為文士，為詞人，
為名書家，為目錄校勘學者，宜以其緒餘為繪事，睥睨一切，有千仞攬輝之概。
中歲染迹仕隱，宦嘗通顯矣，意有所不合，翩然引去。謂其友曰：世變方亟，

---

〔註1〕《雅言》本作「強半」。

帶甲滿天地，棼棼洶洶無寧日，獨此臥遊一室，自寄於心上桃源，堪以騁遊而娛志，吾將以此終老焉。余聞其語而悲之。論曰：余與畫隱綦世交舊，知其為人重然諾篤氣類，內行惇備，有古俠士之風貌。癯然若不勝衣而博學多通，盡世人專門之長，著書立說，慨然有經世之意。卒齟齬不獲一施，退乃以繪事自晦，其命也歟。昔袁宏道《贈顧申伯序》曰「天下之患，莫大於豪傑不樂為用」。吾於畫隱不能無撫世之嘅，又悲其畫名日重，素所蘊蓄，世莫得而詳也。爰發其志事綴次為之傳云。歲在昭陽叶洽夏五，毘陵董康。據手稿，見《大匠如斯——黃公渚誕辰一百二十週年紀念集》18～19 頁。

### （三）《中國文化界人物總鑒・黃孝紓》（橋川時雄撰）

黃孝紓，一八九八～X。字公渚，一字頵士，號匑厂、霜腴等。青島赫蘭大學卒業。山東省公署祕書，山東督辦參議，外交委員會參議簡任職存記，又歷任山東大學、大夏大學等教授。民國二十七年任北支臨時政府司法委員會簡任祕書。彼頗善詩文及詞，詩集有《延嬉室詩存》若干卷（未刊），填詞印行《匑厂詞》甲乙兩卷。橋川時雄《中國文化界人物總鑒》第550～551 頁。

### （四）《自傳（1951 年 9 月 20 日）》（黃孝紓撰）

黃孝紓，字公渚，號頵士，筆名匑菴。年五十二歲（1900 年生人）。福州市人，家籍山東，住青島市觀海二路三號。現任山東大學中國語文系教授，青島市古物保管委員會委員。家庭成份係城市小資產階級。上代皆在外省服官，因此我兄弟並生長北京、山東，未曾回到福建原籍，先父、先母、先兄、亡弟等，皆葬在本市公墓。

在我一輩，兄弟四人，連未出嫁兩妹，共為六房。以無恆產，全家靠薪水所入共同負擔，故亦無從分居。長兄、四弟故後，青島全家生活遂由我這一房擔負，住青人口計十四人。妻陸嬿，蘇州人。弟婦劉希哲，九江人。妹黃瓊，以多年痼疾未出嫁；黃瑋，青年會縫紉學校畢業。子為憲，在人民銀行文書上供職。為爵，石油公司會計。為讟，出嗣長房，在山大地礦系四年級肄業。女湘畹，在山大注冊科供職，現為民盟盟員。靚宜，文德女中教導主任。黃達，山大園藝系四年級肄業。侄為儦，省立一中讀書。侄女為健，江蘇路小學讀書。另有保母顧氏一人。三弟君坦，現居北京，係一公教人員，曾在教育、實業各部任秘書、參事等職。其子為佶，供職北京稅務總局。為倬，在天津北洋工學院電機系四年級肄業。為伋，在東北某工學院肄業。

　　家庭及個人經濟主要來源完全靠薪水，量入為出，勉強敷衍。如有婚喪大事，便須舉債，或斥賣書籍。舊有書籍，現已所賸無多。六房公有小住宅一所，另有福山支路承租地一畝。

　　我的上代係讀書人家，到了祖父時，因為做雲霄廳同知，到任未三月逝世，死後，虧空累累，家遂破產中落。先父石蓀，幼年因債務逼迫，出外謀生，靠教家館為生活。在封建社會中，讀書人惟一出路是科舉，先父亦不例外，辛苦掙扎，由秀才而舉人而進士，光緒庚寅年入翰林。是時外患日迫，清廷政治日趨腐敗，同榜中如文廷式、夏曾佑、廖平、蔡元培諸氏，思想皆趨向維新，因此我父親亦具有政治改革思想。在御史任內，雖有敢言直諫之名，但為時代意識所限，亦僅屬於改良主義。後因好直言，被親貴排擠，外調徽州知府。後轉青州、濟南知府。辛亥革命去職。因福建原籍無產業，無家可歸，遂流寓青島，住了三年。我從小因體弱在家延師課讀，因我的塾師後來在赫蘭大學任教，因此也就進了該學校旁聽了一個時期。一九一四年德日戰爭起，由青島徙益都避亂。

　　一九一四年至一九二二年，皆在益都居住。家境非常艱苦，無力上大學，在家自修，同時開館授徒，補助生活。那時治學是走的乾嘉漢學家的路子，對於東原戴氏、高郵王氏、元和惠氏諸人的書非常崇佩。思想因受廖平、康有為所著書影響，傾向大同。現在看來，可謂空想的社會主義。當時又研究詞章，篤好漢魏六朝文，因為記憶力少時相當好，曾用《哀江南賦》韻做過一篇《哀時命賦》。其間正值五四運動，對於時局非常憤慨，希望政治有個改革。當時對於社會性質認識不清，不知資產階級不能領導革命，反以北洋軍閥攘竊革命成果，走向反動道路，認為國家是暴力機關，一切政治皆係為統治階級服務，因此對於政治激起了厭惡之心，但願有一技之長，做個自食其力的文人。在這時期因讀書過勞，得了肺病及心臟衰弱病，經過一個休養時期方愈。

　　一九二三年至一九三六年，為就業住上海時期。擔任南潯劉氏嘉業堂圖書館編輯職務，月薪從一百元至一五十元，幫助整理圖書，考訂板本，編製藏書提要。張菊生、劉聚卿、董授經、朱古微、陳散原、羅雪堂諸氏，皆在該時所認識。因事無多，一九二七年即在正風大學中文系任教授，月薪二百元。一九三十年又在中國公學任教授，月薪二百二十元。一九三二年又任暨南大學中文系教授，月薪二百八十元，所教的是純文學韻文方面。並為商務印書館編輯書籍，兼以賣畫賣文維持生活。任中國畫會會員，並與友人創辦康橋畫社。

　　當時軍閥及國民黨不願學生過問政治，而願學生研究脫離現實的文學。我因餬口適應需要，遂不知不覺走上純文學的路子。又因經常和文藝界老輩往來，談談版本，鑒賞古物，寫寫詩詞，無形中成了幫閒文學，連早日大同思想也沖淡了。

　　上海賣稿賣畫生涯在一‧二八以前，收入尚不惡。到了一‧二八以後，上海經濟市場受到帝國主義更重之壓迫，普遍的表現不景氣，即筆墨生涯，都受了影響。居停主人破產，遷住蘇州。我也鬧腫腳病，須易地療養。又因這時我家久已遷居青島，遂在一九三六年回島，接受山東大學中文系聘書（月薪三百二十元）。

　　一九三七年蘆溝橋事變起，北京先期淪陷，青島戰爭空氣緊張。便同梁漱溟之兄凱銘，擬往鄒平避難。到了周村，得悉梁漱溟已先離開鄒平，不得已攜同老弱二十餘口，狼狽折回益都，住了兩個月。後悉青島日僑撤退，沈鴻烈高唱保衛大青島，林濟青校長籌議山大恢復開學，我又回到青島。

　　一九三八年一月十日，青島淪陷。沈鴻烈先期溜走。日軍登陸，治安不佳，尤其對於無職業知識分子，特別注意。人心惴惴不安。是時青、京交通恢復，董康得悉我家仍住青島，來信言及湯爾和要恢復北京大學，希望舊山大教員到北京去。我時全家失業，人口眾多，又因中央銀行事先撤退，通貨枯竭，在此不得已情形下，遂到了北京。那知北大文學院沙灘校舍因日軍占住，一時不能恢復，家居旅館，進退維谷。董康堅邀到其司法委員會任秘書。當此時期，不瞭解抗日戰爭局勢，國共合作後，中共持久戰策略起了骨幹作用，只看見國民黨軍隊節節敗退，又從後方傳來速戰速決之妥協消息，遂認為國民黨是無希望，終不免有戰敗構和之一日，又因司法委員會獨無日本顧問，同事中多舊日文學界熟人，因此遂就秘書職務。因不懂法律，只好寫寫應酬文字，校刻古籍，在法典編纂委員會搜輯《清實錄》各書中有關清代修訂法律史料。因事清簡，不須按時上班，同時友人瞿兌之讓半個教書位置，遂在師範學院中文系任講師，此為在師範任教開始。次年轉女子師範學院任教。其後兩院合併，改為師範大學，遂在師範中文系任教授，月薪四百五十元，一直到一九四五年春，始離該校，有本校李良慶教授可證。

　　一九四〇年春司法委員會解散，國學書院成立，第二院院長為瞿兌之，約我為導師及講座。嗣以書院立案，偽教署未批准，不能成為正規學院，經費拮据，所有教員，多有兼差。我也於是年秋天兼內務摠署秘書，後調參事，在

禮制討論委員會任編訂冠婚禮儀工作。因事不多,時間多在國學書院及師大教書上。

一九四二年辭內務兼職,專任師大教授及北京大學文學院講師。又因珍珠灣事件發生後,幣制紊亂,生活日緊,售去青島湖南路老宅,擬將全家搬住北京,以省開支,後因車路擁擠打消前議。

一九四五年春,藝術專科學校校長王石之他調,文教界及中畫系教授黃賓虹諸人因我係中國畫會及湖社畫會理事,希望我去擔任校務,遂以教授兼長校務(月薪五百五十元)。該校共中畫、西畫、陶瓷、雕塑四系。以往因校內不供宿舍,學生走讀,負擔頗重,學生人數日減。我到校後,始設法將學生遷入,維持一學期。日寇投降後,由臨大第八班接收,我就到臨大第二班教書,因第二班就是偽北大文學院。

在這階段,一個素無生產手段,靠薪水維持生活的人,由於家庭包袱所累,階級意識模糊,誤信反動派報紙和平虛偽宣傳,更由於小資產階級動搖性相結合,彷徨歧路,辛辛苦苦教書,想要保存一部分中國民族舊有文化遺產,在現在看來也是麻痺青年意識,為反動政權服務,不知不覺的執行了奴化教育,真是大愧特愧,對不起祖國和人民。在臨大教了一年書,一九四六年遂返回山大,任中文系教授(月薪五百八十元),又在海校兼課。

我是舊社會腐蝕的一個人,有如墮入染缸,渾身盡是污點,一時是洗刷不淨的。經過北洋軍閥、國民政府、淪陷了八年方纔得到曙光。看到共產黨領導的人民政府新生,是萬分幸運。軍閥的混亂,是所痛惡,對於國民黨之初期,尚認為比軍閥較勝一籌,後來因為內戰頻仍,喪地辱國,節節敗退,認為無希望,尤其日寇投降後之劫收貪污,種種反動措施,走向北洋軍閥老路,早決其必亡。至於中共,在未解放前受反動派宣傳,對於黨的本質,甚為模糊。但是一個城市小資產階級出身的人,對於個人利益總是不肯拋棄,聽到李立三路線,左傾破壞政策及反動派宣傳,共產黨是蘇維埃式工農政府,知識分子不能存在一類話,是不能不存着顧慮。解放後,通過學習,漸明瞭中共本質,又經黨史學習,看到毛主席糾正黨的或左或右的偏向,從實踐中得到正確路子(即馬列主義與中國實際結合的毛澤東思想),不是硬套蘇聯式之社會主義,而是符合中國人民大眾利益的新民主主義國家。兩年來經濟建設突飛猛進,使人深深佩服毛主席之偉大,而中國是有了前途。尤其對於統一戰線團結四友政策,使我們從小資產階級出身的人,感到今天能在這裡學習改造,是受毛主席的賜予。

回顧以往，無一是處，缺乏正確的人生觀，無鬥爭勇氣，是一個小資產階級氣氛濃厚一個人。痛定思痛，覺今是而昨非，從今開始，我們文教工作者，應該全心全意的做毛主席學生，守自己崗位，做個螺絲釘，為人民服務，學習學習再學習，不多述了。一九五一年九月二十日寫於山大。據《黃孝紓檔案》中手蹟。

## （五）《小傳（1952）》（黃孝紓撰）

黃孝紓，字公渚，原籍福建閩侯，寄籍山東青島，現年五十四歲，生當戊戌變政之際，獲聞廖平、康有為、夏曾佑諸人緒論。童年攖疾，平居治學，得諸庭詁為多，弱冠橐筆南北，以傭書為生，獲從沈乙庵、勞韌叟、繆藝風、林畏廬、朱彊邨、陳散原、馮蒿庵、吳昌碩、傅沅叔諸先生遊。治詞章、考據、目錄、板本、金石、書畫之學，為淞社、漚社、稊園、蟄園會員。服務教育界垂二十年，曾任正風學院、中國公學、暨南大學、山東大學、北京師範大學、藝術專科學校等教授。著有《䤹厂文稿》《碧廬商歌》《天問達詁》《楚辭集釋》《先秦金石文選評注》《兩漢金石文選評注》《黃山谷詩研究》《六朝文摧》《頤水室考古錄》等書。現任山東大學文學院中文系教授兼古典文學教學小組組長，新史學會會員、青島市古物保管委員會常務委員。據黃氏手蹟（按此份小傳，當撰於 1952 年）。

## （六）《自傳（1955 年 9 月 28 日）》（黃孝紓撰）

一九五五年九月寫於青島　黃孝紓

黃孝紓，字公渚，號頵士，筆名䤹庵。年五十六歲。生於一九○○年八月。原籍福州市，寄籍青島市。居住觀海二路三號。現任山東大學中國語文系教授，青島市古物保管委員會常務委員。家庭成分，係城市小資產階級。先代並公教人員，在外省服官多年，因此我兄弟皆生長北方，離開福建原籍，已有六十餘年。先父、先母、先兄、亡弟，皆葬在本市公墓。在我一輩兄弟四人，連兩個妹妹，一共六房，合組為一個大家庭，以無恒產，全靠做事的人，以所得工資，來共同負擔家用，維持生活，故無從分居。長兄亡弟逝世後，青島全家生活，歸我這一房負擔。妻陸嫵，蘇州人，自幼父母雙亡，貧寒出身。弟婦劉希哲，九江人，民主婦聯學員，市南區居民委員會街道分會副主任，觀海路補習學校副校長。妹黃瓊，多年痼疾。次妹黃瑋，青年會縫紉學校畢業，在家幫助料理家務。以上都在青島居住。三弟君坦，久居北京，就養其子處，曾在

北京教育、實業各部，任秘書、參事、司長等職，係一公教人員，過去從沒有參加任何黨派，現以賣稿為生。子女六人，長子為憲，人民銀行職員，現派在合營銀行儲蓄部供職。長媳林曦，福建人，供職人民保險公司。次子為爵，南京石油公司會計。幼子為龍，出嗣長房，山大地礦系畢業，現供職北京科學院地質學院。次媳張梅芳，上海人，北京地質部職員。長女湘畹，輔仁大學畢業，青島工學院注冊科長，民盟盟員。次女靚宜，北京大學畢業，本市第八中學教導主任，民盟盟員，山東全省人民代表。三女黃達，山大農學院園藝系畢業，現任錦州農業學校教員。婿崔偉，寶應人，復旦大學畢業，也是錦州農校教員。侄五人，為佶，北京大學畢業，任職北京市稅務局科長。為倬，天津北洋工學院畢業，現在南京某軍事工廠供職。為伋，東北富順鑛校畢業，現在山西某煤鑛任職。為儔，天津大學三年級肄業。姪女為健，青島市第二中學肄業。孫二人，毓璋，一歲。毓琳，一歲。

　　家庭及個人經濟主要來源，完全靠工資收入維持。由來已久。先父服官三十年，辛亥罷官歸隱，宦囊不及乙萬元。一部分是中興煤鑛及大源公司股票，一部分現金，存銀行生息，維持全家生計。以故民初第一次來到青島，無力購買住宅，賃屋而居。直到民國十五年後，第二次來青島，由於我兄弟四人，皆有職業，收入有餘，才變賣股票，騰出一部分錢並借了山左銀行四千元購置湖南路五十一號住宅。在淪陷時間，通貨膨脹，銀行催欠款，家用也感拮据，才把湖南路老宅變賣，除還債外，另購入現住觀海二路小住宅一所，作為全家棲止之所。又租賃福山支路公地一畝，預備日後人口增多分居建屋之用（一九五二年因繳不上地租退還房產局）。全家聚居青島先後將近四十年，所餘產業，只此六房共有住宅一幢。比因連遇婚喪事故，家中病人醫藥費用浩繁，而房保養修繕費，也無着落，乃由雜物等騰出平房一部分出租，月租廿六元，除弟婦兩妹醫藥零用外，並補助一部分房屋修理費。

　　我出身封建官僚家庭。先世曾隸旗籍。祖父曾官雲霄廳同知，因到任未及三月逝世，拖下虧空累累，家遂破產中落。先父幼年因債務逼迫，出外謀生，靠教家館所得館穀度日。在封建社會中，讀書人唯一出路，是科舉，先父亦不例外，辛苦掙扎，由秀才而舉人而進士，光緒庚寅入翰林。是時外患日迫，清廷政治日趨腐化，同榜中如文廷式、俞明震、夏曾佑、廖平、蔡元培、江標諸氏，思想皆趨向維新，因之先父亦具有政治改革思想。在御史任內，雖有直言敢諫之名，但為時代階級意識所限，亦僅屬於改良主義。後因好直言，彈劾親

貴，被豪門排擠，外調徽州知府，放調山東青州知府、濟南知府，署守道。辛亥革命去職。因福建原籍無田產，無家可歸，遂挈全眷二十餘口，流寓青島，住了三年。我從小因體弱多病，在家延師課讀。一九一四年，第一次歐洲大戰開始，日德戰爭起，青島捲入旋渦。全家避亂，遂內徙青州益都。從一九一四年至一九二二年，皆在益都居住。家境非常艱苦，無力上大學，在家自修。同時開館授徒，補助生活。那時治學的方向，走的是乾嘉漢學家的路子，對於東原戴氏、高郵王氏、元和惠氏、金壇段氏諸人的書，非常崇拜。思想因受廖平、康有為所著書的影響，憬憧大同，趨向空想的社會主義。同時又研究詞章，篤好漢魏六朝文，因為少年記憶力相當好，好寫辭賦和駢體文。其間正值五四運動，對於時局非常憤慨，希望有個改革，當時對於社會性質認識不清，不知資產階級不能領導革命，反以北洋軍閥攘竊革命成果，走向反動道路，認為革命是少數人奪取政權的陰謀手段，掛羊頭賣狗肉，換湯不換藥。國家機構，是暴力機關，任何政治，都是以暴易暴，談不到什麼民意民主。因此對於政治，起了厭惡的心情。只希望有一技之長，苟全性命於亂世，做個自食其力的文人。因此從事研究繪畫、美術、篆刻、書法等等。在這時期，由於學習過勞，得了肺病及心臟病，經過休養一個期，才獲到恢復。一九二三年至一九三六年，為就業上海時期。擔任劉氏嘉業堂圖書館編輯職務，和私人秘書，月薪從五十元至一百五十元。幫助整理圖書，審核板本，編寫提要，校勘古籍。張菊生、況蕙風、劉世珩、徐乃昌、董康、羅振玉、朱彊村、陳三立、鄭太夷、陳仁先、程頌萬、李審言諸氏，皆在該時認識。因事無多，一九二七年，即在正風大學中文系兼任教授，月薪二百元。一九三十年，又在中國公學中文系任教授，月薪二百廿元。一九三三年，又任暨南大學中文系教授，月薪二百八十元，所教的並屬純文學和韻文方面。並為商務印書館編輯書籍，兼以賣畫賣文維持生活，任中國畫會會員，並與夏劍丞創辦康橋畫社。與朱彊邨、葉遐庵創辦漚社詞社、清詞編纂處。當時軍閥及國民黨，不願學生過問政治，而願學生閉聰塞明，從事鑽研脫離現實的文學。我為了餬口適應需要，遂不知不覺的走上純文藝的道路，強調技巧，追求形式。躲在象牙塔裡，自我陶醉，生活視野，局限於十里洋場中，文藝內容更顯得空虛，連早日大同思想，也沖淡了。到了一‧二八以後，上海經濟市場，受帝國主義嚴重的摧殘和破壞，普遍表現不景氣，即筆墨生活，也都受到了影響。居停主人破產，全家遷住蘇州。我也鬧腫腳病，須易地療養。青島是我全家根據地，遂在一九三六年回島，接受山東大學林濟青校

長的聘書，任中文系教授，月薪三百二十元。一九三七年，盧溝橋事變起，北京先期淪陷，青島戰爭空氣緊張。便同友人梁漱溟之兄梁凱銘，擬住鄒平避亂，携帶老幼二十餘口，到了周村，公路汽車中斷，不得已中途折回益都，暫住月餘，旋悉青市日僑撤退，沈鴻烈高唱保衛大青島，林濟青決議山東大學恢復開學，我又回到青島。一九三八年一月十日，青島淪陷，日寇軍隊上岸，治安不佳，尤其對於無職業的知識分子，特別注意，人心惴惴不安。是時青、京交通恢復，董康得悉我家仍住青島，來信言及湯爾和要恢復北大，希望舊山大人員，到北京去。我時全家失業，人口眾多，又因中央銀行事先撤退，通貨枯竭，在此不得已情形下，遂到了北京。那知北大文學院沙灘校舍，為日軍占住，不允騰房，一時不能恢復。守居旅館，進退維谷。董康堅邀到偽司法委員會暫住。以該會同事中多半是文學界的舊人，因此遂就偽司法委員會的秘書。以未曾學過法律，不懂條文，只好寫寫應酬文字和書牘，辦理刻書事務，在法典編纂委員會，搜輯《清實錄》中及各書中有關清代修訂法律的史料，編纂《清法典》的一部分。因事清簡，不須按時上班，同時友人瞿兌之讓一偽師範學院教書的位置，遂在該校任講師，擔任文學史、目錄學、詞學、楚辭等課目。此為在偽師大任教的開始。次年轉女子師範學院，其後兩院合併，改為師範大學，遂在師範大學任教授，月薪四百五十元。一直到一九四五年春天才離職。一九四〇年春，偽司法委員會解散。已故漢奸王揖唐創辦國學書院，自任院長，第二分院院長瞿兌之，約我到該院任講師及講座。嗣以國學書院立案偽教署未批准，不能成為正規學院，經費無着，所有教師，多有兼差。我也於這一年秋天兼偽內務總署秘書，後改參事。在禮制討論委員會，任編訂冠婚禮儀的工作，因事不多，時間多放在國學書院及師大教書上。在任秘書期間，庚寅辛卯年，兩次派充高等考試華北分區，臨時評閱國文卷子的委員。一九四二年辭去內署兼職，專任偽師範大學教授，及北大文學院講師。適值珍珠灣事件發生後，幣制紊亂，生活日緊，售出青島湖南路老宅，擬將全家搬往北京居住，以節省兩處的開支，後因車路阻礙，打消前議。一九四五年，偽藝專原任校長他調，懸缺經時，主持無人，文教界及畫會黃賓虹諸人，因我係中國畫會及湖社畫會理事，希望我去擔任校務，遂以教授兼長校務，月薪五百五十元。該校分中畫、西畫、陶瓷、雕塑四系。以前因校內不供宿舍，學生走讀負擔重，又不方便，以故學生人數日少。我到校後，始設法將學生遷入。維持一學期。日寇投降，由臨大第八班接收。我就到臨大第二班教書，因第二班的前身，就是偽北大文

學院。在這一階段中，由於家庭包袱所累，階級意識模糊，遂至喪失了民族立場。盧溝橋事變初起，沒有認到人民的力量，片面的看到國民黨軍隊節節敗退，汪偽政權也在那裡宣傳所謂和平，我也認為國民黨的腐化，是無希望，還不是依賴德英外交關係，變相的屈服講和，因此存着苟全性命於亂世的心理，躲在北京比較安定人海地區，靠着封建關係，繼續我的文教生活。回想過去，真是罪惡。傀儡政權，係帝國主義奴役中國人民的工具，不管是什麼機構，既然是裡面成員之一，直接間接都是危害人民，在當時雖有保存國故國粹的主觀願望，實際上也是麻痺青年意志，為反動政權服務，執行奴化教育。在臨大教了一年書。一九四六年，山大復校，遂又重新回到青島，任山大中文系主任一年，同時又在偽海軍學校任國文教授。

回溯我的一生，是個被舊社會腐蝕最深的一人。生長滿清專制時代，經過北洋軍閥、國民黨、淪陷八年，方才得到曙光，看見共產黨領導的人民政府的新生，是萬分幸運的。三十多年雖然始終沒有脫離文教工作崗位，但解放前所服務的對象，都是反動的。在這裡我再談一談錯誤思想的根源：主要的是濃厚的封建意識。我雖不是地主，沒有參加任何反動黨團，但是生長在封建官僚家庭，從小受封建教育的洗禮。先父是研究經學的，所謂正統文學思想，深入我的腦海，輕視白話文，看不起民間文藝。由於先父政治上受到打擊挫折而退隱而灰心，希望我兄弟四人有一技專長，自食其力，鼓勵我們搞冷門的封建糟粕的駢文化和脫離實際的詩詞歌賦。正當五四運動轉向低潮時期，有一部分文人，脫離革命戰鬥，走向反動，拿整理國故作掩護，引誘青年脫離實際，古典文學的死灰，重新得到復燃。我正在上海，和陳散原、朱古微、沈乙庵、羅雪堂、馮夢華、鄭太夷、張菊生、吳缶廬、況蕙風一班遺老往來，受了他們的影響，從事做做詩詞，開開畫展，攷鑑古物，辨別一些書畫板本，在租界裡過着散漫自由生活，做了幫閒文人。反動政府教育政策，為了利用封建糟粕脫離實際的文學，來麻痺青年。我糊裡糊塗的混入教育界，出賣古董貨色，以變相的文選學，披上美術文的外衣，來教育青年，並寫了十幾種冊子，由商務印書館出版，放射封建文學的毒素。由於封建意識的濃厚，對現實不滿，思想矛盾得不到解決，憧憬乾嘉經學大師的幸運和所謂太平盛世，便思想消極，受李盧中、萬育吾諸人著書的影響，有宿命論的傾向。其間寫了不少頹廢文字和詩詞，發表在《國聞週報》、《青鶴》雜誌、《藝文》月刊、《詞學季刊》等等。並以這些灰色不健康的作品，向青年提倡，拉着走後退的路子。解放後，經過馬

列主義文藝理論的學習，開始認識了舊社會舊家庭予我的毒害，極力和舊思想在鬥爭，而殘餘的意識，或多或少的仍影響我的教學工作前進。在寫作方面，初步認識人民文藝的偉大，開始學習寫白話文，從事古典文的譯釋。這些點滴改造，當然是很不夠的。但是在我的治學思想過程中，是一個新的認識。其次我的思想，又受有資產階級的買辦思想的影響：我不懂外國語，西洋資產階級的教育，當然說不上能直接影響我，但是一個生長商業都市的人，從小長期居住北京、青島，尤其在上海時間相當的久。過去十里洋場的上海，是帝國主義經濟侵略的據點，形成了投機取巧的特殊社會，我雖不是資本家，但來往的親友，多半屬於資產階級，耳濡目染，經常接觸，不知不覺的沾上虛榮好面子的習氣，崇拜西洋物質文明，生活方式，力求排場現代化，不習慣農村生活，家無恒產，而好撐空架子，以故不免有些浪費。一旦無事，經濟便發生恐慌。年已望六，家中長物，不過廿餘箱書籍，和殘餘的少數碑帖字畫。反映在治學方面，存有嚴重的名利思想，不面對大眾，認為純文藝觀點是至高無上的，搞冷門貨色，鑽牛角尖，躲在象牙塔裡，自我欣賞，強調技術觀點，拿知識當作商品出賣，鑑訂古物，搜羅板本，多少夾襟有「拜物教」的思想成分在內。教育青年，希望他們躲在書堆中，成為專家，做我的聲光。這樣半殖民地的買辦思想，影響我一生治學和教學，假使不通過學習，沒有馬列主義做我的指南針，怕要迷惑一輩子了。在三反思想改造中，我曾痛心的批判，但是舊意識舊思想的作祟，不斷在暗中萌動，以後仍須時時刻刻的提防，加倍的警惕。復次我的小資產階級的自由主意，也是非常濃厚的：這次肅反運動，胡風文件學習中，檢查我的思想，最使我感到予敵人以可乘之機的，是自由主義。這是我小資產階級意識突出的表現，也是與我家庭出身分不開的，我十八歲當家庭教師，後來到上海和住居租界中做名士的遺老們往來，做的是半自由的職業，生活散漫慣了，好逸怕勞。教書總抱一種合則留不合則去的態度，憑主觀看問題，憑興趣教學，不看對象，不考慮進程，當然談不到集體教學和計劃性。解放後經過學習，認識以往的錯誤，在生活上不斷的檢查自己，極力克服散漫作風。而在教學方面，認識蘇聯先進經驗集體教學的優越性，開始對於講稿討論，感到彆扭，組員提供意見，也感到不愉快，對向他人提意見，也多顧慮不大膽，經過三年時光，逐漸克服。教學方法上，有些改進，同學意見也比以往較少。每學期終了，也有較完整的講稿。這是近年來在教學過程中，與自由主義鬥爭的情況，但是做的還很不夠的。又如政治警惕不夠高，保秘工作不夠重視，尤其嚴

重的，是不分是非，從假象上看人。具體表現，是在這次鬥爭潘穎舒過程中，開始認為潘穎舒可能也是一個自由主義者，問題不會太大，經過幾次同人的揭發，乃始糾正了右傾思想。又從燒信一點證明，他確是呂熒一員大將，這也充分說明我的小資產階級自由主義的思想在暗中作祟。

總結我的主葉思想，是腐朽的封建思想，其次雜有資產階級買辦思想，和小資產階級意識的成分。當然與無產階級工人思想，有些距離。解放後，在學習中，自我改造，認識了我的腐朽本質，初步樹立了馬列主義的人生觀，這在我是個新的收穫。生幸在毛澤東時代，解放不久的短短六年，經過土地改革、鎮壓反革命、三反、五反、思想改造，一系列的政治性的運動。憲法公佈，人民政權更進一步的鞏固，第一個五年計劃，開展不到三年。在李富春副總理《國家在過渡時期總任務報告》中，不論工業、農業、商業、運輸、文化、教育方面，都有突飛猛進的成績，成渝、寶成、甬新、豐沙等鐵路的施工，和導淮、導黃、官廳水庫的建設，和三門峽水電廠的設計，並有顯著的成就。人們在總路線燈塔照耀下，大踏步的向社會主義社會邁進，我以一個舊社會渣滓的知識分子，濫竽文教界，使有機會跟從學習改造，是十分榮幸的。幾年來在毛澤東文藝政策方向下，從事教學改革，點點滴滴，有些新的收穫，不能不感謝黨的領導和培養。勞保條件公佈，工作人員生活有了保障。以往舊社會文教工作者，每到學期終了，擔心失業恐慌的情況，已成過去的歷史。安心工作，使得人們歡欣鼓舞的，樹立為人民服務的觀點，和主人翁的態度的思想。我的家庭，除有一部分親屬尚未找到職業，尚須由我負擔外，子女六人，在黨的培養和教育下，都走上工作崗位。有的是團員，有的是盟員，都能自立。我雖老病，面對這一現實，也鼓舞了我。以後要在本工作崗位上，盡我一知半解，舍舊圖新，從事科學研究，更好的配合教學工作，為人民服務。這是我的一點信心，仍須在不斷學習中，鍛煉自己，提高自己，堅定階級立場，肅清一切唯心主義思想，發揮一個螺絲釘的作用，更好的為新社會貢獻力量。一九五五年九月二十八日寫於青島山東大學。據《黃孝紓檔案》中手稿。

（七）《山東社會科學人名辭典·黃孝紓》

黃孝紓（1900～1964），福建閩侯人。山東大學教授。1953 年加入中國民主同盟。歷任上海中國公學、暨南大學、北京師範學院、北京藝專、山東大學教授。兼任青島市文聯委員、青島市政協常委。著作有《匑庵文稿》《歐陽修文集選注》《歐陽修詞選譯》《黃山谷詩選注》《陳後山詩選注》《楚辭選》等。

山水畫作品曾多次參加全國美展和省市書畫展覽。梁自潔主編《山東社會科學人名辭典》，1990 年山東人民出版社，第 112 頁。

## （八）《山東省志·人物志·黃公渚》

黃公渚（1900～1964），字孝紆，號劬庵，別號霜腴。福建閩侯人。書畫家、教授。自幼受家庭薰陶，擅古典文學，專詩詞歌賦。20 年代受聘於上海著名藏書樓「嘉業堂」工作，同時在中國公學、暨南大學兼任教職。1934 年到青島山東大學任教。抗日戰爭期間在北京以教書為生。1946 年又返青島山東大學任教，直至去世。其繪畫筆力剛健，力透紙背，詩、書、畫融為一體，互為表裏，相得益彰。曾與南北知名畫家潘天壽、俞劍華、王雪濤、李苦禪等共同舉辦過畫展，受到好評。著有《楚詞選》《歐陽修文集選注》《歐陽修詩詞選譯》《黃山谷詩選注》《陳後山詩選注》《劬庵文稿》《金石文選》和詩詞集《嶗山集》等。《山東省志·人物志》，2004 年山東人民出版社，2047 頁。

## （九）黃孝紆相關評論材料

黃孝紆，字公渚，號劬庵，閩縣人，孝先弟。有《碧廬宦詞》。林葆恒輯《閩詞徵》卷六。按《閩詞徵》錄其詞十五首，為《望南雲慢·辛未正月，再入都門，假居壻弟景山寄廬。故國春深，芳韶綴目，流連光景，根觸百端，倚此寄懷漚社諸子，並邀壻弟同作》《浣溪沙·和壻弟春感韻》《驀山溪·青島海濱晚眺，共壻弟作》《漢宮春·真茹張氏園杜鵑盛開，楡生有開花之約，後期而往，零落盡矣，歌和彊村、暎庵兩公》《渡江雲·寄懷散原丈，并簡蒼虬翁》《金菊對芙蓉·園中海棠開謝作》《徵招·公園夜坐，寄懷蒼虬，與子有同作》《玲瓏四犯·夜枕聞雨聲，懷壻弟，兼示伯岡，用清真韻》《芳草渡·壻弟寄示明湖遊詩，根觸舊遊，聲為此詞》《雨霖鈴·青島東山侍家大人訪勞韌叟尚書故宅》《齊天樂·蒼虬老人出示和弢庵丈早蟬詞，課餘續和》《木蘭花慢·和仁先先生兼送北上》《瑣窗寒·和蒼虬老人》《疏影·為葉玉虎先生題退庵夢憶圖》《六醜·庭中珍珠梅一株，為余遷居青州時手植。花蕊小如珠璣玉雪，堪念。戊辰四月移家青島，先一夕，花為風雨所敗，淒然賦之》。

黃孝紆，字公渚，號劬厂，漢軍正黃旗人，福州駐防曾源次子，有《碧廬詞》。碧廬深詞學，主講上庠數十年，成材甚眾。居上海最久，掉鞅詞壇。與朱彊村、況蕙風、程十髮、夏暎庵諸君笙磬同音，才名籍甚。所作取徑夢窗，上希清真，憂生念亂，情見乎詞，為聲家屈宋，所謂傷心人別有懷抱也。林葆恒輯《詞綜補遺》卷四十七。錄其詞六首，為《千秋歲引·秋晚信宿焦山歸來閣，憶丁卯年與蒼虬曾此小住，相隔又五年矣，感念前塵，不能無詞》《六州歌頭·題捫舌錄》《風入松·虛堂

睡起日三竿》《八聲甘州・暮宿泰山南天門觀日出》《虞美人・病起簡映庵、爰居、瓶罍》《木蘭花慢・題彊村丈手書詞稿後》。

黃公渚孝紓，工畫工駢文，流寓上海，賣文賣畫自給，與夏劍丞諸人結康橋畫社，與朱古微諸人結詞社。有失題絕句云：「罡風飛捲海西流，橫絕崩騰夜撼樓。便恐門前大楊樹，破窗舞向枕函頭。」又云：「倚屋真無可恃林，危巢栖息共驚禽。」皆有鄭子產「棟折榱崩」語意。句如《和君任康橋晚步韻》云：「結鄰狗監長年住，並影牛宮戴月歸。閑裏流光詩境遣，唾餘生事硯田微。」寫租界上雜居流寓情景如繪。《春盡日》云：「暫住忽驚春是客，放顛聊以酒為媒。」《遊甘氏園》云：「柳絲似與風留戀，花氣能和春淺深。」《聞漢口亂事》云：「垂絕子遺娛戰伐，直疑好惡異人天。」《送仁先北上》云：「夜貪茗語寒無寐，天假詩鳴世可知。」七律如《鶴亭招同次貢出玄武門孥舟後湖》云：「風暖湖橋出斷冰，面山樓檻盡堪憑。繫船臥樹痕如鍥，照水垂花美可繩。倦眼尋芳成獨往，覉懷與景不相能。過江政抱荒儉恨，未覺春韶有廢興。」以上寫景時帶悽黯，言情亦復沈痛。陳衍《石遺室詩話續編》卷一。

辛亥國變，遺臣逸老翕集於青島一隅，抗志避居，綢繆故國。假息壞於甌脫，擬孤蹈於首陽。其志節堅定，百折不回者，首推勞玉初京卿乃宣、劉幼雲侍郎廷琛。玉初力倡復辟，著為論說。袁項城當國，名捕之，鬱鬱以卒。幼雲與奉新張忠武同里，屢走徐州，說忠武，責以大義。丁巳復辟之舉，亦以幼雲促迫成之。事敗，名捕諸當事，幼雲與焉。避歸青島，坐臥一樓，屏絕人事。又十餘年，乃卒。同時耆舊若張宣圃制軍、于晦若侍郎、陳貽重京卿、呂鏡宇尚書，皆嘗居青島，後乃徙去。黃公渚孝紓奉親居此，感慨前事，為《島上流人篇》，凡二十餘首。其述玉初云：「靭叟隱勞山，與山同姓氏。遺世豈無功，抱道立人紀。講《易》究天心，默識消長理。化行左衽儔，甌脫即槐市。布算為疇人，冠述亦天士。語諧八方音，識綜五官技。微言秦燼明，大義周粟恥。流傳復辟書，群淆定一是。」玉初精《易》學，兼嫻天算。島居時，德意志人尉禮賢嘗從受《易》。詩中所云「化行左衽」者，謂此。述幼雲云：「南皮晚當國，頗欲直前慢。側席正學人，於公有殊眄。文章陸敬輿，嶽嶽群僚冠。賢王攝政初，首被講官選。抗希貞觀政，綢繆出諷諫。雅望兼官師，成均起群彥。明倫具深心，獨立群陰戰。掛冠去堂堂，洪流無畔岸。一樓學龍潛，木榻穿一半。爭王夢九回，乞師足重趼。疾風知勁草，器之真鐵漢。」宣統初，選廷臣才學素著者十四人，輪日編進講義，幼雲其一也。援古納規，多所匡正。「乞

師」句，則謂其屢詣忠武也。當項城秉政，起用故僚，安圃、晦若皆峻辭不可。詩中述安圃云：「疾惡飆如風，義不恕親昵。皇皇卻聘書，庶以懲不壹。」述晦若云：「崢嶸高邱哀，無女分憔悴。折墜摧桑經，誘之欲其至。」皆謂是事。其詩不獨虞山吾炙之遺，抑亦「南爐遺聞」之錄也。故撮紀之。郭則澐《十朝詩乘》卷二十四。

## 黃孝紓

近日，少年詩人與舊都諸老相唱和者。有黃公渚，其賣文市招自號匑盦者是也。公渚能為駢體文、長短句，而其詩筆亦復研煉於散原、海藏二家者不淺。如《和纕蘅海濱記遊詩》云：「棲遲江介動經春，風鶴殘驚接枕茵。千里傳書從疾置，九能濟勝屬閒人。海濤閱世群喧起，山閣看雲萬態新。政欲相從分一壑，醉携鷗鷺作比鄰。」此詩春、茵兩韻，力避塵俗，頗似散原；而海濤、山閣一聯，高唱入雲，又似海藏。大抵散原好用重字，海藏喜作豪語；散原每見至情，海藏時露高致。至其憤世嫉俗之念，則又殊途同歸也。因論公渚詩，輒涉筆及之。朱大可（亞鳳）《近人詩評》，見《金鋼鑽》1931 年 8 月 6 日。

孝紓以盛年富才藻，而奉親孤往，與山林枯槁之士同其微尚，識者悲之。刊有《匑厂文稿》六卷，大抵融情於景，而抒以警煉之詞，效鮑照以參酈道元；夾議於敘，而發以縱橫之氣，由庾信以窺范蔚宗。辭來切今，氣往轢古；以視李詳之好雕藻而乏韻致，孫德謙又尚氣韻而或緩懦；其於孝紓，當有後賢之畏焉。孝紓亦善畫、工詩、善倚聲，有「三絕」之譽。以民國十三年來鬻畫上海，遂有人介以主吳興劉承幹之嘉業堂者十年，遍讀所藏書；四方請業者踵係，隱然為東南大師矣！至其治偶文，則又力主因聲求氣，毗陰毗陽之說，默契桐城諸老緒論。紀述山水，數稱柳子厚；而為散文特雅潔遒粹，則又不為桐城之故為閑情眇韻云。錢基博《現代中國文學史》（增訂本）。

閩中詩人，先後迭起。老輩如陳弢庵、鄭孝胥、陳石遺，均白髮如霜，巍然健在。時賢如黃秋岳、梁眾異、李拔可、劉放園、林子有、李釋戡、何梫生、黃公渚、黃嘿園、鄭稚辛，均風起波興，各張旗幟。曩昔曾文正謂：「天下文章，其在桐城乎？」余亦曰：「天下詩人，其在閩中乎？」除陳、鄭、陳三老，余已分撰專章，詳見本書外，茲再將諸時賢，簡明列出，以供後之學者，有所探討。

黃孝紓，字公渚（福建閩縣）。詩才縱逸，器宇開張。吾謂閩詩人，乙等第一名，當屬釋戡，第二名則為公渚。謂吾不信，證之以詩。《寄友都下》云：「短景窮檐去日深，傷離念遠意難任。翻因積懶成高蹈，不忍疏狂耐苦吟。千

里雲程孤雁去，滿林秋氣萬鴉沈。起看北斗微茫際，誰識滄江一夜心。」《海行舟中》云：「荒荒落日倚天根，徹耳濤聲一枕喧。睡起舵樓開暮鼓，海風吹霧助黃昏。」《湖遊》云：「亂後湖山種種非，垂楊漸長舊時圍。穿泥苦筍參差出，咒客春禽歷亂飛。墜水鐘聲長不散，出林燈火淡無依。煮茶暫得安心法，寂寞何妨與世違。」「窗外枇杷作雨聲，滿堦蟲語不平鳴。上方月到諸天靜，隔岸燈繁萬瓦明。身世倚欄同縹緲，江山啼淚雜晴陰。逃身藕孔尋殘劫，漫共高僧話短檠。」《吳淞私感》云：「危樓暮倚四天垂，懷遠傷高酒力衰。點點去帆鷗沒處，蕭蕭落葉雁來時。獨居深處終何補，欲語無人是可悲。便擬乘桴東入海，竄身魚鳥莫相疑。」千里、墜水、上方、點點各聯，俱興會淋漓，一洗小家俗態。王洪猷《南樓隨筆》。

　　近日異軍突起，使駢文不至中絕者，則有黃公渚。公渚閩縣人，字匑菴，教授暨南大學。詩如簡齋，駢文各體兼長，著有《匑菴文稿》。夏劍丞序其書，稱公渚少治經學，喜考據，能為韓柳歐曾之文。既而上窺漢魏作者巨製，專精研思，沈浸醲鬱，學力乃益邃。其論殆非阿好。柱尤愛其記文，茲錄其《清明日遊范公祠記》如下。(《清明日遊范公祠記》文略)。見陳柱《四十年來吾國之文學略談・論駢文》，載《交通大學四十週年紀念刊》。

### 黃公渚句

　　黃公渚以近詩見示，摘句如下：

　　七言云：「雁聲墜水涼無際，槲葉明霞秋有形。」「逐隊江魚寒潑剌，如入孤塔影昂藏。」「秋約黃花背人去，江收夕照與天空。」「出牆人語墜煙外，帶月林光明露初。」「村藏叢樹隨山轉，風卷孤雲帶日流。」「辭柯墜葉輕離別，背日寒鴉入莽蒼。」「殘霸端令群盜誤，勞趼不及尺鳬閑。」「柳絲似與風留戀，花氣能知春淺深。」「風帆暝過如人立，旅雁南歸與我違。」「憂患剩餘身健在，醉支棋局看山河。」又「滿林秋氣萬鴉沉。」

　　五言云：「好山為老癲，殘雪遞明滅。」「寒烏背人飛，一繩掛城闕。」「日落枯樹根，霞采鬥詭譎。」「昏鐘四山來，聲與天琴應。」「勞生憂患餘，欲向虛皇證。」「沈陰釀寒雨，風橫勢益放。」「壞雲墬有聲，海氣昏無象。」「夕陽無古今，影落陰崖邊。」「雲氣霾半山，諸峰盡失據。」《聞見日抄》。見徐珂《仲可隨筆》。

### 黃匑庵詞

　　閩縣黃匑庵孝紓在漚社中序齒最少，學富才雄。餘事工詞，長調尤佳。〔選冠子〕《用清真韻有懷鑒園》云：「水冷鷗心，山當龍尾，風外雨絲吹斷。

尋詩笛步，賣醉箏船，消盡畫樓歌扇。商女厭說興亡，露泣蓮房，風摧蒲箭。繫黃昏單舸，碧簫促暝，俊遊人遠。　　空悵惘、舊雨池臺，劫後湖光，一碧怕教塵染。楊枝海上，桃葉江干，誰吊露花三變。羿彀浮生，百年浩蕩，騷愁蛾眉餘倩。便招魂、九地夢墜，譙門鼓點。」〔大酺〕云：「記苑樓陰，垂楊靚、珠幌斜褰晴旭。酹春心劫迴，有鬖天雲子，翠蛾雙蹙。綉沓窗虛，紅蕤枕靜，偎儂螘煙如蠶。憑闌沉吟處。絓殘陽一桁，燕雛窺熟。悵簫局禁寒，笙囊圬綉，自傷幽獨。　　銀蚪聲斷續。算惟有、夢魂無拘束。千萬恨、雄鳩佻巧，訴盡相思，怕難酬、淚珠盈斛。燕几歌紋石，奈一夕、錦猵棋覆。信音隔、蓬萊闕。携手無計，離合神光如玉。青禽待通款曲。」高毓彤《潛公詞話》，見《潛公手稿》卷七，又收入《民國詞話叢編》第四冊題曰《詞話》，《津門詩話五種》題曰《潛公詞話》。

　　《䍀庵文稿》六卷，今人閩縣黃孝紓頵士之作。假自姚氏學苑，未得上冊，此冊為記銘碑誌之屬。祖禰魏齊，息胎酈郭。綴詞敷采，冏出恒流，褕生之言不妄，歎也。所《與馮夢華中丞》中一段，具見指歸，可雒誦也。黃際遇《因樹山館日記》（1936 年 5 月 26 日）。

　　今日閩中詩人，如石遺《近代詩鈔》《石遺室詩話》正續編所採，亦至夥矣，而皆可以無述。僕獨推閩縣黃公渚孝紓為名家。公渚多才，藝有三絕之譽，又工駢文，擅倚聲，流寓海上，主劉翰怡家，賣文鬻畫自給。與夏映庵諸老結康橋畫社，與朱古微祖謀諸詞老結漚社。所著《䍀庵詩》載於《青鶴》雜誌者，精深華妙，極洗練之功，與近日閩派詩人，步趨略異。蓋公渚平生與遊者，映庵外，濡染於陳仁先曾壽者頗深。錢仲聯《十五年來之詩學》，見《學術世界》1937 年 1 月第 2 卷第 3 期。

　　黃孝紓，公渚，《墨謔盦詞》。葉恭綽《廣篋中詞》。按《廣篋中詞》錄其詞六首，為《霓裳中序第一·大連歸途作》《過秦樓·題訒庵填詞圖》《齊天樂·海濱尊俎符天意》《三株媚·二月十五日梵王渡公園作》《石州慢·題遐庵詞趣圖》《浣溪沙慢·夢熨鳳尾撥》。

## 黃公渚望海潮

　　租借地肇自香港，晚近國威日替，於是威海、大連、青島，先後租借於人，而近畿門戶盡失。方德意志偪踞青島，憂時者相與咨嗟太息，以為豆分瓜剖之勢成矣。不謂鳩居未安，鷸爭旋起，初為日域所敢，終見汶田之歸，固當時所未及料也。黃公渚孝紓奉親避居於此，有《嶗山觀德意志礮臺·望海潮》詞云：

「禺䝿移海，塵飛鮫室，潮頭也染霜華。如雪舊鷗，似曾相識，雙雙驚起圓沙。疏磬促羲車。渺翠微金剎，密樹交加。照海樓臺，高低燈火萬人家。　秋聲暗緊霜筎。訪殘碑故壘，碧血凝花。戟鐵未銷，沈沈霸氣，空贏牧豎咨嗟。迤邐碧雲斜。伴微行楓路，三兩啼鴉。桴海歸心，又隨帆影徧天涯。」歷歷桑海，所感深矣。其地巖壑幽阻，辛亥遜政後，遺臣故老，相率避地卜居，潛圖匡復，勞玉初京卿、劉幼雲侍郎主之尤力。丁巳復辟，幼雲為議政大臣，事敗歸島，署所居曰潛樓，不復出，世短其迂而未嘗不高其節。公渚有《過京山劉幼雲墓・雲仙引》詞，其後闋云：「虞淵扶馬黃昏。任填海、冤禽生怒嗔。手把芙蓉，天閽訣蕩，九辯空陳。帝遣乘軒，玉皇點劍，下界凋零蟣蝨臣。楚纍魂斷，對潛樓月，忽現前身。」紆鬱中極見沈摰。余於庚子歲避亂太原，幼雲方督晉學，深承推挹，草間偷活，踪跡久疏，亦惟丁巳恩恩一晤，讀是詞有餘媿焉。郭則澐《清詞玉屑》卷六。

### 題黃公渚《軥厂詞》

曉風殘月柳屯田，欲播商音被管弦。讀罷新詞春正好，杏花時節雨如煙。

人海浮沉寄此身，天涯同是倦遊人。曲中知有登樓感，二月櫻花島上春。

劉潛《粹廬詩鈔》卷三。

### 黃軥庵

閩縣黃公渚孝紓，亦號軥庵，著有《碧廬移詩詞》，兼工駢散文，善繪畫。其詞懷抱珠玉，胎息騷雅，年力甚富，當進而頡頏叔問也。《夏夜枕上聞雨聲寄懷墮弟用清真韻》〔玲瓏四犯〕云：「淅瀝梧階黯。簌簌釭花，初吐丹豔。冷逼瓊樓，應摃影娥豐臉。欹枕夜聽荒雞，試起舞，壯懷零亂。料曉來、時序都換。遮莫陸沉驚見。　夜深涼透紅蕖薦。鎮銷凝、舞蔥歌蒨。蕭蕭忍憶吳娘曲，啼淚傷心眼。怊悵剪燭舊情，剩數盡、銀虬殘點。縱夢魂歸去，愁一縷，風吹散。」《遊拙政園》〔西河〕云：「觴詠地。重來自異人世。危樓輕命倚。黃昏晚霞纈霽。枯桑覆瓦雨聲乾，殘陽遙掛林際。　斷橋畔，空徙倚。盈盈愁鑒池水。蕭疏鬢影對西風，暗尋影事。寶珠閱世已陳芳，尋花還瀉清淚。　歌臺舞榭勝國寺。黯銷凝、何限羅綺。怕聽梵音淒厲。歎龍華小劫，推排百計。愁入西廊秋聲裏。」《重遊怡園》〔湘春夜月〕云：「近重陽。曉楓初試明妝。屈指爛錦年華，輕換了悲涼。憔悴砌花相伴，剩數枝延蝶，猶弄孤芳。念天涯人去，尋春斷句，慵檢奚囊。　虛廊佇立，風荷自語，愁近昏黃。齊女門東，有舊日、盈盈蟾影，識我清狂。歌離弔夢，又笛聲、吹度高牆。悵望處，縱招

携芳糈，也應不暖，心上秋霜。」〔南鄉子〕云：「落葉下如潮，風雨連宵意已銷。何況重陽時節近，憑高。恨水礙山見六朝。　哀雁會長謠，歡計因循負酒瓢。心事曾騰殘照外，蕭蕭。留得寒蟬是柳條。」〔浣溪沙〕云：「隔院風吹按曲聲。酴醾如雪撲簾旌。就花作達故生矜。　薄醉政能商美睡，苦吟兼可遣浮生。廿年心事對孤燈。」〔鷓鴣天〕云：「聘月高樓炙玉笙。歡叢長記繡春亭。曲翻《玉茗》歌猶咽，尊倒銀蕉酒不停。　心上事，負多生。燭奴相伴淚縱橫。高邱終古哀無女，淒訴回風一往情。」夏敬觀《忍古樓詞話》。

　　地損星一枝花蔡慶，黃孝紓，匑庵詩詞駢文，俱臻高詣。《墨謔高詞》語精思邃，鬱勃蒼涼，春聲海曲，晞髮陽阿，想見其哀樂之過人。錢仲聯《近百年詞壇點將錄》。

　　黃孝紓居青島，執教上庠，工駢文，又擅書畫，且常以嶗山作為畫範，鈐一印「遼海軍僑」。人不知其取義所在，實則彼原為漢軍旗人。鄭逸梅《藝林散葉》。

### 二黃的駢儷

　　講起清代學術，是在好幾方面發出異彩，如乾嘉時的考據，同光體的詩歌，桐城派的文章，都各有其面目的；而駢文一途，也能追到六朝，那是遠勝明人的。我很想寫一篇清代駢文的總結賬，但是手邊的材料不完備是第一個障礙。當代駢文高手黃匑庵、蟄庵又遠在大陸，信札往來討究，也是相當麻煩的，所以到今天還不能成篇。但是我對於詩歌是推服二李，至於駢文，當今之世，那只有二黃了。二黃不只與我年相若，而且是我同鄉世交，並且有點姻親關係，所以我愈覺得有傳布他們作品的必要。但是講起搜材料的困難，我記得卅年前蟄庵曾鈔一篇《哀時命賦》給我，到今天我叫我太太去找，就找不着。寫信去問蟄庵要，他答應修改好了再寄給我。但是有一個可幸的消息，便是匑庵的弟子王則潞他想把《匑庵文稿》翻印，而因為我去信和蟄庵討論駢文的問題，因而知道蟄庵也寫定的駢文廿餘篇。將來如果印出來傳布，我想這二黃的駢文，是不久會與世人相見的。我因為文章是鈔不勝鈔的東西，所以在這篇文章裏面，只鈔他兩兄弟給我做的兩篇記和他們早年所作的《哀時命賦》各一篇。這兩篇賦都是他們二十歲左右所作的，真是太了不起！讀者嘗鼎一臠，也可知味，將來全書問世，可以盡量縱觀，這不過是個引喤而已。曾克耑《頌橘廬叢稿外篇》卷三十四。

### 軔庵遺詩

黃公渚（孝紆）身後，其駢文尚有王則潞在港為印其三兄弟所作，詩與詞則散佚殆盡，畫偶有存者，周退密藏其遊《日光至華嚴觀瀑》一幅，有五古題句甚佳：「日光一公園，人力爭天工。驅車萬松嶺，隱隱聞飛淙。穴山縋而下，遂造華嚴瀧。仰視絕壑底，高流懸當空。中天霹靂鬥，倒掛一白龍。陰崖大日避，霧雨飛濛濛。注視得幻相，變化無由踪。大聲發虛谷，盈耳為振聾。水石自相激，天籟生微風。（按此句前當有一句，此佚）詭譎開心胸。當前置平臺，大石加磨礱。拓楹便遊者，四望胥發濛。一瀑伏其右，俯視雲淙淙。喧豗極還勢，飲澗垂渴虹。突起此異軍。高下角兩雄。咫尺不相讓，命意羞雷同。嗟茲宙合秘，誰歟尸其功。虛寂固殊致，趨海同一宗。於焉晤佛法，萬念歸圓融。」對景風發，屈曲洞達，音調尤古，以全篇無一律句故。近來人不講此理，為古詩多用律句，不可讀。何之碩亦藏其山水畫一幅，但題句在文革抄家時，紅衛兵見其印章有「遼海軍僑」四字，以為是海軍，撕之而去。公渚先世以奉天漢軍旗駐閩，遂為閩人，此亦文革中一笑柄也。陳聲聰《荷堂詩話》。

黃公渚有《真如張氏蓬園杜鵑盛開，榆生有看花之約，後期而往，零落盡矣，因賦漢宮春》云：「殘醉樓臺，又行芳無處，啼老鵑聲。猩紅漸疏倦眼，愁草花銘。飄煙墜蕚，數番風夢窄春程。歸去也，倦姝閬苑，明妝初洗蠻腥。津橋舊恨誰省，向江南憔悴，閱盡陰晴。東風暗吹淚雨，寒殢簾旌。黃昏庭院，惜心期、且忍伶俜。閑酢酒、溫尋綺緒，恁禁一往深情。」溫婉芳邃，欲奪玉田、梅溪之席。高手畢竟不凡。軔庵詞，散落殆盡，頃聞有人在都門覓得其《乙稿》一冊，亦詞林之佳音也。陳聲聰《讀詞枝語》，見《填詞要略及詞評四篇》，1985年廣東人民出版社，第115頁。

早歲欣同老宿遊，兩京才調孰能儔。風謠剩有《勞山集》，惆悵春歸袖海樓。

黃孝紆字公渚，號軔庵，福建人。山東齊魯大學教授。工駢體文、詩詞及畫。有《軔庵文稿》，己亥歲已刊行。詩詞未印，惟《勞山集》中有若干首。袖海樓在青島，為孝紆與弟君坦、公孟三兄弟讀書處也。陳聲聰《論近代詞絕句》，見《填詞要略及詞評四篇》，1985年廣東人民出版社，第185頁。

黃公渚，名孝紆，號軔庵，別號頵士、霜腴，福建閩侯人。早年僑寓青島，以詞章之學為時所重，與弟孝平（君坦）、孝綽（公孟）築袖海樓讀書。應聘任上海南洋大學、北京師範大學、山東齊魯大學、山東大學教授。工駢儷文、詩詞及繪畫。為陳三立、朱祖謀諸老輩所退許。有《軔庵詞》《軔庵文稿》《嶗

山集》及《歐陽修詞選譯》等著作。施議對《當代詞綜》卷三。按《當代詞綜》錄詞
九首，為《鷓鴣天·騁目高樓炙玉笙》《南鄉子·落月下如潮》《小重山·秋日聞雨聲，淒異
達旦，不寐》《漢宮春·真如張氏蘐園杜鵑盛開，榆生有開花之約，後期而往，零落盡矣，因
賦》《暗香·為伯駒題紅梅冊，和白石韻》《三姝媚·春日招同彊邨、子有、劍丞、伯夔、紹
周、季純、帥南諸君遊梵王渡公園，彊邨丈有詞，余亦繼聲》《湘春夜月·重遊怡園》《摸魚
兒·法原寺牡丹，用誦芬室主人韻》《蘭陵王·甲子暮秋，天蘇以落葉詞索和，爰得此解兼約
惠風同作》。

　　黃孝紓（1900～1964），字頵士，號匑庵，福建閩侯人。歷任北京大學、
北京師範大學、青島大學、山東大學文科教授。1926年晤況周頤，精研詞章。
1927年，與陳三立、朱祖謀、潘飛聲、夏敬觀、吳昌碩、諸宗元諸老宿詩酒唱
酬。工詩、詞、古文，有《匑厂文稿》《黃山谷詩選注》《碧慮簃琴趣》等。劉
夢芙《二十世紀中華詞選》。按《二十世紀中華詞選》選其詞十八首，為《漢宮春·真如張氏蘐
園杜鵑盛開，榆生有看花之約，後期而往，零落盡矣，因賦》《玲瓏四犯·夏夜枕上聞雨聲，寄
懷壄弟，用清真韻》《西河·遊拙政園》《湘春夜月·重遊怡園》《南鄉子·落葉下如潮》《鷓鴣
天·聘月高樓炙玉笙》《浪淘沙慢·彊村下世已浹月矣，感念舊遊，歌以當哭》《一萼紅·暮春
偕壄弟瓠庵登勞山明霞洞觀海》《暗香·秋夜有懷孫公達瑞安，並訊其緣由期約》《雪梅香·九
日獨遊梵王公園，涼秋沉寥，木葉微脫。記去年焦厂招我焦山，信宿松寥，正此日也。撫時念
遠，倚聲為此詞》《霓裳中序第一·青島歸途作》《浣溪沙慢·甲戌三月，與映庵、眾異、榆生、
冀野重遊張氏園作》《浣溪沙慢·夢熨鳳尾撥》《滿江紅·過孟嘗君淘米澗故址》《滿江紅·青州
城西，范公祠側，水木明瑟，每值清明日，士女翕集為踏青之會。亂後重遊，感念盛衰，為賦
此解》《卜算子·殢酒捲簾遲》《慧蘭芳引·歸自青島，倏忽秋深，憂生閔亂，根觸百端，歌和
醇庵，並柬榆生廣東》《玉京謠·董授經丈屬題曼殊留視冊子》。

## 駢文家黃孝紓

　　黃孝紓是近代兼擅詩、文、詞、畫的作家，《中國美術家人名辭典》著錄
極略。孝紓1900年生，字頵士、公渚，號匑庵，一號天茶翁、金風亭長，閩
侯（今福州）人。擅駢文，富氣韻，講求陰陽剛柔，可與李詳、孫德謙相抗手，
有「後賢之畏」之稱。早歲，嘗仿庾信《哀江南賦》，撰《哀時命》，傷世嗟時，
播誦士林。詩詞為朱古微、況蕙風、馮煦等所肯評。繪山水，蕩寫靈襟，曲盡
萬壑千岩之勝。刊《匑庵文稿》《勞山集》。

　　父某，光緒間翰林，轉御史，歷官皖、魯，卒隱勞山。公渚夙秉庭訓，一
度於此潔身養志。刊《勞山集》，由名書家曾克耑工筆題署，分詩、詞、文三

部分。附其弟壁庵詞作《勞山十詠》。公渚盛年富才藻，有「鄴下論才八斗」之譽。交遊皆名士勝流，若朱古微、況蕙風、馮君木、夏映庵、陳散原、王西神、葉遐庵、徐仲可、潘蘭史，以及吳則虞、龍榆生、瞿蛻園等，凡數百輩。每有所作，皆為之分別品評，備致欽挹。如《浣溪沙·石門峽與美蓀同遊》一闋，徐仲可評為金風亭長得意之作。句云：「鼓吹村陂兩部蛙，松風聲挾海濤嘩，丹楓豔似一林花。　八水爭流齊赴壑，兩崖對立儼排衙，滿襟冷翠入金華（自注：金華界在石門峽）。」

1924 年公渚來滬鬻畫。時吳興劉承幹嘉業堂藏書，與聊城楊氏海源閣、常熟瞿氏鐵琴銅劍樓、湖州陸氏皕宋樓、杭州丁氏八千卷樓媲美，名聞海內外。劉氏大力刻書印書，延致況蕙風、朱古微、張元濟、繆荃孫等，為之鼎力商謀。其時公渚亦以才識卓犖，被薦入嘉業堂校書 10 年，頗為翰老倚重，遍讀庋藏，四方請益者踵接，隱然為東南大師矣。晚年山東大學慕名敦聘教授，網羅賢俊，值得稱道。陳左高《文苑人物叢談》。

天損星浪裏白跳張順，黃孝紓。駢文一黃（秋岳）復一黃，人言為之詩格傷。細按並行兩不妨。閩縣黃公渚詩詞駢古文俱工，復精於繪事。早年與弟君坦、公孟有「江夏三黃」之目，奉親居青島，以家世故，所往還者，多為前清遺老，有《島上流人篇》廿餘首述諸遺老事，為郭則澐取為《十朝詩乘》之殿。溥儀關外建滿洲國，黃公渚曾隨其父上表稱臣。其詩亦有作遺少口吻者。董康評黃詩曰：「蕭寥奇高，有千仞攬輝之概。」錢仲聯《十五年來之詩學》論黃公渚云：「今日閩中詩人，如石遺《進代詩鈔》《石遺室詩話》正續編所採，亦至夥矣，而皆可以無述。僕獨推閩縣黃公渚孝紓為名家」，「所著《匔庵詩》載於《青鶴》雜誌者，精深華妙，極洗練之功，與近日閩派詩人，步趨略異。蓋公渚平生與遊者，映庵外濡染於陳仁先曾壽者頗深。」公渚雖閩人，然所為詩實近同光體之贛派。馮永軍《當代詩壇點將錄》。

《清人詩文集總目提要》第 1856 頁：「窮菴文稿六卷，黃孝紓撰。孝紓字窮菴，號寄廬，江蘇上海人，此集民國二年鉛印，首都圖書館藏。」

按：黃孝紓先生，字頵士，一字公渚，號匔厂，福建閩侯縣人。生於 1910 年。1930 年前後為上海劉承幹嘉業堂門客十年，撰《吳興劉氏嘉業堂藏書紀略》。1938 年起任山東大學中文系教授。1964 年懸梁自盡。工於駢文辭賦及詩詞創作，復擅書畫，於目錄版本之學亦臻上乘。錢基博《現代中國文學史》、錢仲聯《近百年詞壇點將錄》、謝國楨《江浙訪書記》存其事蹟。其《匔厂文

稿》六卷，收辭賦駢文，民國二十四年上元蔣國榜湖上草堂排印線裝本二冊，餘存一帙。此條書名、字號、籍、版本多有未確。依其年代亦不宜收入。2004年12月20日於槐影樓。杜澤遜《〈清人詩文集總目提要〉札記》，載《圖書館雜誌》2005年第6期。

### （十）《黃孝紓著述考》（李振聚撰）

黃孝紓學術研究以目錄學、楚辭研究、六朝文研究、文學史等為最著。散篇零簡，友朋投贈之篇，分見四方，時有可見。今撮其要者，考其著述有：

《周禮》，黃公渚選注。民國二十五年（1936）九月商務印書館印《學生國學叢書》本。

《清代學者說經文鈔選目》一卷，黃孝紓輯。稿本，一冊。黃氏後人藏。

《廣說文古籀補》，據宮慶山回憶。見劉懷榮《才兼三絕詩書畫·辭具眾長詞賦歌——一代名士黃孝紓》。

《晉書》，黃公渚選注。民國二十二年（1933）十二月商務印書館印《萬有文庫》本，民國二十三年七月再版。又收入商務印書館《學生國學叢書》中，民國二十三年一月出版，民國二十三年二月再版。《申報》1934年8月13日廣告云：「《晉書》（學生國學叢書），一冊八角五分。黃公渚選註。本編所選皆《晉書》中文筆優良及有關史學之著作，精心抉擇，舉其要略，以備讀者觸類舉偶，以作研討之資。註釋除參考各書廣為增益外，於當時制度名物及字義深奧者，尤加意考訂。」

《清朝歷代政要》，此為代鄭孝胥所編撰者。鄭孝胥有記黃公渚交政要稿之事，《鄭孝胥日記》（1929年2月25日）：「黃公渚來，示《政要》鈔稿九束。」又有記付編纂費者，《鄭孝胥日記》（2月8日）：「使大七再付黃公渚編纂費三百元，已付二百元。」

《周秦金石文選評注》，黃公渚選注。民國二十四年（1935）九月商務印書館印《學生國學叢書》本。按李軍《〈周秦金石文選評注〉〈兩漢金石文選評注〉撰者發覆》一文謂《周秦金石文選評注》及《兩漢金石文選評注》乃王有宗代撰，書此俟考。

《兩漢金石文選評注》，黃公渚選注。民國二十四年（1935）十一月商務印書館印《學生國學叢書》本。

《頤水室考古錄》，見小傳（1952年）。

《吳興劉氏嘉業堂藏書紀略》，黃孝紓撰。第一章紀建築，第二章紀藏書原始，第三章宋元善本書存目，第四章抄本書目摘要，第五章前人批校本書目摘要，第六章劉氏家刻叢書存目，第七章紀明集部之珍本，第八章雜記。（《青

鶴》2 卷第 12 期）。其餘諸篇載《青鶴》2 卷 14 期、《青鶴》2 卷 16 期、《青鶴》2 卷 22 期、《青鶴》3 卷第 2 期。按山東大學圖書館藏有張鏡夫以《青鶴》雜誌散葉輯訂本，存 1～4 章 1 冊，外封題「嘉業堂藏書紀略」，有張長華跋云：「此冊為張鏡夫先生以《青鶴》雜誌散葉訂成，黃孝紓原文共八章，此僅至第四章，且第四章標題與此不同，原標『抄本書目摘要』，此為『各省方志傳本存目』。以下第五、六、七、八章暫缺。文後附劉承幹所撰《嘉業堂叢書提要》，連載三、八、十共九篇，亦非真全。張氏本有手抄本，在館藏《千目廬書目叢鈔》第三帙內，此冊中夾一卡片，不知誰作『《青鶴》，嘉業堂：2：12（一）、（14）（二）、16（三）、22（四）；3：2（五）、4（九）、6（十）』。或如所在卷期。」

《嘉業團珍本提要》，見《1949 年教職員登記表》。《國立山東大學教職員履歷表》（1951 年）。按《青鶴》雜誌曾載署名劉承幹《嘉業堂藏書提要》，似為黃孝紓代筆者。

《嘉業團明板方志提要》，見《國立山東大學教職員履歷表》（1951 年）。《高等學校教師登記表》（1952 年 9 月 6 日）。

《嘉業堂善本書目》三卷《嘉業堂珍藏精舊鈔本書籍目鈔》不分卷，稿本，藏黃氏後人處。卷一宋本，卷二元本，卷三寫本。

《楚詞書目提要》，見《國立山東大學教職員履歷表》（1951 年）。

《劉幼雲敦煌卷子目》，董康《書舶庸譚》云：「是日，古屋主人轉青島黃公渚函來，內附《劉幼雲敦煌卷子目》，摘佳品存於後。」按劉廷琛舊藏敦煌經卷，後輾轉歸藏北京圖書館（今國家圖書館），國家圖書館藏敦煌遺書編號中新 0622～新 0701 號共 80 號為劉氏舊藏。林世田、薩仁高娃《國家圖書館劉廷琛舊藏敦煌遺書敘錄與研究》認為劉廷琛舊藏敦煌卷子曾由黃孝紓編目整理：「劉、黃兩家二十世紀初均遷居青島，而且有姻親關係，黃公渚的四弟黃孝綽即為劉廷琛女婿，黃公渚應該與劉家非常熟悉。1932 年劉廷琛去世，家道敗落，劉氏後人急於將所藏敦煌寫卷出手，而出賣之前肯定要整理編目。1934 年，黃公渚經過在嘉業堂十年的積累，在版本目錄學達到很高造詣，這時返回青島，劉家請其為之整理編目，應該在情理之中。黃公渚又與董康在嘉業堂有十年同事之誼，董康喜藏書，曾七次到日本，訪書不輟，與日本收藏機構非常熟悉。黃公渚在編目之後，把其中 80 餘卷整理成目，名為《劉幼雲敦煌卷子目》，附在信中，寄給正在日本渡假的董康，求其在日本尋找買主。根

據我們的調查，劉廷琛舊藏中的宣紙題簽上的書法與黃公渚流傳下來的書法作品較為相似，也可作為一個佐證。」

《莊子大同書》，《其他》（1950 年 7 月 23 日）：「我生在光緒末年，正值戊戌變法高潮，我的業師又係研究《公羊》經學者，因此康、梁大同學說書籍，少年看了不少。記得二十歲時曾經寫了《莊子大同書》一個小冊子，博得老輩們稱許。」

《綠窗新話校釋》，見黃孝紓撰《綠窗新話校釋引言》（《文史哲》2016 年第 1 期）。按《綠窗新話》原文民國二十四年至二十五年刊載於《藝文》雜誌，共一百五十四篇，較董康《書舶庸譚》所錄者多三十五篇。乃黃孝紓借吳興劉氏嘉業堂藏鈔本刊印者。1957 年周夷（即周楞伽）據《藝文》雜誌本加以整理校補，由上海古典文學出版社出版。1991 年上海古籍出版社又有周楞伽箋注本。1960 年黃孝紓與中華書局函云：「是書（即《綠窗新話》）係宋代民間說話人的底本，採集遺聞佚事，存精去蕪，重加編纂，作說話人肄習之用。在這一基礎上，增加情節，添枝添葉，成為有血有肉適合市民要求的故事小說，因此內容不一定與原書原事相符，每一故事，用經濟筆墨，縮短成為簡短文字，自成體系。在小說史上，有一定地位和價值。友人譚正璧先生在《話本與古劇》一書中，曾有一文介紹，可以見其重要性。此書向無刊本，遠在 1934 年左右，與友人夏劍丞、盧前為《藝文》雜誌社編輯《藝文》雜誌，曾從劉氏嘉業堂假得明鈔本，分期登載雜誌中，惟惜抄本不精，校對也欠仔細，魚亥滿目，嗣歸青島，從德化劉氏點易堂覓得明鈔殊本，較嘉業堂藏本為佳，據以複校，始皎然可讀。惟原書屬文言，不便一般讀者，曾經加以淺釋，繕有成書，嗣因1957 年周夷氏就文藝雜誌本校補，交古典文學出版社印行，捷足先登，廢然擱置，未敢問世。周夷氏從《太平廣記》等書搜輯，使之還原，付出勞動力固然很大，惟古人著書，自有體例，《史記》改《尚書》，《漢書》改《史記》，各有千秋，正不必強為一致，反失廬山真面。是書為話本的縮本，也就是故事最初的樣貌也，從中可以窺見古代藝人對古典小說的修養，和對故事去取刪節演變的痕迹，目前提倡民間文學，似此天壤僅存孤本秘笈，為說話藝人的枕中鴻寶，未忍任其湮沒，不自秘惜，謹將鄙人校釋本寄呈審校使用。」

《延嬉室書畫經眼錄》一卷，黃頵士撰。載《中和月刊》1940 年第 1 期、第 2 期、第 3 期，題黃頵士。又載《故都旬刊》1946 年第 1 卷第 1 期、第 2期。題「匑庵」。又有《美術叢書》第五集排印本，題「黃頵士」撰。

《頤水室書畫考》，見《高等學校教師登記表》（1952 年 9 月 6 日）。

《山東繪畫史》，據宮慶山回憶。見劉懷榮《才兼三絕詩書畫・辭具眾長詞賦歌——一代名士黃孝紓》。

《碧廬簃印存》，黃孝紓篆並鈐。鈐印本。收黃氏私印共計一百五十四方，卷端有其手書「碧廬簃印存／霜腴」，下鈐「枕胙軒主」白文方印。版心下鐫「問景軒」。黃綠色板框。見西泠印社 2015 年春季拍賣。

《楚辭新解》，見《國立山東大學教職員履歷表》（1951 年）。《教師及職員登記表》（1951 年 1 月）可能擔任的課程有：「韻文、目錄、校勘學。」現從事研究工作一欄填寫：「楚辭新解。」

《楚辭譯注》，《山東大學 1955～56 學年科學研究計劃（中國語言文學系）》云製定科學研究計劃為專著《楚辭譯注》，給楚辭加以通俗注釋及譯文，約 1956 年夏完成。

《燉煌俗文學研究》，另有專著《燉煌俗文學研究》，主要工作是分類研究加以校釋，預計 1958 年冬完成，是時尚未開始。《山東大學 1955～56 學年科學研究計劃（中國語言文學系）》。

《楚辭選》，陸侃如、高亨、黃孝紓選注。1956 年 4 月上海古典文學出版社排印本。又有 1962 年 12 月中華書局排印本。

《楚辭研究》，黃孝紓撰。山東大學油印本。見王培源《一份塵封的〈楚辭研究〉——簡說黃孝紓先生的〈楚辭〉研究》：「在教學過程中，黃先生先是與陸侃如、高亨先生共同注釋出版了《楚辭選》（上海古典文學出版社，1956年 4 月），隨後，即編寫了《楚辭研究》，作為學生上課的講義。從 1956 學年的第一學期開始講授。在那一個時代，沒有現在每年必須有多少成果的任務，先生們出版著作非常慎重。黃先生的《楚辭研究》是否有補充修改後出版的計畫和打算，不得而知。現在留給我們的，只是當時的學生保留下來的一本油印的講義而已。」1981 年 5 月山東大學中文系古典文學教研組編（應為董治安先生撰）《楚辭研究》油印本中屢引曰「用黃孝紓師說。」

《天問達詁》，見《1949 年教職員登記表》、《國立山東大學教職員履歷表》（1951 年）、《教師及職員登記表》（1951 年 1 月）。《高等學校教師登記表》（1952 年 9 月 6 日）：「《天問達詁》，1943 年印行。」

《天問新箋》，民國三十七年（1948）黃孝紓致函夏敬觀，言及所撰《天問新箋》：「比來為諸生授楚辭，草成《天問新箋》，從古韻中求錯簡之線索，十已得其八九，惟繼、飽二韻，不得其同部之由。江有誥《楚辭古音考》亦語涉含渾，鄙意晃飽或為朝飢之字誤。公治古音有年，於《楚辭》當曾留意，能為淺學一發其蔀否，寫定後當抄副就正。」見《夏敬觀家藏尺牘》232～233 頁。

《玉臺新詠》，黃公渚選注。民國二十三年（1934）五月商務印書館印《學生國學叢書》本。《申報》1934 年 7 月 17 日廣告云：「《玉臺新詠》（《學生國學叢書》），一冊八角五分，黃公渚選註。《玉臺新詠》所採諸詩，皆富有情感，極纏綿悱惻之思。本編首列緒言，對於入選諸作，皆有簡明之介紹及論評。各作家生平大要，亦於註釋中加以說明。故讀後對於古代艷體詩詞，可有一系統之概念。」

《司馬光文》，黃公渚選注。民國二十四年（1935）八月商務印書館印《學生國學叢書》本，民國三十六年（1947）二月再版。《申報》（1935 年 11 月 27 日）廣告云：「《司馬光文》，定價四角，黃公渚選註。司馬光所為文，如行雲流水，極自然之妙，而論事透澈，說理精深，尤為獨絕。本編選其表、書、序、記、傳、題跋、墓誌、哀辭凡二十篇皆純粹以精之作；而其平生偉製，尤推《通鑑》之史論，故採取六篇，冠之於首，以見一斑。卷首附有緒言，略述其生平事蹟及其在文學上史學上之地位。」

《歐陽永叔文》，黃公渚選注。民國二十二年（1933）十二月商務印書館印《萬有文庫》本。

《歐陽修詞選譯》，黃公渚選譯。1958 年四月作家出版社排印本。

《黃山谷詩》，黃公渚選注。民國二十二年（1933）十二月商務印書館印《萬有文庫》本，民國二十三年（1934）七月再版。《申報》（1934 年 8 月 31 日）：「《黃山谷詩》（《學生國學叢書》），一冊，八角。黃公渚選註。山谷詩與蘇軾齊名，為江西詩派中堅，練字妥貼，而不流於怪僻。茲編所選凡百五十餘首。依原刻分內、外二集，注則選用任淵、史容二家，而以現時適用之解釋及音義補充之，務求詳盡而不瑣碎。至於作詩歲月，凡可考者，悉皆為之按年詮次，以明其演變之跡。」

《錢謙益文》，黃公渚選注。民國二十四年（1935）九月商務印書館印《學生國學叢書》本。《申報》（1935 年 11 月 27 日）廣告云：「《錢謙益文》，定價四角五分，黃公渚選註。錢謙益，字牧齋，明末清初人。其文以東林經世之學，兼釋典窅邈之思；取法史裁，博覽乎古籍；益以身世之悲，家國之感，融合搏捖，遂成雄偉興奮之文字。本書由《初學》《有學》兩集選文二十七篇，詳加註釋。復據劉氏嘉業藏書樓所藏精校本《有學集》，正其字句之譌脫。卷有導言，並略述錢氏生平暨諸家對於其文之評騭。」

《牧齋有學集佚稿》一卷，黃孝紓輯補。載《青鶴》雜誌。又有鈔本，藏上海圖書館。

《聊齋詩文選注》，與宮慶山合撰，據宮慶山回憶。見劉懷榮《才兼三絕詩書畫‧辭具眾長詞賦歌——一代名士黃孝紓》。計緯《「青島版」聊齋詩文選》。

《延嬉室詩》，載《青鶴》雜誌。

《碧廬簃詩鈔》，載《青鶴》雜誌。

《霜腴詩稿》附《詞鈔》，民國間蔣國榜蘇曼那室鈔本。二冊。集中詩作多刊發於《青鶴》雜誌。見《詞學圖錄》第 8 冊。又見 2003 年上海朵雲軒秋季拍賣。

《勞山集》三卷，黃孝紓撰。其中《勞山紀遊集》一卷為詩之部，有稿本，與《碧廬簃詞話》合鈔，藏蓬萊慕湘藏書樓，見杜澤遜師《慕湘藏書樓觀書續記》。又有 1952 年油印本。《東海勞歌》一卷為詞之部，有稿本，與《碧廬簃詞話》合鈔，藏蓬萊慕湘藏書樓，見杜澤遜師《慕湘藏書樓觀書續記》。又有 1962 年油印本，一冊。張公制題簽。前有《勞山集自序》，題詞者有番禺葉遐庵、長沙蛻園瞿宣穎、萬載龍元亮、汪公嚴、許寶蘅、枝巢盲叟夏仁虎、王琴希、錢塘朱西溪、涇川吳則虞。後有跋云：「《勞山集》者，訒庵匯訂舊作《勞山遊記》及詩詞都為三卷。《紀遊詩》業於一九五二年印行。詞一卷，久庋行篋，比以朋好索閱，懶於迻錄，爰付油印，藉正方雅。年運一往，老病侵尋，心靈枯竭，久廢文字，書生結習，敝帚自珍，知不足識者一哂也。《遊記》一卷，迻寫未竟，將以俟諸異日耳。一九六二年七月訒庵坿識。」1963 年王則潞受黃先生委託於香港刊印《勞山集》，並增加《輔唐山房猥稿》一卷。全集分三部分「東海勞歌」為詞之部，「勞山紀遊集」為詩之部，「輔唐山房猥稿」為文之部。曾克耑題簽。前有天茶翁黃訒厂《勞山集自序》。各部之前都有題詞，《東海勞歌》前題詞者有：番禺葉遐庵、長沙蛻園瞿宣穎、萬載龍元亮、錢塘許寶蘅、江寧枝巢盲叟夏仁虎、王琴希、錢唐朱西溪、涇川吳則虞。《勞山紀遊集》前題詞者有黃雲眉、遐庵、中州張伯駒、至德周志俊。王則潞《勞山集跋》云：「曩在成都聞青城、峨眉之勝（峨眉，俗作峨眉。趙堯生侍御定為峨湄，峨水之湄也），輒思襆被往遊，人事卒卒，終以不果勝踐為憾。及客膠澳，又以時危道梗，欲一訪二勞而不可得。子輿氏所謂行止非人之所能為也，豈不信哉。庚寅夏，輾轉南來，孑然一身，局處海隅，環島周遭僅十數里，匪直崇

山峻嶺不可覬，幽泉怪石亦所罕覯，其獅子、大嶼諸峰不啻培塿而已。而春秋佳日，風和氣爽，猶當時挈徒侶，攀躋其間，藉草移晷。噫，余所願遊者不可得，而往其不願遊者又嬲之不置，造化弄人，抑何甚也。余師匑厂先生近寫定《勞山集》，遠道寄余，蓋裒集其平昔紀遊之作，文十三篇，詩一百三十七首，詞一百三十五闋，於二勞九水之勝，曲盡其妙。余昕夕夢寐而欲往者，讀此可以當臥遊矣。因亟為刊行以餉世之有山水癖者，至其文辭之美，在先生特碎金屑玉耳，初不足以盡其才若學。抑吾聞之古之賢達，遭時不偶，侘傺失志，往往寄情一丘一壑間，發為文章，以吐其胸中磊落歖奇之氣，若元亮之愛丘山，子厚之樂居夷，皆造物所以慰賢者，而賢者亦引之以自慰者也。先生茲集殆無近是歟。癸卯春日，門人王則潞謹跋。」王則潞影印本後又收入臺灣《近代中國史料叢刊》二編。

《島上流人篇》一卷，黃公渚撰。見《司法公報特刊》1938 年 12 月，題「黃頵士」撰。又載《雅言》卷四，1941 年第 4 期，題「黃公渚」撰。首有序云：「辛亥世變，海宇騷然，青島一隅，遂為流人翕集之地，假息壤於仙源，擬華胥之酣夢。冠蓋輻輳，稱極勝焉。乃不數年，兵氛薦及，風流雲散，人世滄桑。余亦奉親闢地青州，追理疇曩，爰述斯篇，竊附虞山吾炙之意，用申永嘉板蕩之思云爾。」共有張安圃制軍、陸元和相國、呂鏡宇尚書、周玉山制軍、勞玉初尚書、于晦若侍郎、李惺園大令、王爵生侍郎、陳貽重侍郎、胡星舫中丞、童次山觀察、徐友梅觀察、商藻亭太史、趙次珊制軍、鄒紫東尚書、吳蔚若樞相、劉潛樓侍郎、章一山左丞、葉鶴巢宗丞、蕭紹庭觀察、薛淑周夫子、李健侯表叔、丁容之觀察、易蔗農大令、葉文伯大令二十五人二十二首詩。龍顧山人郭則澐《十朝詩乘》卷二十四：「辛亥國變，遺臣逸老翕集於青島一隅，抗志避居，綢繆故國。假息壤於甌脫，擬孤蹤於首陽。其志節堅定，百折不回者，首推勞玉初京卿（乃宣）、劉幼雲侍郎（廷琛）。玉初力倡復辟，著為論說。袁項城當國，名捕之，鬱鬱以卒。幼雲與奉新張忠武同里，屢走徐州，說忠武，責以大義。丁巳復辟之舉，亦以幼雲促迫成之。事敗，名捕諸當事，幼雲與焉。避歸青島，坐臥一樓，屏絕人事。又十餘年，乃卒。同時耆舊若張宣圃制軍、于晦若侍郎、陳貽重京卿、呂鏡宇尚書，皆嘗居青島，後乃徙去。黃公渚（孝紓）奉親居此，感慨前事，為《島上流人篇》，凡二十餘首。」劉成禺《洪憲紀事詩本事薄注》內《于晦若》條亦引黃公渚《島上流人篇》中詩。

《東游詩草》一卷，民國二十九年（1940）致函夏敬觀，並鈔示《東游詩草》一卷：「《東游詩草》數十首，另紙塵教，此乃未竟之稿，亦無暇修飾，我公能賜斧削尤盼。」載《夏敬觀家藏尺牘》卷二，第166～168頁。

《蛻厂文稿》六卷，黃孝紓撰。民國二十四年（1935）江寧蔣氏湖上草堂叢刊排印本。半頁十行，行二十字，白口，四周雙邊，上單魚尾。卷端題「閩縣黃孝紓頵士」。前有歲在乙亥冬武進董康序、歲在乙亥新建映厂夏敬觀序於康橋窈窕釋伽室序、歲在乙亥拔可李宣龔序於墨巢序、歲在端蒙大淵獻嘉平月桐城浦孫葉玉麟序、乙亥冬十一月湘潭覆厂袁思亮序、乙亥冬日吳興翰怡劉承幹序於吳門寄廬序、乙亥嘉平閩侯曾克耑序、乙亥辜月蔣國榜序。卷一為賦，十三篇；卷二為序，十一篇；卷三為序、跋、贈序，十一篇；卷四為記，十篇；卷五為碑、傳、墓誌銘、誄文，十二篇；卷六為書、頌、雜文、揭、啟、引，十篇。又有民國陳運彰鈔本，二冊。首為《西湖十二景圖跋》一篇。此為蔣國榜倩陳運彰所鈔者。見朵雲軒2003年秋季藝術品拍賣會。

按《蛻厂文稿》山東大學圖書館藏本以及《近代中國史料叢刊》影印本皆初印之本，上有黃孝紓手書校譌三十餘處。山東大學圖書館藏本，前有黃孝紓題曰「心如先生教，孝紓」。今據山東大學圖書館藏本輯錄黃孝紓《蛻厂文稿勘正記》。予所見後印本均已剗改。

《蛻庵駢文稿》，見《青鶴》雜誌。

《蛻庵文稿》一卷，黃孝紓撰，王則潞輯。1966年王則潞香港影印《左海黃氏三先生儷體文》本。收有《飲虹簃所刻曲序》《握蘭簃裁曲圖詠序》《漢短簫鐃謌注序》《潛樓圖序》《吳遊片羽序》《冒鶴亭京卿和杜工部夔州五律詩序》《彊村挍詞圖序》《陳庸庵尚書花近樓詩續篇序》《重刊蒼梧詞序》九篇。與其弟黃君坦《問影軒駢體文存》、黃公孟《攖寧齋遺稿》合編。

《頤水室詩詞選》，按此連載於《國際週刊》藝林欄目，題「頤水室選」。

《清詞紀事》，手稿，現藏黃氏後人處。手稿前有編例七則：「①本編所錄詞，以事實為主，大則朝廷國故，次亦民間風俗，遺聞雅記，散見載籍者以類相從，悉加蒐輯。②本編斷代，以事迹所屬為準，其為明末遺民，事屬清代，悉歸本編，如王夫之、屈大均等。③清代詞家雖夥，但受當時文網未傳及詞體本身之局限，意旨隱晦，無從持實，本編所錄，多屬經文人考証，確有事實可持者始行甄錄。④本編以紀事為主，名家麗句，未能傳錄，其佚□僅見之作，

因人存詞，雖未盡善，亦在蒐集之例。⑤凡同時詠一事，詞意相似者，擇錄一闋，餘以類坿載於後，其軼事有旁徵蔓引者，皆坿注於下，以資考証。⑥向來詩詞選本，另列方外、閨秀各門，本編就其時代編次，不再另列。⑦本編所錄先就國故軼聞，膾炙人口，足資史料者輯為甲編，續其所得，當分別補纂乙編。」又有《清詞紀事緒言》載《山東大學學報》（1963 年第 1 期）。郭同文《著名文學史家黃公渚》一文曾記述 1963 年 8 月 23 日黃孝紓在生日這天云：「作為一名學者，到了六十多歲，就是生命的秋天了，是收穫季節，我要在生命之秋，將《清詞紀事》《三唐詩品》《中國詞史》《魏晉南北朝文學史》等書稿完成，更要竭盡全力，謳歌海上名山——嶗山，為這座我所最喜愛的山寫詩作畫。」。

《詞範》，見《教師及職員登記表》（1951 年 1 月）。《高等學校教師登記表》（1952 年 9 月 6 日）：「《詞範》，1938 年印行。」

《碧慮詞選評》，見《國立山東大學教職員履歷表》（1951 年）。

《碧慮簃琴趣》，分六部分載《青鶴》雜誌。一、《青鶴》第 1 卷第 17 期，三首：《滿江紅・青州城西訪孟嘗君淘米澗故址》《南歌子・信宿金陵作》、《憶江南》。二、《青鶴》第 1 卷第 18 期，二首：《雨霖鈴・青島東山侍家大人訪勞韌叟故宅》《百字令・仲可舍人屬題其女公子新華女士遺墨》。三、《青鶴》第 1 卷第 19 期，二首：《金菊對芙蓉・海棠謝後作》《滿江紅・城南討春作》。四、《青鶴》第 1 卷第 20 期，二首：《驀山溪・青島海濱晚眺同君坦作》《高陽臺・上元次半髡韻》。五、《青鶴》第 1 卷第 21 期，二首：《滿庭芳・水仙》《高陽臺・湖上作，寄君坦》。六、《青鶴》第 1 卷第 22 期，二首：《蘭陵王・落葉》《卜算子》。

《匑庵甲乙詞存》。《國立山東大學教職員履歷表》（1951 年）。《教師及職員登記表》（1951 年 1 月）。按，甲稿疑為《東海勞歌》一卷，已入《勞山集》。乙稿，即《碧慮商歌》。

《匑厂詞乙稿》（又名《碧慮簃詞乙稿》《碧慮商歌》）一卷，黃孝紓撰。民國二十八年（1939）王則潞排印本，版心下題「衹海樓叢刻」。卷端題「霜腴黃孝紓」。封面夏孫桐題簽，扉頁陳曾壽題「碧慮商歌」。前有夏孫桐、張蘭思、汪曾武、張爾田、夏仁虎、張伯駒、郭則澐題辭。《民國名家詞集選刊》十五冊據以影印。又有一九六九年王則潞據黃氏手稿影印本，卷端題「碧慮簃詞乙稿」，次行題「閩縣黃孝紓頵士」。後有王則潞跋云：「《匑厂詞乙藁》一冊，

三十年前曾用仿宋刊行。乙巳春，軻厂先生病逝濟南，龍榆生先生檢寄其手寫原稿，囑為付印，因重刊以飼世之知音者。惜乎，榆生先生亦已去世，不可得而覿矣。己酉初夏，門人王則潞謹識。」按予見初印本，前無諸人題辭。

《墨謔高詞》，按葉恭綽《廣篋中詞》選黃孝紓《墨謔高詞》六首。

《漢魏六朝文學史》，按：或作《魏晉南北朝文學史》。《高等學校教師登記表》（1952 年 9 月 6 日）云：「《漢魏六朝文學史》，1935 潛志堂印行。」郭同文《著名文學史家黃公渚》一文曾記述 1963 年 8 月 23 日黃孝紓在生日這天云：「作為一名學者，到了六十多歲，就是生命的秋天了，是收穫季節，我要在生命之秋，將《清詞紀事》《三唐詩品》《中國詞史》《魏晉南北朝文學史》等書稿完成，更要竭盡全力，謳歌海上名山——嶗山，為這座我所最喜愛的山寫詩作畫。」

《六朝文摧》（一名《軻厂文摧》）不分卷，手稿，一冊。現藏黃氏後人處。前列目錄：為論文之古訓惟藻飾兼音韻錯綜之文可以為文、論文言妙造自然為文學進化之極端、論奇偶相生為文之妙用、論文言不當名以四六即駢義亦當糾正、論中國文言之成就之理由、論六朝以前文筆之分、論文言末流之弊、論文言有古時言之分、論文言有陰陽柔剛二派、論文言必須兼苞義理考據詞章三諦、論偶文之儲材、論文之簡絜不在奇偶其關係全在於行氣、論兩漢之文派、論魏文派、論晉文派、論元嘉體、論永明體、論齊梁體、論宮體、論王筠體、論北朝文。次有紅蕤館儷體腴談一篇。見《1949 年教職員登記表》、《國立山東大學教職員履歷表》（1951 年）、《教師及職員登記表》（1951 年 1 月）、《高等學校教師登記表》（1952 年 9 月 6 日）。按，此《六朝文摧》當即《軻厂文摧》，《軻厂文摧》第一章《漢魏六朝沈博絕麗之文合於文之古訓》，第二章《文言妙合自然為文學進化之極端》，載《藝文》1936 年第 1 卷第 1 期第 32～41 頁。

《三唐詩品箋註及詩選》，《山東大學 1964～1970 年科學研究計劃》（1964 年 7 月 3 日）黃孝紓項目有：「《唐代散文新論》，主要內容：評論唐代散文 1970 年完成，負責人和參加人員：黃公渚、焦玉銀。《中國古典文學研究叢書》。《唐小說新論》，評論唐代小說，1970 年完成，負責人和參加人員：黃公渚、焦玉銀。《中國古典文學研究叢書》。《三唐詩品箋注及詩選》，主要內容：就宋育仁原著加注，並附作品，以資互證。1970 年完成，負責人和參加人員：黃公渚。」又見見郭同文《著名文學史家黃公渚》。

《唐代小說新論》，見《山東大學 1964～1970 年科學研究計劃》（1964 年 7 月 3 日）。

《唐代散文講稿》，黃孝紓撰《辨證唯物論學習心得》（1954 年 8 月）云：「上個學期寫《唐代散文講稿》時，對於初盛唐的文學駢體文轉向中唐的古文，這一運動發展時，深深體會韓柳並不是傑出的天才，而是有他客觀種種原因，逐漸地由漸變轉向突變。初盛唐文是量變時期，尤其盛唐散文作家，由於科舉起來的新階層出現，勢力日益壯大，量的增多，引起突變，故到了韓柳，才爆發了古文運動。這一運動在文學史上來看，是具有革命意義的。」

《中國大文學史·古文運動》，《中文系古代文學史教研組檢查報告》（1959 年 6 月 9 日）：「先生方面，有的已完成定量的二分之一（黃公渚先生分攤的『古文運動』三萬字已交初稿）。」按中華書局印本題為《中國人民文學史》。有部分稿件存山東大學文學院資料室。

《中國詞史》，見郭同文《著名文學史家黃公渚》。

《詞林紀事補編》，黃孝紓曾將此稿寄與中華書局，1960 年致中華書局信云：「是書為詞學資料性的讀物，係鄙人兄弟合輯，補張宗橚原書所未備，張氏書 1957 年五月由上海古典文學出版社印行，據聞係中華書局印刷廠承印，占原書的一半，搜集書籍，約百餘種。似可為研究詞學之一助。日後張氏原書再板時，坿到後面，庶成全璧。」

《歷代詞人考略·明清部分》。黃孝紓續纂，1936 年赴青島山東大學任教時仍未完成，1937 年「七七事變」，恐戰火波及，將原稿寄回劉承幹。見彭玉平《〈歷代詞人考略〉及相關問題考論》。

《碧慮簃詞話》一卷，黃孝紓撰。稿本，與《勞山紀遊集》《東海勞歌》合訂一冊。杜澤遜師《慕湘藏書樓觀書續記》云：「《詞話》卷端題『輔唐山人黃躬厂著』。《紀遊集》又分《勞山紀遊百詠》（詩，據小序作於癸酉乙亥間，即民國二十二至二十四年間）、《輔唐山房猥稿》（遊記十三篇，題甘龍翁，各篇末附同時師友評語）兩部分。又《東海勞歌》一卷，收詞五十闋，題「天茶翁」。各詞亦附師友評語。全書綠格紙，半頁十行，右框外上方印『碧慮簃鈔本』五字。鈐『倜儻指揮天下事』朱文方印。」見杜澤遜《慕湘藏書樓觀書續記》。按《碧慮簃詞話》一卷又有整理本，載《國學季刊》2017 年第 5 期。

《江西詞派圖》，民國二十九年（1940）黃孝紓致函夏敬觀曰：「紓歷年為生徒講授詞學，略有創獲，覺世人但知宋有江西派詩，而不知兩宋詞流亦有江西派存焉，擬仿江西詞派圖例，以晏元獻為開山大師，奉馮正中為始祖（正中知撫州最久，宋代詞學盛於江南，此公與有莫大關係），王荊公、歐陽文忠為羽翼，而以蘇門四學士及南宋姜白石諸人為支裔，業囑門人起草，約可五六萬字，此遂遊戲之作，但可為我公江西人張目。」載《夏敬觀家藏尺牘》卷二，第153～155頁。

《明詞》一卷，黃孝紓撰，稿本。黃孝平鈔本（與《樊山詞殘稿》合鈔，下題碧廬移）。二本皆黃氏後人藏。首從律調、選詞、評論考證三個部分論述明詞，復論及明詞初期、明詞中期、明詞晚期，先綜論後列舉人物，可視作明詞簡史。

## （十一）《墨謔高畫隱圖題詠集》（李振聚輯）

按：黃孝紓嘗得徐渭青藤墨花卷，上題「墨謔」二字，因以名齋。民國二十二年（1933），倩陳曾壽為繪《墨謔高畫隱圖》，畫載《青鶴》1933年第1卷第18期。四方徵題，一時詩文紛至，惜此圖及原跋今未得見，僅就報刊雜誌上之詩文輯為《墨謔高畫隱圖題詠集》。

### 畫隱圖序，葉玉麟

余少好畫，老未能工。見翁庵作，幾輟墨。嘗記塾師命為文，方屬草，又畫扇，遭盛怒譙呵，終不改。今因君思閣筆，則其畫之美可知也。始君弱冠，用《哀江南賦》韻為文，紀辛亥事，長老驚服，清譽流衍。泊薄遊江左，詩古文多出儕輩上，又謙靄可親，畫固不足以盡其才。而煩澹湮塞，若不得已而託諸畫者，其志意可哀也。李文公非董子作《士不遇賦》，惜其自待不厚，荊公以為過論，鶴山誦涪翁《黔戎》之詩，以花竹和氣，驗人安樂，洵有得於中者。士生窮達，誠細事耳。莊生曰古之得道者，以窮通為風雨寒暑，然則視衰榮無定，一旦暮晴陰也。遭時顯晦，猶草木冬春也。庸詎知世所謂貴者有以異乎賤邪，謂之得者，寧非失耶。亨於人者，不自塞其天邪。是故旌車不擾夫神明，冰蘗不攪乎人心，堯桀之毀譽，不加於山林，指與墨化，而冥漠以全其真者，其有得於畫之外者歟。天之厄材賢也，亂世為尤甚，若必使之摧傷蘦落愴悅無慘而後快者，不如是，天下之禍敗不極也。在達者惟以風雨寒暑視之而已。往歲尊甫與余叔父同官濟南，又同居青島，今君與余時過康橋就映庵作畫，迴思兒時塾師譙讓以為無益，而不舍者，今安知其果無用邪。吾儕嶒廓若由天定，

而氣誼相親，轉以僊回而愈摯，是可慨也。君方以詩乞蒼虬作《畫隱圖》，蒼虬亦思以畫隱而不得者，余欲解君瘀傷之意，用書此以為笑樂也。《青鶴》1933年第 1 卷第 18 期。《文教月刊》1934 年第 1 期第 2 卷。又見《靈睨軒文鈔》，題作「黃軥厂畫隱圖記」。

### 墨謔高畫隱圖序，楊兆桐

抒一已之思，狀天地萬物之情態，俾覽者懌愉於無窮，惟畫為然，藝而進於道者也。苟非積學深，用志堅凝，輒不能通其奧。宋元以來，若米芾、黃公望、倪瓚、唐寅，皆其至者。輓近六注創痏，以畫鳴者，不盡出於士夫。粥聲獎氣，競為怪醜，淺者從而張之，積習乃日重。苟無一二特立之士，起而為之振，畫學其將蕪矣。癸酉夏，吾師閩縣黃軥厂先生自滬歸覲其親，出示陳蒼虬侍御所為《墨謔高圖》曰：子盍為我序之。兆桐注籍門牆最早，知先生弱歲刻勵，學無不貶，於畫特餘事耳。致力日久，悟與慧通。客滬上十年，盡交當世賢達，名益重，業益精。讀其畫穆然而意遠，暉麗萬有，與古大適私謂畫學剝極而復，將自先生大啟之耶。抑吾聞之古者瑰奇俶儻之士，遭時不偶，輒徜徉山水以自寓其慨喟。夫山盤互而始幽，水回紆而始壯，蘊鬱既久，斯變化愈奇。賢者扼於時，山與水扼於造物意，所訴合，故能盡其至賾。先生學既純篤，顧世變未已，無所攄其懷抱，詭以畫隱，自放其身世，殆有合於古人者，畫之深契精微，日進於道，殆有由歟。兆桐學殖荒落，負先生期計。獨念童時侍左右，見先生作畫，每竊取撫擬以為笑樂，距今已廿餘年事矣。披覽斯圖，老屋數椽，庭宇窵寂，尚彷彿操几讀書時也。《青鶴》1934 年第 2 卷第 13 期。

### 墨謔高畫隱圖記，孫宣

黃君軥厂，白皙而朗秀，澹泊而詳雅。自少力學，博極羣書，兼通雜秫。弱冠與其叔弟㙜厂為詩文俱有名。始余與㙜厂識於京師，論學久相得也，繼而獲交於君。君客海上，不數數見，而頗相知愛。今歲余以事寓上海，因常見君，廼益親。君故善畫，長於山水竹石，四方之人持絹素而請者湊其門。每日夕燕坐，則援豪揮灑，意之所之，頃刻便成。其狀物盡態，能使人移，使人伏，其情曠遠超乎在筆墨外也。一日出所為《墨謔高畫隱圖》示余曰：「吾以墨戲，其遂為畫隱矣。子知我者，為弁言其端。」余惟。君子之為學，將以成身而備當世之用，適弗逢世，抱義而處，其匈中浩然必不隝稜而徇身，則寓物自隱以肆志焉，固君子之所為也。自古隱者眾矣，隱之迹不必同，要皆有得於心者也，彼誠有得於心，則能遊於世，其視榮瘁窮達之於身，眇然猶蟲豸之一過，夫孰

能累哉。且畫之為秋，貴乎自然，而發乎情性，其品高下，常視乎其人。不屈其志，則意豁而情放。測極幽微，冥與造物者會，心手之運，有然而莫知其然者。今君遺耆欲，顓日力以娛嬉於畫，是其內必充然有所得，其於外必淡然無所慕，外無慕而內自得者，其服於學也篤，其於用也不窮，則所居神者庶乎全矣。其神全者，其畫高也。雖然，君於此固其寓焉耳。畫伏一世，而猶以隱為名，隱而有名，抑足慨也。璧厂亦善畫，亦嘗欲隱者也，頃方有行役燕趙之郊，畫固不暇為，並以余言溷之，其有當乎。《青鶴》1934 年第 2 卷第 8 期。

### 墨謔高畫隱圖記，陳瀟一

曩居燕京，嘗過黃君坦，君坦指壁間山水巨幅語余曰，此吾仲兄公渚作也。余審視久之，因其畫即心儀其人焉。辛未南歸，始遇公渚於映庵座上，沖澹曠朗，若六朝人，自是每與友朋論畫，輒喜舉其名，見之者靡不愛慕，蓋其為人真，其畫亦稱是也。公渚富詞藻而志行堅卓，皭然不滓，匪久與相處者真能窺其奧，畫固其餘事耳。觀所作畫，恣意揮灑，隨性之所近，不斤斤焉執繩尺以求，而於古法未嘗不合也。公渚方在壯歲，抱負非常，自期甚遠，既致力於畫，而以《墨謔高畫隱圖》視人，是不屑求知於世。世之知而稱之者，奚祇於其畫而已乎。夫畫之真者，不可磨滅，其精神常與造化者游，伊古以來帝王將相多矣，後世能舉其名者，寧有幾人，舉其名而足使人懷想慨慕者，更復有幾人，獨畫之真者一二零縑斷素之流播人間，千載而下人率能舉其名而懷想慨慕之未己，詎非聲聞之顯晦固在此而不在彼歟。公渚生今之世，不樂仕宦，不習變遷，隱而作畫，畫則能得其真者也。安有真而尚不足謂之美邪。余於以知公渚之畫之傳也。雖然，公渚又豈蘧畫之傳也哉。《青鶴》1933 年第 1 卷第 18 期。

### 墨謔高畫隱圖記，袁思亮

坐斗室之內，操數寸之管，敷縑楮大不盈丈，細不逾尺，運腕若風雨，而山川、煙雲、坡陀、谿澗、田園、寺舍、人物、魚鳥、花草、竹木之觀，晴雨朝暮四時榮落之態，畢肖以出。或窈窕以深邃，或蕭條而寥闊，或金碧壯麗，或水月明靜，或懸巖飛瀑，醜樹恠石，幽險阻絕，猿愁猱泣，怡魂悅志，駭心動魄，殊名詭狀，不可殫述。不必身之所歷，目之所屬，莫不吐其胸中之奇，動與造物者遘，此墨謔高畫隱所為畫也。畫隱者誰，閩黃子翔厂也。黃子家世儒貴，年三十餘方壯，其學自經史百家九流之書無不窺，其藝自文賦詩詞金石書刻星相，無不能其志，方將大有為於時。黃子非畫人也，非畫人而以畫隱自名者何也。其所受於古與所逢於今，鑿枘齟齬，噤不得一施，語言所不傳，

文字所不盡，則一於畫焉發之以為快，然則黃子之遭亦可悲矣。吾聞當明之季，有朱耷、傅山、方以智之徒，皆以畫名，方其生時，未嘗不湮曖厄塞以終其身。而至於今垂三百年，名蹟流傳，僅有存者，乃適以飽駔儈裨販之囊橐，而曠百世而相賞者，徒欷歔俯仰，興生不同時之嗟，不尤大可悲耶。雖然之數子者，當其磅礡揮斥，冥搜萬象，曷嘗有毫髮得喪心，與並世人較知不知為重輕哉。流俗人蕑今而貴古，忽所見而尊所聞，大抵然也。黃子之畫，吾不知視數子者何如，要其成不至於古人不止。吾願吾曹幸生黃子同時者，毋蕑而忽焉，令後世復用流俗人相譏嘲也，知不知黃子何加損焉。作《墨謔高畫隱記》。《青鶴》1933 年第 1 卷第 18 期。《蘉庵文集》卷四。

### 為黃翊厂題墨謔高圖，劉伯明

游君昆季間，往還二十歲。誼逾骨肉親，論交況先世。危樓晞海日，河山掬殘淚。感歎風雨夕，艱難話流滯。維時與吾子，侍坐潛屏氣。默識期勿忘，黽勉心自誓。吾子獨好修，萬卷儲腹笥。進德思逾猛，守道志彌勵。詞傾三峽水，筆掃千夫銳。餘事幻丹青，風煙浩無際。上堂具雞黍，笑指江山麗。奚尋武陵源，毫端見天地。嗟余不志學，塵土叢詬戾。對此念蒼茫，俯仰雜悲愧。願言潑餘瀋，為我濯胸次。永共澄水鮮，映徹秋旻霽。《青鶴》1934 年第 2 卷第 4 期。

### 公渚留宿為題墨謔巇圖，沈覲安

愁□墮影明湖側，曾共吾曹鬥鬢色。而今漂泊漸華顛，同作江南未歸客。賴祿還□筆研焚，稍借雲煙吐肝膈。富春圖與炤人間，踏穿戶限多求索。君隱一廛我僚底，相期無媿山水格。故應戲墨寫滄桑，莫更仰椽吟偪仄。耆舊消沈毀譽叢，步步驅人履陳迹。辛苦千秋萬歲名，領取尊前三太息。百年能幾對床眠，雜□瀴胸生晚汐。夢中世短雨聲□，孤燈猶作前朝碧。《華報（福州 1930）》1936 年 9 月 13 日。

### 為公渚題所作墨謔巇圖，李景坤

詞賦具匠才，手能五鳳造。廣莫心可游，尻輪不用膏。寒士賴有此，王侯敢肆傲。翊庵富才藝，墨謔寄高蹈。閉目營一巇，擲筆落成告。許我以意游，到門謝通報。蓋頭無把茅，今儼有堂奧。入廚突不黔，顧多燒松竈。積墨支卅年，遊戲恣揮掃。刻意圖江南，殘山着一邏。貌人法寫花，沒骨投眾好。有時畫天吳，故將紫鳳倒。雖謔幸未虐，聊用抒排奡。爰題當拋梁，拙訥學善禱。億年安如山，刧塵永不到。《國聞周報》1935 年第 12 卷第 6 期。

### 為公渚題墨謔高圖，李宣龔

士德若靜女，未媒先忸怩。誰知指頭禪，居然貯滑稽。平生吾□庵，意行無町畦。室有卻聘書，不愁北山移。一手擅三絕，畫工尤詭奇。堆牀筆如山，勝過五羖皮。挑戰出吾黨，未甘豎降旗。言語妙天下，仍為忠厚遺。窺鄰一笑留，邯鄲瑟含悽。羈鳥各有託，雄蜂亦相思。不仕義自可，獨居終非宜。何日卜新婿，聽君郎馬嘶。《國聞周報》1935 年第 12 卷第 4 期。

### 為黃公渚題墨謔鎖畫隱圖，周學藩

墨謔其無咎，慎勿謔以口。一謔蜮射沙，再謔虺奮首。平生萃尤悔，有瓶不能守。愧此牖中人，不語筆在手。青山真有價，大力負之走。肯使作孽錢，硯口抵百畝。問君奚以畫，邱壑胸自有。問君奚以隱，聊避世事醜。搜奇打草藁，五嶽在戶牖。況益書與詩，子已三不朽。《今覺庵詩選》卷四。

### 題黃匑厂墨謔高畫隱圖，夏敬觀

明季諸畫家，易代每高蹈。漁山南田輩，尤難是年少。子生庚子歲，命塞丁未造。甘心事筆耕，比跡同二妙。文章已驚世，身若南山豹。沈冥向縑楮，落筆益荒峭。愁寫破河山，無地可樵釣。俗眼重模色，墨蹤非其樂。繪成遣持去，降格徇時好。鶩粟固有餘，換來供鶴料。有顋顏墨謔，以墨潤脣燥。儻如石子專，玩世寓譏誚。子旁無給侍，或圖所悅貌。慎莫效虎頭，刺心謔斯暴。我今箝我口，對客鋒韜鞘。未曾喻墨謔，惡聲吾不報。願子亦躪謔，惟以墨自勞。謔非俗針砭，俗痼不堪療。夏敬觀《忍古樓詩》卷十四。又見《國聞周報》1933 年第 10 卷第 29 期，《學術世界》1936 年第 1 卷第 9 期，題目、文字略有異。陳誼《夏敬觀年譜》將此詩繫於民國二十二年（1933）。黃孝紓有和詩云：「映厂工為詩，勁筆儼築蹈。取拙亦畫禪，試手寫嵩少。壯遊收一圖，慘淡歸意造。生居徐董鄉，固宜挈眾妙。雲煙足養生，刻意謝毅豹。修髯白石仙，隻語矜庸峭。不關撒園荽，縱浪狎屠釣。鏳予鈍如椎，撟舌只強樂。解嘲恃墨兵，塗抹幸同好。相從牛鳴地，三載豈始料。一樓閱世變，朗若火就燥。吾隱不在山，差免猿鶴誚。囊無使鬼錢，世孰隆禮貌。一窮坐畏名，寂寞甘自暴。因君起疏慵，摩厲劍脫鞘。莫嗤波斯胡，恐以簫材報。君其張吾軍，橫海當飲勞。謳言幸勿嗤，持底貧可療。映厂先生為題《墨謔鎖畫隱圖》，即依元韻賦謝，並希郢正。匑厂黃孝紓初稿。」見《夏敬觀家藏尺牘》第 204～205 頁。

### 題黃公渚墨謔鎖畫隱圖，梁鴻志

讀書不求仕，並世無此賢。眼中黃匑庵，三絕今鄭虔。槃礴睨眾史，胸次意萬千。拂拂赴腕底，到紙惟雲煙。可憐雙管松，不易二頃田。時亦藉療飢，

勝使造孽錢。墨謔本無頗，隔海餘一塵。畫隱亦漫圖，側帽方少年。吾嘗論君畫，神悟胥關天。偶摹戴習苦，輒類董畫禪。吾指若懸槌，六法終無緣。轘材萃子所，好畫休輕傳。《青鶴》1933 年第 1 卷第 18 期。按「赴腕底」《爰居閣集》作「出十指」，「偶摹」《爰居閣集》作「偶師」。

### 題訒庵墨謔高畫隱圖，陳三立

遭命為黎民，飢驅亦何有。取精出巧怪，所得殉糊口。天嬉無成虧，自聖慎所守。《散原精舍集》。《國聞周報》1936 年第 13 卷第 23 期，「慎所守」作「媚於古」。

### 訒厂社友以墨謔高畫隱圖索題，何剛德

在昔王摩詰，畫中常有詩。匪惟畫則然，於詩亦有之。畫與詩訴合，詩待畫發揮。即詩而即畫，相生無相離。訒厂工詩者，人稱為畫師。誰知其畫玅，乃即其詩奇。詩自有奧窈，畫乃掇其皮。畫自有神髓，詩乃沁於脾。表裏與精麤，揮灑無不宜。傳神在阿堵，是惟知者知。《青鶴》1933 年第 1 卷第 18 期。

### 公渚屬題墨謔高畫隱圖，吳用威

伯時山中人，畫隱百僚底。日寫山莊圖，世事慵不理。神州今陸沈，萬態付詼詭。君無洗玉池，但弄硯池水。丹青及未老，塗抹聊自喜。乾坤懸一瓠，謔浪寄十指。松煤溢溪石，麥光鋪梨几。意匠經營中，林壑清且美。寧須買山隱，隱趣兀在紙。客嘲君勿嗔，布襪從此始。《青鶴》1933 年第 1 卷第 18 期。又見《新命（南京）》1939 年第 2 期。黃孝紆有《董卿為題墨謔廎画隱圖次韻奉答》一詩和之。

### 訒厂道兄屬題畫隱圖，林葆恒

黃子今荊關，於畫得神髓。所居近勞山，變化極奇詭。鬱勃滿胸中，雲煙遂落紙。當其興到時，朝飢忘比比。雖無救貧術，頗得仁智理。小隱隱山林，大隱隱城市。君獨隱畫中，脫落遺塵滓。我老腰腳衰，名山艱投趾。相煩畫滄州，臥遊期沒齒。《青鶴》1933 年第 1 卷第 18 期。

### 題黃公渚墨謔高畫隱圖，許承堯

君才危得仙。寧復論畫筆。窈極引詞心。縈回出逌逸。海濱百偃蹇。飽茹風日瑟。登樓默無語。試手寫鬱勃。斜陽黯澹山。強以吟情熨。衰親穿藜牀。耿耿意緘骨。有潮通去夢。日夕此飛越。潔白遠陳羞。香可奪薇蕨。世難豈足憂。芳草未云歇。見《疑庵詩》。《國聞週報》1933 年第 10 卷第 30 期。《青鶴》1933 年第 1 卷第 18 期。黃孝紆有《許疑庵為我題墨謔高畫隱圖，次韻奉詒兼送其歸里》一詩和之。

### 仍由前韻畬公渚兼題畫隱圖，許承堯

士生不偶世，得食乃資筆。超然海鶴姿，俯啄亦閑逸。貞質發希聲，古澹中琴瑟。孤行閡市囂，蜃氣苦蓬勃。襟袂不自溫，賸恃友生熨。風趣或各殊，淪浹在心骨。相娛以文字，芬響互薄越。我來味鼎腴，愧昔侈蔬蕨。量腹誠已猒，執貪仍未歇。《青鶴》1933 年第 1 卷第 18 期。

### 為黃公渚題墨謔廎畫隱圖，許承堯

高人寄託無不可，子陵垂釣君平卜。精神契合迹象殊，潑墨會追芳士躅。倪迂淡遠漸江放，紙上無限淚痕簇。時危或慮與世忤，更以詼諧玩流俗。千里河山收腕底，管城卻伴松滋秀。獨清獨醒人海中，邱壑煙雲天所祿。承君惠我歸夢圖，十日臥遊曾不足。蟄園隱荼我隱酒，曷如君家涉趣抉鬼目。《雅言（北京）》1941 年第 11～12 期。

### 解連環·為黃公渚題墨謔高畫隱圖，李宣倜

世塵飛簸，歎吾生底事，覓歡偏寡。祇鎮日、水範山模，傍荒嶼亭邊，冷煙松下。斷墨零縑，託幽緒、漢陵孤瓦。怕哀鴻滿目。監門圖意，阿誰知也。江潭舊蹤信夥。指偕游屐齒，苔痕猶涴。曩與君遊定林，君作畫題詩見貽。恁為我、結轖歌場，就牙板聲中，儷詞泉瀉。予所撰《鞠部叢譚校補》，君以萬言弁首。一樣傷心，都迸作、中年陶寫。漫唬珠、暗霑繭紙，衣闌燭炧。《國聞週報》1937 年第 14 卷第 24 期。按黃孝紓撰《鞠部叢譚校補序》一文未見，王式通所撰者皆駢儷，或為黃氏代筆乎，俟考。又見《青鶴》1937 年第 5 卷第 11 期，題作「題黃公渚墨謔廎畫隱圖」。

### 踏莎行·題黃訇庵墨謔高畫隱圖，高毓澎

煙雨詩禪，林巒筆陣。洞天深處容高隱。殘山剩水寫來難，碧翁墨墨誰能問。　　　海曲梁鴻，江關庾信。白頭絕望封侯分。書生事業有丹青，大癡家法傳無盡。《淞荃詞稿》。

## 四、黃孝平傳記、評論資料彙編

黃孝平，字君坦，號叔明、塈厂，又號甦宇、甡叟。清光緒二十八年（1902）生，1986 年卒。郭則澐壻。早年師從薛肇基研習詞章、訓詁考據之學。民國十五年（1926）後，任北洋政府教育部、財政部、司法部秘書、《續修四庫全書提要》特約編輯。民國十七年（1928）後，任青島特別市衛生局秘書主任、山東省煙酒印花稅務總局總務科長。民國十八年（1929），曾為徐世昌撰《晚晴簃詩匯序》，見重汪辟疆。汪辟疆《光宣以來詩壇旁記》：「曩在金陵，見黃君坦（孝平）

曾代撰《清詩匯序》一文。此文為王書衡屬君坦所擬，即取《晚晴簃徵詩啟》點綴成文，捃撦掌故，於清代詩原，亦復詳審。」黃孝平代擬《清詩匯敘》刊《青鶴》有附記云：「按此篇志盦先生屬擬，即取其晚晴簃征詩原啟，點綴成文，捃扯掌故，較詳清代詩原。姑錄存之。君坦坿記。」1955 年從事人民文學出版社古籍刊行社校勘古籍工作。1961 聘為中央文史研究館館員。擅詩詞、書法，為稊園、蟄園、瓶花簃詩社、咫社、庚寅詞社成員。著有《蟄燕盦詞稿》、《紅躑躅庵詞》、《問影軒駢體文存》一卷（1966 年閩縣王則潞印《左海黃氏三先生儷體文》本）、《清詞紀事》、《詞林紀事補》、《續駢體文苑》、《校勘絕妙好詞箋》《宋詩選注》、《清詞選》（與張伯駒合撰）等。

　　黃孝平，字公坦，號墮庵，漢軍正黃旗人。福州駐防，曾源三子。有《蟄燕庵詞》。公坦能為漢魏六朝文，與碧廬為一時機雲。居北都最久，馳聲壇坫者二十年。詞不苟作，至尋常語，必以研練出之，風情道上，藻思綺合。嘗欲取屈宋及齊梁小樂府，於詞中另闢一境，亦可以知其蘄嚮矣。林葆恒輯《詞綜補遺》卷四十七。按《詞綜補遺》錄其詞四首，為《渡江雲·步遐庵韻》《花發沁園春·陰雨連日，不覺春闌，客館夢回，萬端橫集，作此寄翂兄，當共淒惋也》《滿庭芳·北人於秋盡日，取卵蒜納盎中，沃以醯飴，經時出佐俎，實晶凝如紅玉，味絕雋美》《三姝媚·甲子春暮作》。

　　黃孝平，字君坦，號墮庵，閩縣人。孝先弟。有《蟄燕盦詞》。林葆恒《閩詞徵》卷六。按《閩詞徵》收其詞八首，為《浣溪沙·一院梧桐悄悄陰》《前調·莫向青青學解嘲》《大有·青州法慶寺在郡城西隅，禪房深窈，水木明瑟。清明佳日，士女翕集，為討春之會，稱極盛焉。亂後重遊，撫時感事，淒然成詠》《滿庭芳·北人於秋盡日，取卵蒜納盎中，沃以醯飴，經時出佐俎，實晶凝如紅玉，味絕雋美》《臺城路·秋暮，招同半髯大兄、公孟四弟、叔姝妹、湘畹姪驅車至柳樹臺，望勞山。歸途作，兼寄仲兄翂厂海上》《前調·己丑除夕》《三姝媚·甲子春暮作》《花發沁園春·陰雨連日，不覺春闌，客館夢回，萬端橫集，作此寄翂兄，當共淒惋也》。

　　石孫次子孝平，飽軼經史，泂一日千里之才，為里中後進巨擘也。前由允三交到渠詠各題。時年始十有四，已有驚人語，將來造就正未有艾也。《詠貳師將軍》云：「沙漠煙塵起，燉煌尚甲兵。夫人宮裡幸，外戚塞垣征。胡騎猶充斥，征人半死生。破宛良馬得，烽火玉門清。」《詠醉翁亭》云：「山色蒼蒼暮，孤亭夕照邊。山僧今已往，太守事空傳。築檻延松月，開池引石泉。滁人共遊樂，猶記太平年。」黃曾成《琴江志》第八編《文苑》。

　　黃孝平，君坦，《蟄燕盦詞稿》。葉恭綽《廣篋中詞》。按《廣篋中詞》錄其詞二首，為《花發沁園春·陰雨連日，不覺春闌，客館夢回，萬端橫集，作此寄翂兄，賞共淒惋也》《渡江雲·步遐庵韻》。

## 黃君坦

閩縣黃君坦孝平，吾友公渚之弟也。兄弟皆能文章，工詩詞書畫，殆不可及。《題埃及女王像拓本》〔滿庭芳〕云：「珠鳳欹鬟，明蟬照鬢，鬘天影事留痕。訶梨半掩，鏡裏月黃昏。十種宮灣奩艷，可憐是、金塔離魂。空相惜、摩訶曲子，釵鈿逐時新。　　啼妝窺半面，咒心化石，搗麝成塵。任壓裝海客，分載殘春。誰解蘭閨索笑，飛鸞影、空剩青珉。依稀認、劫灰羅馬，留有捧心顰。」又《乙亥重九，心畬、昆玉導遊寶藏寺》〔齊天樂〕云：「層岡迤邐招提境，畫廊更依翠屼巇。雞犬雲中，鐘魚世外，羽客衣冠未幻。茶煙別院。羨實玦王孫，留題都遍。眼底西湖，共誰殘照話清淺。　　蕭辰試招遊屐，相逢張打鶴，絲鬢愁綰。鷲寺風光，獅窩粉本，彈指華嚴隱現。白頭宮監。盡采蕨西山，翠華望斷。醉墨分箋，一庵蒼雪晚。」寺為宮監小德張重修，住持知客皆內監。故詞中用張打鶴故事。夏敬觀《忍古樓詞話》。

## 黃君坦

吾州黃公渚、公孟、君坦三兄弟，少日即以才藻名，有「江夏黃童」之目。公渚、公孟皆蚤世。君坦少予五歲，南北疏闊，丙辰秋始有文字來往。君善為樂府長歌，沈博絕麗，近體詩亦喜用事。如《遠道書來，王彥翁病癱閉，群兄沾房顫新愈，予養病數年，頃又感腰痛，老耶病耶，口占一首》云：「問疾犁來共一嘻，幾人玄牝養天倪。多生信有拖腸鼠，子影甘為斷尾雞。括撮燭營妨脊管，驚猜函谷塞丸泥。聘濛授我無身術，毅豹相看物可齊。」《丙辰九日群兄寄示滬瀆鄉友聯吟，因戲取松峰、琴趣為題，效擊鉢體演成此章》云：「春申遠接玉京秋，素節金商換蓐收。簫譜松風招白璞，簾波花韻對黃由。天琴飛下雙雷閣，雲墾平分半雨樓。惆悵撫弦驚柱折，夕陽紅蘭名剩谷蘭幽。」亦有平實暢朗者，如《寄贈學群》云：「爾我同庚十日差，當年玉樹愧兼葭。不材何意留天壤，奮木驚心話故家。愛菊晚留霜下傑，望梅先贈隴頭花君生辰九月杪，我為十月初，約差十日。三分占得期頤壽，且作河清笑口夸。」君為學群姑丈，以年相若，常稱以兄，中兩聯極恰切。又《暑雨溽蒸困人，憶明日為荷花生日矣，小詩一首呈兼翁》云：「荷花明日屆生辰，暑困虛堂起欠伸。三界華嚴如見佛，一尊清醥坐懷人。朋歡每寄蓮須閣，淨理曾祛藕孔塵。頭白江南無限思，瀟瀟暮雨付歌唇。」近來感事紀事，有數篇極富新機，如《戊午臘八後一日感扶南近事三首》云：「肝膽分胡越，蟲沙哄觸蠻。天荒窮世運，地獄幻人間。民散嗟魚爛，倀馴引虎睼。咄哉鄰壑警，鎖鑰集憂患。」「成旅剛興復，凶殘沸稚狂。

驅叢迷悴羽，奔命走屏王。漫響連雞訴，誰操育蠱方。櫪喧隨炬散，赤馬兆紅羊。」「一水逋逃藪，三邊辟歷年。扶南終不臘，投北本無天。薦食來封豕，橫飛咮墮鳶。朝秦俄暮楚，空撫越裳弦。」哀越南之侵柬而又叛我也，詩筆略似近代丘倉海、黃人境。《周君汝昌將赴美洲參加國際紅學研究會議賦此贈行》云：「紅學飛騰九譯篇，稗官野語亦真詮。偕同海粟瀛洲客元詞曲家馮子振字海粟，號瀛洲客，同行有馮其庸，故云。勘破皇茄竺落天。南部胡蘆探秘笈，西村黃葉得真傳。金山青堎何分別，悄影槐安在夢邊。」《閱〈星洲日報〉載國際紅學研討會五日盛況，戲成小詩紀其事，示周君汝昌敏厂》云：「重譯同紅與會英人某戲稱同志為同紅締美緣，夢多楊譯文湖名，會址所在地畔小游仙。詼痴漫作貪嗔喝資產階級之說，非東道主所樂聞，述學商量內外篇周君提議分為內外學研究頗妙。黍穀楝亭爭世牒，瓶花脂研補情天。他鄉潘令周郎客潘重規，臺北教授與周君同攝一影，新華社傳真，乍見相悲莫問年。」紅情花絮，隨手掇拾，皆成雅韻。

又《戊午涼秋，雨窗感事，集玉溪生句四首》云：「鸞鵲天書濕紫泥，未判容彩借山雞。昭陽第一傾誠客，閶闔門多夢自迷。」「終古蒼梧哭翠華，豈宜重問後庭花。漢廷急詔誰先入，枉破陽城十萬家。」「楚天雲雨盡堪疑，卻是君王未備知。當日不來高處舞，濁泥猶得葬西施。」「滿眼秋波出苑牆，羲和辛苦送朝陽。空糊赧壞真何益，亦要天花作道場」。神光離合，乍陰乍陽，天然妙手，為之擊節。君舊號墬庵，今又號甦宇、牪翁。陳聲聰《荷堂詩話》。

黃公渚孝紓、君坦孝平、公孟孝綽三兄弟早年僑寓青島，築袖海樓讀書，有「江夏三黃」之目。公孟早卒，公渚繼亦謝世。三兄弟並工駢文及詩詞，公渚尤著。今葉氏《全清詞鈔》，僅收公孟詞，未及公渚，不無遺憾。君坦少予五歲，今年亦八十二矣，南北睽隔。丙辰歲，北京地震，避地邯鄲，始通音問，自是郵簡來往，不間旬月，緘札哀然成帙。其詞深婉博麗，早選入葉氏之《廣篋中詞》。四害既除，北京有演為新劇者。君坦填《蝶戀花》一首云：「鐵血紅巾開世紀，故劍霜飛，自壯山河氣。雷雨瀟湘嗚咽水，楊枝灑遍英雄淚。　　搖落江潭矜苦李。多少同胞，肝膽回天地。衡嶽一峯雲外峙，大風又為悲歌起。」人間正氣，革命豪情，寫來盡致，予深喜之。陳聲聰《閩詞談屑》，見《填詞要略及詞評四篇》，1985年廣東人民出版社，第159頁。

黃君坦（1902～1986），《紅躑躅庵詞》。江夏三黃，詞壇並轡。公渚、公孟皆鍛語精工、設色瑰麗，走清真、夢窗一路，風格近似。君坦獨廣收博采，有耆卿之清暢、東坡之豪宕，復兼後村之雄健，碧山之幽咽，有極研煉者，亦

有極自然者，手段因題而施，神明變化。多經劫難，享壽最永，得睹河清，誠不幸中之幸。「文革」中所作，如《三里河學稼》《拜袁督師祠》《地震徙居》諸篇，蒼涼沉痛，洵反映時代現實之詞史也。劉夢芙《冷翠軒詞話》。

**地煞星鎮三山黃信：黃君坦（1902～1986）。**

黃翁名孝平，少時與兄公渚、弟公孟讀書於袖海樓，並工詩詞駢文，有「江夏三黃」之目。建國後為中央文史館員，八十年代兼任《詞學》編委、中國韻文學會顧問。名輩較先，取列地煞前茅。三黃詞場並轡，公渚、公孟皆鍛語精工，設色瑰麗，走清真、夢窗一路，風格近似。君坦獨廣收博采，有耆卿之清暢，東坡之豪宕，復兼後村之雄勁，碧山之幽咽。有極研煉者，亦有極自然者，手段因題而施，變化莫測。《滿庭芳・題埃及女王像拓本》《蝶戀花・觀演〈驕楊頌〉》，皆傑特之作。翁多經劫難，在昆仲中享壽最永，得覩河清，誠不幸中之幸。「文革」中所作，如《三里河學稼》《拜袁督師祠》《地震徙居》諸篇，蒼涼沉痛，反映現實之詞史也。劉夢芙《「五四」以來詞壇點將錄》。

黃君坦，名孝平，號甦宇，福建閩侯人。一九〇二年（清光緒二十八年）生，一九八六年病逝於北京，年八十四。公渚（孝紓）之弟。兄弟皆能文章，工詩詞書畫，殆不可及。君坦詞學夢窗，深婉博麗，法度謹嚴，並善以舊形式寫新的內容。晚年所作頗具時代色彩。建國後受聘為中央文史研究館館員。有《紅躑躅庵詞賸》及《問影軒駢體文存》《清詞選》（合編）等行世。施議對《當代詞綜》卷三。按《當代詞綜》選其詞二十二首，為《點絳唇・駱駝頭峰》《浣溪沙・戊午冬至前五日喜雪》《卜算子・獅子巖》《菩薩蠻・為鄧雲驤題閩江千里圖長卷》《菩薩蠻・龍潭瀑》《謁金門・荷花村》《鬲溪梅令・華樓宮》《柳梢青・登窯烏衣道中》《偷聲木蘭花・白鶴塔》《少年游・山中微雪旋霽，極營邱畫筆平林遠岫之致，譜以小令》《南歌子・康樂酒家，鄉人林叔訇夫婦所營酒壚，近歲改為公營，增飾市樓，偶過醵飲感賦》《南歌子・青山荒山》《小重山・明霞洞》《臨江仙・大勞觀》《蝶戀花・丁巳冬月，友人約觀某歌舞團新演〈驕楊頌〉〈蝶戀花〉劇本，為賦一闋》《滿江紅・題萬里長征圖》《滿庭芳・絳雪軒太平花》《八聲甘州・新濬西湖喜賦》《揚州慢・和徐蠖庵遊維揚訪大明寺平山堂之作》《高陽臺・和蠖庵旅順大連灣紀遊之作》《疏影・上元》《霜葉飛・亦雲巢秋日海棠》。

## 五、黃孝綽傳記、評論資料彙編

黃孝綽，字公孟，號訥庵、璽庵。幼好《太史公書》，治詞章，能為沈博絕麗之文。民國二十四年曾任職於膠濟鐵路、青島經濟年鑑編纂委員會。在舊

京與兄君坦入清溪詩社。後任南京國民政府（汪氏政權）審計部、監察院祕書等。南都板蕩，身歷兵間，詞多感事之作，黍離麥秀，固一往情深。妻劉希哲，劉廷琛女。生於清光緒三十一年，卒於一九五零年，年四十五。著有《藕孔煙語詞》二卷，《悅杕集集簡齋詩句》（載《青鶴》1932 年第 2 期、1933 年第 6 期），《攖寧齋遺稿》一卷（1966 年閩縣王則潞印《左海黃氏三先生儷體文》本）。

國民政府令二十九年八月五日，審計部祕書黃孝綽另有任用，黃孝綽應免本職，此令。代理主席汪兆銘，監察院院長梁鴻志，審計部部長夏奇峯。《國民政府公報》第 57 號。

國民政府令二十九年八月五日，任命黃孝綽為監察院祕書，此令。代理主席汪兆銘，監察院院長梁鴻志。《國民政府公報》第 57 號。

黃孝綽，字翟庵，漢軍正黃旗人。福州駐防，曾源四子。有《藕孔煙語詞》。黃氏多才，翟庵於羣從中年最少，幼好《太史公書》，治詞章，能為沈博絕麗之文。南都板蕩，身歷兵間，詞多感事之作，黍離麥秀，固一往情深也。林葆恒輯《詞綜補遺》卷四十七。按《詞綜補遺》錄其詞三首，為《洞仙歌·秋日偕蟄園、菇衷、軜兄北海登高》《安公子·同寮士訪毘盧寺》《倦尋芳·西園，即督署西偏煦園，暮登夕照亭眺望》。

黃公渚之季弟公孟，亦能詩，而集句特工。嘗集簡齋句，為七律十餘首，辭意並茂，突過原作。錄《雨夜有贈》云：「東家喬柏兩虬枝，長映先生鬚與眉。今夜遠聞五更雨，危樓只隔一重籬。獨無宋玉悲秋念，壓倒韋郎宴寢詩。竹飽千霜節如此，歲寒心事欲深期。」《春日》云：「曉窗飛雪愜幽聽，轉眼桃梢無數青。且復高談置餘事，絕勝辛苦廣騷經。黿鼉雜怒爭新穴，草樹連雲寫素屏。百尺樓頭堪望遠，未須覓句戶長扃。」「黿鼉」句頗可為白色帝國主義者重求分配新市場寫照。然公孟思想似亦篤舊，未必有此意識也。《登樓》云：「一笛西風夜倚樓，雨津橫卷半天流。釣魚不用尋溫水，掃地還應學趙州。欲詣熱官憂冷語，漫排詩句寫新愁。夢闌塵裏功名晚，壯士如今爛莫收。」《遊怡園有作》云：「心田隨處有真遊，問夢膏肓應已瘳，牀位略容摩詰借，園居猶為退之留。書生身世今如此，客子茅茨費屢謀。得一老兵雖可飲，也須從事到青州。」《夜坐》云：「天缺西南江面清，夜闌酒盡意還傾。芭蕉急雨三更鬧，楊柳微風百媚生。夢境了知非有實，客懷依舊不能平。醉中今古興衰事，正要羣龍洗甲兵。」集句中之聖手也。林庚白《孑樓詩詞話》。

　　地平星鐵臂膊蔡福：黃孝綽公孟，《藕孔煙語詞》。鑄詞工麗，神采飛揚，閩土多才，君家特秀。錢仲聯《近百年詞壇點將錄》。

　　黃孝綽，字公孟，號訥庵。清末福建閩侯人。有《藕孔煙語》二卷。孝綽與民初諸老周旋，詞堪平步。身丁倭禍，「嗚咽南朝水」、「鐘聲換世」，其情可知。詞法密氣疏，在周密、張炎間。沈軼劉、富壽蓀《清詞菁華》。按《清詞菁華》選《甘州·暮登雞鳴寺遠眺》一首。

　　按陳聲聰《閩詞談屑》、葉元章《中國當代詩詞選》、華鍾彥《五四以來詩詞選》諸書所載，黃孝平生於 1902 年，孝綽為其弟，生年當更晚。辛亥（1911）清亡，孝綽僅六、七歲之小童，安能為詞？然葉恭綽《全清詞鈔》錄之，沈軼劉、富壽蓀《清詞菁華》亦錄之，皆以其民國間所作為清詞，殊不可解。殆以其生於清末耶？若如是，則辛亥之前出世之嬰兒，日後為詞，即或至二十世紀末，仍屬清詞矣，豈非笑柄？葉、沈皆詞苑名宿，竟亦疏於考核。劉夢芙《冷翠軒詞話》。

　　黃孝綽，字公孟，號訥庵，福建閩侯人，生卒年未詳。黃孝紓、孝平之弟，早逝。有《藕孔煙語詞》兩卷。劉夢芙《二十世紀中華詞選》。按《二十世紀中華詞選》選其詞七首，為《甘州·暮登雞鳴寺遠眺》《燕山亭·戊寅長至前一日大雪》《安公子·同寮士訪毗盧寺》《玉燭新·初夏泛舟秦淮河，過鑒園，有懷鑒泉丈》《慶春宮·小西湖為匯泉公園十景之一，位於櫻花塢西偏，花時遊人甚盛。亂後重來，景物淒異，秋風瑟瑟，惟見禿柳殘荷，搖影空碧。日暮京山，笛聲嗚咽，感念舊遊，正不知置身何世也》《桂枝香·暮登回瀾閣》《花犯·金陵旅舍墻陰，白梅一株盛開，索彥通同作》。

　　記同江表撫瘡痍，趨府委蛇獨見知。共謂穎濱生木訥，忽傳玄晏病支離。衣冠委地嗟何世，風雨聯床得幾時。猶有碎金人不識，可堪尋檢簡齋詩。南宋詩人陳與義有《簡齋集》。挽黃公孟。王彥行撰。

　　黃公孟（1905～1950），字孝綽，號訥庵，福州人。與兄公渚、君坦共以詩文名世。有《藕孔煙語詞》。福建省文史研究館編《百年閩詩（1901～2000）》。按《百年閩詩（1901～2000）》收詞三首《滿江紅·重遊金陵感作》《八聲甘州·暮登雞鳴寺遠眺》《望海潮·暮飲秦淮河畔酒樓》。

　　黃公孟，名孝綽，號訥盦，福建閩侯人。一九〇五年（清光緒三十一年）生，一九五〇年卒，年四十五。與兄公渚、君坦共以詩文名世。有《藕孔煙語詞》二卷。施議對《當代詞綜》卷三。按《當代詞綜》錄其《滿江紅·重遊金陵感作》《八聲甘州·暮登雞鳴寺遠眺》《望海潮·暮飲秦淮河畔酒樓》。

## 六、左海黃氏遺稿目錄

按左海黃曾源父子著述甚夥，今就聞見所及，擇其中有傳本者，輯為《左海黃氏遺稿目錄》，以備他日集錄匯刊。

1.《義和團事實》一卷，黃曾源撰，○稿本。南京圖書館藏。○《義和團運動史料叢編》第一輯排印本。

2.《黃曾源鄉試硃卷》（光緒十四年戊子科福建鄉試）一卷，黃曾源撰，○清刻本，一冊。上海圖書館。《清代硃卷集成》據以影印。

3.《黃曾源會試硃卷》（光緒十六年庚寅恩科會試）一卷，黃曾源撰，○清刻本，一冊。上海圖書館。《清代硃卷集成》據以影印。

4.《周禮》一冊，黃公渚選注，○民國二十五年（1936）九月商務印書館印《學生國學叢書》本。

5.《清代學者說經文鈔選目》一卷，黃孝紓輯，○稿本。一冊。黃氏後人藏。

6.《晉書》一冊，黃公渚選注，○民國二十二年（1933）十二月商務印書館印《萬有文庫》本，民國二十三年（1934）七月再版。又收入商務印書館《學生國學叢書》中，民國二十三年（1934）一月出版，民國二十三年（1934）二月再版。

7.《歷代詞人考略》（宋元明清部分），黃孝紓編撰，○稿本。黃氏後人藏。

8.《周秦金石文選評注》一冊，黃公渚選注，○稿本。中國國家圖書館。○民國二十四年（1935）九月商務印書館印《學生國學叢書》本。

9.《兩漢金石文選評注》一冊，黃公渚選注，○民國二十四年（1935）十一月商務印書館印《學生國學叢書》本。

10.《嘉業堂善本書目》三卷附《嘉業堂珍藏精舊鈔本書籍目鈔》不分卷，黃孝紓編，○稿本，一冊。黃氏後人藏。

11.《碧慮簃印存》不分卷，黃孝紓篆並鈐，○鈐印本。一冊。見西泠印社2015年春季拍賣。

12.《楚辭研究》一冊，黃孝紓撰，○20世紀50～60年代山東大學油印本。王培源《一份塵封的〈楚辭研究〉——簡說黃孝紓先生的〈楚辭〉研究》云山東大學文學院資料室藏。

13.《玉臺新詠》一冊，黃公渚選注，○民國二十三年（1934）五月商務印書館印《學生國學叢書》本。

14.《司馬光文》一冊，黃公渚選注，○民國二十四年（1935）八月商務印書館印《學生國學叢書》本，民國三十六年（1947）二月再版。

15.《歐陽永叔文》一冊，黃公渚選注，○民國二十二年（1933）十二月商務印書館印《萬有文庫》本。

16.《黃山谷詩》一冊，黃公渚選注，○民國二十二年（1933）十二月商務印書館印《萬有文庫》本，民國二十三年（1934）七月再版。

17.《錢謙益文》一冊，黃公渚選注，○民國二十四年（1935）九月商務印書館印《學生國學叢書》本。

18.《牧齋有學集佚稿》一卷，黃孝紓輯補，○稿本。上海圖書館。

19.《七十二疊山房紀遊草》一卷《輔唐山房猥稿》一卷，○稿本（《勞山紀遊百詠》（詩）、《輔唐山房猥稿》（遊記十三篇）），一冊。黃氏後人藏。○稿本（題《勞山紀遊集》，分《勞山紀遊百詠》（詩）、《輔唐山房猥稿》（遊記十三篇）兩部分）。蓬萊慕湘藏書樓。

20.《東海勞歌》一卷，黃孝紓撰，○稿本（詞五十闋）。與《勞山紀遊集》合訂。蓬萊慕湘藏書樓。

21.《東遊詩草》一卷，黃孝紓撰，○稿本。上海圖書館藏。載《夏敬觀家藏尺牘》卷二中。

22.《霜腴詩稿》附《詞鈔》不分卷，黃孝紓撰，○民國間蔣國榜蘇曼那室鈔本。二冊。見 2003 年上海朵雲軒秋季拍賣。

23.《匑厂文稿》六卷，黃孝紓撰，○民國二十四年（1935）江寧蔣氏湖上草堂叢刊排印本。

24.《勞山集》三卷，黃孝紓撰，○1952 年油印本。山東大學文學院資料室藏。○1963 年王則潞香港影印本。

25.《黃孝紓致夏敬觀函札輯存》一卷，黃孝紓撰，○原札本。上海圖書館藏。

26.《歐陽修詞選譯》一冊，黃公渚選譯，○1958 年 4 月作家出版社排印本。

27.《匑厂詞乙稿》（又名《碧慮簃詞乙稿》《碧慮商歌》）一卷，黃孝紓撰。○民國二十八年（1939）王則潞排印本。《民國名家詞集選刊》第十五冊據華東師大藏本影印。○王則潞香港影印稿本。

28.《六朝文榷》（一名《舸厂文榷》）一卷，黃孝紓撰，○稿本。一冊。黃氏後人藏。

29.《清詞紀事》不分卷，黃孝紓撰，○稿本。黃氏後人藏。

30.《碧廬簃詞話》一卷，黃孝紓撰，○稿本。與《勞山紀遊集》合訂。蓬萊慕湘藏書樓。○《民國詞話叢編》第七冊整理本。

31.《明詞》一卷，黃孝紓撰，○稿本（與《樊山詞殘稿》合鈔，下題碧廬簃）。黃氏後人藏。

32.《讀晉書札記》不分卷，黃孝平撰，○稿本。黃氏後人藏。

33.《棟亭圖題詠集》一卷，張伯駒藏，黃孝平、啟功輯，○啟功鈔本。黃氏後人藏。

34.《勞山褉詩》一卷，黃孝平撰，○稿本。一冊。黃氏後人藏。

35.《碧宇嚶鳴存艸》一卷，黃孝平撰，○稿本（與張伯駒倡和）。一冊。黃氏後人藏。

36.《歸來吟》一卷附一卷，黃孝平撰，○稿本。與《碧宇嚶鳴存艸》合一冊。黃氏後人藏。

37.《鑑沫集》一卷《紅躑躅盦賸草》一卷，黃孝平撰，○稿本。一冊。黃氏後人藏。

38.《辟塵吟艸》不分卷，黃孝平撰，○稿本（張伯駒、劉海粟、俞平伯、徐邦達、夏承燾等倡和，1976～1984 年），二冊。黃氏後人藏。

39.《黃君坦褉稿》不分卷，黃孝平（君坦）撰，○稿本（遊記、題詞、悼文、誄文、序等）。九冊。黃氏後人藏。

40.《校勘絕妙好詞箋》，黃孝平批校，○稿本（批於清道光八年杭州徐楙重刻本上，楊成凱舊藏）。二函十冊。見 2022 年泰和嘉成書畫·古籍常規拍賣會（一）。

41.《清詞選》，張伯駒、黃君坦選，○1982 年中州書畫社排印本。

42.《樊山詞殘稿》三卷，樊增祥撰，黃孝平輯，○稿本。一冊。黃氏後人藏。

43.《紅躑躅庵詞稿》三卷，黃孝平撰，○稿本（前有夏仁虎、諸季遲題詞）。一冊。黃氏後人藏。

44.《紅躑躅庵詞賸》不分卷，黃孝平撰，○稿本。二冊。黃氏後人藏。

45.《紅躑躅庵詞賸拾遺》一卷，黃孝平撰，○稿本。一冊。黃氏後人藏。

46.《紅躑躅庵詞刪》不分卷，黃孝平撰，○稿本。二冊。黃氏後人藏。

47.《辟墜（吟稿）詞曆》一卷，黃孝平撰，○稿本。與《碧宇嚶鳴存艸》合一冊。黃氏後人藏。

48.《演詩連珠》一卷，黃孝平撰，○稿本。一冊。黃氏後人藏。

49.《馮蒿庵詞話輯錄》一卷，馮煦撰，黃孝平輯，○稿本。一冊。黃氏後人藏。

50.《來室詞話輯錄》不分卷，楊鍾羲撰，黃孝平輯，○稿本。二冊。黃氏後人藏。

51.《藕孔煙語》一卷，黃孝綽撰，○鈔本。一冊。黃氏後人藏。

52.《左海黃氏三先生儷體文》三卷，黃孝紓、黃孝平、黃孝綽撰，○1966年王則潞香港影印稿本。

# 參考文獻

**一、典籍文獻**（大致以四部分類）

1. 《周禮》，黃公渚選注，民國二十五年（1936）九月商務印書館印《學生國學叢書》本。

2. 《晉書》，黃公渚選注，民國二十二年（1933）商務印書館排印本。

3. 《義和團事實》一卷，黃曾源撰，《義和團運動史料叢編》第一輯排印本。

4. 《滿宮殘照記》，秦翰才撰，1971年文海出版社影印本。

5. 《清末民初雲烟錄》，陳邦炎（申君）撰，1984年四川人民出版社排印本

6. 《歷代詞人考略》（宋元明清部分），黃孝紓撰，黃氏後人藏稿本。

7. 《清代官員履歷檔案全編》，秦國經編，1997年華東師範大學出版社影印本。

8. 《廣清碑傳集》，錢仲聯編，1999年蘇州大學出版社印本。

9. 《縉紳全書》（光緒三十二年秋季），清佚名輯，《清代搢紳錄集成》影印本。

10. 《中國文化界人物總鑒》，日橋川時雄編，1940年中華法令編印館排印本。

11. 《山東現代著名社會科學家傳》，梁自潔主編，1991年山東教育出版社排印本。

12. 《中國畫會會員錄》，中國畫會編，民國二十五年（1936）排印本。

13. 《緣督廬日記抄》，葉昌熾撰，民國二十二年（1933）蟬隱廬印本。

14. 《高枏日記》，清高枏撰，2013年北京知識產權出版社排印《庚子記事》本。

15.《鄭孝胥日記》，鄭孝胥撰，勞祖德整理，1993 年中華書局排印本。

16.《胡嗣瑗日記》，胡嗣瑗撰，裘陳江整理，2017 年鳳凰出版社排印本。

17.《蔡元培日記》，蔡元培撰，1998 年浙江教育出版社排印《蔡元培全集》本。

18.《許承堯 1933 年日記整理》，許承堯撰，鮑義來整理，《徽學》第 11 輯。

19.《陳曾壽日記》，陳曾壽撰，堯育飛整理，2023 年鳳凰出版社排印本。

20.《召見日記簿》，溥儀撰，王慶祥整理注釋，2009 年天津人民出版社排印《溥儀日記》本。

21.《許寶蘅日記》，許寶蘅撰，許恪儒整理，2010 年中華書局排印本。

22.《醜簃日記》，吳湖帆撰，梁穎編，2004 年中國美術學院出版社排印《吳湖帆文稿》本。

23.《求恕齋日記》，劉承幹撰，2016 年國家圖書館出版社影印本。

24.《嘉業堂藏書日記抄》，劉承幹撰，陳誼輯訂，2016 年鳳凰出版社排印本。

25.《因樹山館日記》，黃際遇撰，2014 年汕頭大學出版社影印《黃際遇日記》本。

26.《映庵自記年曆》，夏敬觀撰，2019 年復旦大學出版社《夏敬觀著作集》影印本。

27.《孫宣日記》，孫宣撰，謝作拳整理，2021 年中華書局排印本。

28.《容庚北平日記》，容庚撰，夏和順整理，2019 年中華書局排印本。

29.《鄭天挺西南聯大日記》，鄭天挺撰，2018 年中華書局排印本。

30.《丁山日記》，丁山撰，2018 年國家圖書館出版社影印本。

31.《顧頡剛日記》，顧頡剛撰，2017 年聯經出版公司排印本。

32.《王懿榮年譜》，王漢章撰，1999 年齊魯書社排印《王懿榮集》本。

33.《朱彊邨年譜》，沈文泉撰，2013 年浙江古籍出版社排印本。

34.《陳三立年譜長編》，李開軍撰，2014 年中華書局排印本。

35.《南海康先生年譜續編》，康同璧撰，1992 年中華書局排印樓宇烈整理《康南海自編年譜（外二種）》本。

36.《清道人年譜長編》，肖鵬撰，2022 年中華書局排印本。

37.《侯官陳石遺先生年譜》，陳聲暨撰，《北京圖書館藏珍本年譜叢刊》影印本。

38.《劉錦藻年譜》，劉錦藻撰，劉承幹校補，2018 年浙江攝影出版社排印《南

潯人物珍稀年譜》本。

39. 《陳曾壽年譜》，謝永芳撰，《詞學》第 35 輯。

40. 《吳興周夢坡先生年譜》，周延初撰，2012 年國家圖書館出版社《近代人物年譜輯刊》第十冊影印民國排印本。

41. 《郭則澐自訂年譜》（即《龍顧山人年譜》），郭則澐撰，馬忠文、張求會整理，2018 年鳳凰出版社排印本。

42. 《瞿宣穎年譜》，田吉撰，2012 年復旦大學博士學位論文。

43. 《夏敬觀年譜》，陳誼撰，2007 年黃山書社排印本。

44. 《黃賓虹年譜》，王中秀撰，2005 年上海書畫社排印本。

45. 《況周頤年譜》，鄭煒明、陳玉瑩撰，2015 年齊魯書社排印本。

46. 《冒鶴亭先生年譜》，冒懷蘇撰，1998 年學林出版社排印本。

47. 《曾熙年譜長編》，王中秀、曾迎三撰，2016 年上海書畫社排印本。

48. 《吳湖帆年譜》，王叔重、陳含素撰，2017 年東方出版中心排印本。

49. 《龍榆生先生年譜）》（增訂本），張暉撰，2020 年上海古籍出版社排印本。

50. 《陳方恪先生編年輯事》，潘益民撰，2005 年中國工人出版社排印本。

51. 《王个簃年譜》，魏武、姚沐撰，2020 年上海書畫出版社排印本。

52. 《俞劍華年譜》，周積寅撰，2009 年東南大學出版社排印《俞劍華美術史論集》本。

53. 《弢翁藏書年譜》，李國慶編，周景良校定，2000 年黃山書社排印本。

54. 《素面朝天——彈指如夢七十年》，劉淯撰，2006 年中國文聯出版社排印本。

55. （宣統）《山東通志》二百卷首九卷，清張曜等修，孫葆田等纂，《中國地方志集成》影印本。

56. （光緒）《益都縣圖志》五十四卷，清張承燮修，法偉堂纂，《中國地方志集成》影印本。

57. 《嶗山志》，周至元撰，1993 年齊魯書社排印本。

58. 《青島市志·政協志》，青島市史志辦公室編，1999 年新華出版社排印本。

59. 《山東大學大事記（1901～1990）》，山東大學檔案館編，1991 年山東大學出版社排印本。

60. （光緒）《長汀縣志》，清劉國光、謝昌霖纂修，《中國方志叢書》影印本。

61. （民國）《雲霄縣志》，徐炳文修，鄭豐稔纂，《中國方志叢書》影印本。

62. 《長樂六里志》，李永選撰，1992 年上海書店出版社《中國地方志集成》影印本。

63. 《琴江志》，黃曾成撰，《中國地方志集成》影印本。

64. 《上海美術志》，徐昌酩主編，2004 年上海書畫出版社排印本。

65. 《文化古城舊事》，鄧雲鄉撰，2015 年中華書局排印本。

66. 《書舶庸譚》，董康撰，2013 年中華書局排印本

67. 《江浙訪書記》，謝國楨撰，2004 年上海書店出版社排印本。

68. 《嘉業堂善本書目》三卷附《嘉業堂珍藏精舊鈔本書籍目鈔》不分卷，黃孝紓編，黃氏後人藏稿本。

69. 《涵芬樓志書目錄》，山東大學圖書館藏張氏鈔本（張鏡夫跋）。

70. 《山東大學圖書館古籍善本書目》，山東大學圖書館編，2007 年齊魯書社排印本。

71. 《1919～1949 舊體詩文集敘錄》，王晉光等撰，1998 年江蘇教育出版社排印本。

72. 《周秦金石文選評注》，黃公渚選注，民國二十四年（1935）九月商務印書館印《學生國學叢書》本。

73. 《兩漢金石文選評注》，黃公渚選注，民國二十四年（1935）十一月商務印書館印《學生國學叢書》本。

74. 《雲南石刻文獻目錄集存（初輯）》，趙成傑編，2021 年西南交通大學出版社排印本。

75. 《延嬉室書畫經眼錄》，黃頠士撰，《美術叢書》第五集排印本。

76. 《當代名人書林》，王春渠輯，民國二十一年（1932）中華書局影印本。1990 年天津市古籍書店影印，改名作《近代名人書林》。

77. 《山東國畫選》，中國美術家協會山東分會、山東人民出版社編輯，1962 年山東人民出版社排印本。

78. 《國畫作品選集》，中國美術家協會山東分會編，1964 年山東人民出版影印本。

79. 《嶗山名勝畫集》，周至元編，自印本。

80. 《大匠如斯——黃公渚誕辰一百二十週年紀念集》，劉宜慶、王鵬、韓維湘主編，2020 年印本。

81. 《蔣維崧印存》，蔣維崧篆，2013 年人民美術出版社影印本。

82. 《碧廬簃印存》不分卷，黃孝紓篆並輯，民國間鈐印本。

83. 《春游瑣談》，張伯駒輯，2021 年中華書局排印本。

84. 《知寒軒談薈》，郭則澐編，2017 年北京出版社排印本。

85. 《花隨人聖盦摭憶》，黃濬撰，2008 年中華書局排印本。

86. 《南樓隨筆》，王洪猷編，民國二十四年（1935）新文化書社排印本。

87. 《雲鄉瑣記》，鄧雲鄉撰，2004 年河北教育出版社排印本

88. 《楚辭選》，陸侃如、高亨、黃孝紓選注，1956 年上海古典文學出版社排印本。

89. 《司馬光文》，黃公渚選注，民國二十四年（1935）八月商務印書館印《學生國學叢書》本

90. 《歐陽永叔文》，黃公渚選注，民國二十二年（1933）十二月商務印書館印《萬有文庫》本。

91. 《黃山谷詩》，黃公渚選注，民國二十二年（1933）十二月商務印書館印《萬有文庫》本

92. 《錢謙益文》，黃公渚選注，民國二十四年（1935）九月商務印書館印《學生國學叢書》本。

93. 《牧齋有學集佚稿》一卷，黃孝紓輯補，上海圖書館藏稿本。

94. 《清道人遺集》二卷《佚稿》一卷《擴遺》一卷《附錄》一卷，李瑞清撰，民國二十八年（1939）臨川李氏校印本。

95. 《黃曾源鄉試硃卷》（光緒十四年戊子科福建鄉試）一卷，清黃曾源撰，《清代硃卷集成》影印本。

96. 《黃曾源會試硃卷》（光緒十六年庚寅恩科會試）一卷，清黃曾源撰，《清代硃卷集成》影印本。

97. 《蘦庵詩集》二卷，袁思亮撰，1975 年文海出版社《近代中國史料叢刊續編》影印本。

98. 《蘦庵文集》四卷，袁思亮撰，1975 年文海出版社《近代中國史料叢刊續編》影印本。

99. 《奇觚詩選》，張公制撰，《安丘文史資料》第 11 輯。

100. 《清寂堂集》，林思進撰，1989 年巴蜀書社排印本。

101. 《君山文》，日本狩野直喜撰，《日本漢詩文集叢刊》影印本。

102. 《忍古樓詩》，夏敬觀撰，《夏敬觀著作集》影印本。

103.《東遊詩草》一卷，黃孝紓撰，上海圖書館藏《夏敬觀家藏尺牘》卷二中。

104.《島上流人篇》一卷，黃頵士撰，《司法公報特刊》1938 年，又載《雅言》辛巳卷 4（1941 年第 4 期）。

105.《匑庵文稿》六卷，黃孝紓撰，民國二十四年（1935）江寧蔣國榜湖上草堂叢刊排印本。

106.《勞山集》三卷，黃孝紓撰，1952 年油印本，1963 年王則潞香港影印本。

107.《黃孝紓致夏敬觀函札輯存》一卷，黃孝紓撰，上海圖書館藏原札本。

108.《勞山襍詩》一卷，黃孝平撰，黃氏後人藏稿本。一冊。

109.《碧宇嚶鳴存艸》一卷，黃孝平撰，黃氏後人藏稿本（與張伯駒倡和）。

110.《歸來吟》一卷附一卷，黃孝平撰，黃氏後人藏稿本（與《碧宇嚶鳴存艸》合一冊）。

111.《鑑沬集》一卷《紅躑躅盦賸草》一卷，黃孝平撰，黃氏後人藏稿本。

112.《辟壒吟艸》不分卷，黃孝平撰，黃氏後人藏稿本（張伯駒、劉海粟、俞平伯、徐邦達、夏承燾等倡和，1976～1984 年）。

113.《黃君坦襍稿》不分卷，黃孝平撰，黃氏後人藏稿本（遊記、題詞、悼文、誄文、序等）。

114.《借槐盧詩集》，曹經沅撰，王仲鏞編校，1997 年巴蜀書社排印本。

115.《陳方恪詩詞集》，陳方恪撰，2007 年江西人民出版社排印本。

116.《龍榆生全集》，龍榆生撰，張暉編，2015 年上海古籍出版社排印本。

117.《頌橘盧叢稿外篇》，曾克耑撰，1981 年新文豐出版公司印本。

118.《大樹山房詩集》，吳壽彭撰，2008 年上海古籍出版社排印本。

119.《玉臺新詠》一冊，黃公渚選注，民國二十三年（1934）五月商務印書館印《學生國學叢書》本

120.《歷代辭賦總匯》，馬積高主編，2014 年湖南文藝出版社排印本。

121.《二十世紀中華詞選》，劉夢芙撰，2008 年黃山書社排印本。

122.《安徽當代先賢詩詞選》，周正環主編，2018 年安徽師範大學出版社排印本。

123.《左海黃氏三先生儷體文》三卷，黃孝紓、黃孝平、黃孝綽撰，1966 年王則潞香港影印稿本。

124.《曾氏家學》，曾克耑輯，1959 年排印本。

125. 《采風錄》，國風社主選，民國二十一年（1932）排印本（於《國聞週刊》分期登載，自民國十六年（1927）六月起，迄二十年（1931）六月止，合併彙印。）

126. 《滬瀆同聲續集》，郁葆青輯，陳詩選，民國排印本。

127. 《煙沽漁唱》七卷，郭則澐等撰，2013 年國家圖書館出版社《清末民國舊體詩詞結社文獻彙編》影印民國二十二年（1933）排印本。

128. 《蟄園律集前後編》，郭則澐輯，2013 年國家圖書館出版社《清末民國舊體詩詞結社文獻彙編》影印民國三十年（1941）排印本。

129. 《蟄園律社春燈詩卷》，郭則澐輯，2013 年國家圖書館出版社《清末民國舊體詩詞結社文獻彙編》影印民國間石印本。

130. 《近代詞人手札墨蹟》，張壽平、林玫儀輯釋，2015 年中央研究院中國文哲研究所編印本。

131. 《吳湖帆友朋書札》，梁穎編注，2022 年中國美術學院出版社印本。

132. 《譚正璧友朋書札》，樊昕編注，2021 年浙江古籍出版社排印本。

133. 《陳柱往來書信輯注》，劉小雲編注，2015 年廣西師範大學出版社排印本。

134. 《夏敬觀家藏尺牘》，黃顯功等編，2021 年復旦大學出版社影印上海圖書館藏原札本。

135. 《夏敬觀友朋書札》，黃顯功等編，2021 年復旦大學出版社影印上海圖書館藏原札本。

136. 《冒廣生友朋書札》，余彥焱、柳向春整理，2009 年上海書畫出版社印本。

137. 《瑞安孫家往來信札集》，謝作拳、陳偉歡整理，2017 年浙江大學出版社排印本。

138. 《現代中國文學史》（增訂本），錢基博撰，民國二十五年（1936）世界書局排印本。

139. 《中國人民文學史》，山東大學中文系編著，1960 年中華書局排印本。

140. 《六十年來之駢文》，張仁清撰，臺北文史哲出版社排印本。

141. 《光宣以來詩壇旁記》，汪辟疆撰，1998 年遼寧教育出版社排印本。

142. 《石遺室詩話續編》，陳衍撰，2004 年人民文學出版社排印本。

143. 《四十年來吾國之文學略談》，陳柱撰，1936 年交通大學排印本。

144. 《演詩連珠》一卷，黃孝平撰，黃氏後人藏稿本。

145.《當代詩壇點將錄》,馮永軍撰,2011 年華東師範大學出版社排印本。

146.《飲水詞箋》,李勖撰,民國二十六年(1937)二月正中書局初版排印本。

147.《樊山詞殘稿》三卷,樊增祥撰,黃孝平輯,黃氏後人藏稿本。

148.《匑厂詞乙稿》一卷,黃孝紓撰,《民國詞集叢刊》據華東師範大學圖書館藏民國二十八年(1939)排印本影印本。

149.《古槐書屋詞》一卷,俞平伯撰,民國三十二年(1943)德清俞氏刻本。

150.《柳邊詞》一卷,壽鉨撰,民國刻《珏庵詞二集》本。

151.《張伯駒詞集》,張伯駒撰,2008 年文物出版社排印本。

152.《映盦詞》,夏敬觀撰,《夏敬觀著作集》影印本。

153.《紅躑躅庵詞稿》三卷,黃孝平撰,稿本(前有夏仁虎、諸季遲題詞)。黃氏後人藏。

154.《紅躑躅庵詞賸》不分卷,黃孝平撰,稿本。黃氏後人藏。

155.《紅躑躅庵詞賸拾遺》一卷,黃孝平撰,稿本。黃氏後人藏。

156.《紅躑躅庵詞刪》不分卷,黃孝平撰,稿本。黃氏後人藏。

157.《辟瑿(吟稿)詞曆》一卷,黃孝平撰,稿本。與《碧宇嚶鳴存艸》合一冊。黃氏後人藏。

158.《藕孔煙語》一卷,黃孝綽撰,黃孝紓輯並鈔,鈔本。黃氏後人藏。

159.《閩詞徵》,林葆恒輯,2014 年福建人民出版社排印本。

160.《詞綜補遺》,林葆恒輯,張璋整理,2005 年上海古籍出版社。

161.《清詞選》,張伯駒、黃君坦選,1982 年中州書畫社排印本。

162.《當代詞綜》,施議對輯,2002 年海峽文藝出版社排印本。

163.《漚社詞鈔》二十卷,朱孝臧等撰,2013 年國家圖書館出版社《清末民國舊體詩詞結社文獻彙編》影印民國二十二年(1933)排印本。

164.《咫社詞鈔》四卷,關賡麟輯,2013 年國家圖書館出版社《清末民國舊體詩詞結社文獻彙編》影印 1953 年油印本。

165.《馮蒿庵詞話輯錄》一卷,馮煦撰,黃孝平輯,稿本。黃氏後人藏。

166.《來室詞話輯錄》不分卷,楊鍾義撰,黃孝平輯,稿本。黃氏後人藏。

167.《清詞紀事》不分卷,黃孝紓撰,黃氏後人藏稿本。

168.《碧廬簃詞話》一卷,黃孝紓撰,蓬萊慕湘藏書樓藏稿本。

169.《明詞》一卷,黃孝紓撰,黃氏後人藏稿本(與《樊山詞殘稿》合鈔,下題碧廬簃)。

170.《龍榆生詞學論文集》，龍榆生撰，2009 年上海古籍出版社排印本。

171.《黃孝紓詞研究》，邵涵撰，2023 年魯東大學碩士學位論文。

## 二、期刊文獻（大致以發表時間先後為序）

1.《青州學界之滿漢》，《神州日報》1909 年 11 月 10 日。

2.《青州罷學之大風潮》，《漢口中西報》1909 年 11 月 15 日。

3.《山東巡撫孫寶琦奏請以黃曾源補濟南守摺》，《政治官報》1910 年第 999 期。

4.《柳劬菴壽言》，黃孝紓撰，《大公報》1924 年 8 月 27 日第 2 張第 7 版。

5.《與家藹農書》，黃孝紓撰，《大公報》1924 年 8 月 30 日。

6.《餐櫻廡漫筆》，況周頤（蕙風）撰，《申報》1926 年 2 月 21 日第 5 張。

7.《潛樓（劉廷琛）畫潤例》，《申報》1926 年 5 月 2 日本埠增刊。

8.《喜匑厂二兄旋青州，集元遺山句》，黃孝綽撰，《申報》1926 年 6 月 3 日第五張。

9.《高陽臺》詞，黃孝紓撰，《申報》1926 年 7 月 30 日第 5 張。

10.《匑厂潤例》，《申報》1926 年 11 月 26 日第 3 張。

11.《介紹名醫劉稺樵觀察兼鬻文字》，《申報》1926 年 12 月 21 日第 2 張。

12.《黃匑厂山水例》，《申報》1928 年 7 月 5 日本埠增刊。又刊於 7 月 8 日、7 月 10 日、7 月 11 日本埠增刊。

13.《黃匑厂潤格》，載《國際週報》1928 年 9 月 22 日第 1 卷第 2 期，《國際週報》第 1 卷第 3 期至第 8 期，第 2 卷第 4 期亦載此潤格。

14.《黃石孫君鬻書》，《申報》1928 年 11 月 13 日。

15.《戊辰九月同公渚君適焦山登高宿松寥閣》，陳曾壽撰，《國聞週報》1929 年第 6 卷第 14 期。

16.《看雲樓覓句圖序》，袁思亮撰，《申報》1929 年 3 月 5 日第 5 張。

17.《看雲樓覓句圖題詞》（錄楊度、李宣偶、閔爾昌題詩），曹靖陶輯，《大報（上海 1924）》1929 年 4 月 15 日。

18.《看雲樓覓句圖題詞》，曹靖陶錄，《大報》1929 年 8 月 3 日。

19.《海藏壽言》，曹靖陶（看雲樓主）撰，《申報》1929 年 8 月 5 日第 6 張。

20.《藝文匯社元旦成立》，《申報》1930 年 12 月 30 日第 4 張。又見《時事新報（上海）》1930 年 12 月 30 日，題曰《藝文匯社之組織》。

21. 《最近二十五年之詞壇概況》，龍榆生撰，1931 年《國立暨南大學創校廿五年成立四周年紀念論文集》。

22. 《藝林新訊‧夏徐黃書畫展》，《申報》1931 年 7 月 25 日第 4 張。

23. 《近人詩評》，朱大可撰，連載於《金鋼鑽報》1931 年 5 月 1 日至 9 月 15 日。

24. 《青鶴雜誌半月刊出版》，《申報》1932 年 11 月 14 日第 4 張。

25. 《爰居閣詩稿序》，黃孝紓撰，《青鶴》1932 年第 1 卷第 1 期。

26. 《蔣節母馬太夫人誄》，黃孝紓撰，《青鶴》第 1 卷第 1 期。

27. 《李梅盦先生手書冊葉跋》，黃孝平撰，《青鶴》1932 年第 1 卷第 5 期。

28. 《漚社詞選序》，潘飛聲撰，《詞學季刊》1933 年第 1 卷第 4 號。

29. 《匑厂黃孝紓潤例壬申年重訂》，《詞學季刊》創刊號 1933 年 4 月 1 日。

30. 《夏、陳、黃合作扇面》，《時事新報（上海）》1933 年 6 月 4 日。

31. 《康橋畫展追記》，王蘊章（西神）撰，《申報》1933 年 12 月 5 日第 4 張。

32. 《匑厂黃孝紓潤例癸酉年重訂》，《詞學季刊》第 2 卷第 1 號。

33. 《柏林中國美術展覽會籌備經過》，《申報》1933 年 11 月 6 日。

34. 《荷蘭中國畫展覽盛況，發揚東方美術光明》，《民報》1934 年 6 月 14 日。

35. 《歙縣曹靖陶熙宇索題看雲樓覓句圖，圖為閩黃公渚作》，金松岑撰，《藝浪》月刊 1934 年第 2 卷第 1 期。

36. 《四月十日夏丈劍丞、湯丈定之招飲齋中，同坐有陳子言、冒鶴亭、梁眾異、李拔可、黃公渚諸先生》，錢萼孫撰，《學藝》月刊 13 卷第 5 期。

37. 《上海書畫名家黃匑厂來青避暑》，《青島時報》1934 年 8 月 1 日。

38. 《睥嚮齋授經圖記》，陳灝一撰，《青鶴》1934 年第 2 卷第 9 期。

39. 《詞壇消息》，《詞學季刊》2 卷 4 號。

40. 《遊虞山遇黃公渚兄喜賦》，徐一達撰，《新無錫》1935 年 1 月 14 日。

41. 《諸名士集烏龍潭修禊》，《京報（上海）》1935 年 4 月 9 日。

42. 《壽姬佛陀先生》，黃孝紓撰，《時事新報‧本埠附刊》1935 年 5 月 6 日。

43. 《鶴夢鷗思圖跋》，黃孝紓撰，《藝文》1936 年第 1 卷第 5 期。

44. 《陳柱尊叢書第一集出版》，《時事新報（上海）》1936 年 4 月 11 日。

45. 《中國畫會籌立歷代畫人祠》，《申報》1936 年 5 月 20 日。

46.《靡蕪紀聞跋》，黃孝紓撰，《藝文》雜誌第 1 卷第 1 期所刊葛昌楣《靡蕪紀聞》卷末。

47.《清名家詞序》，黃孝紓撰，《申報》1936 年 6 月 16 日。

48.《十五年來之詩學》，錢仲聯撰，1936 年《私立無錫國學專修學校十五週年紀念冊》、《學術世界》1937 年第 2 卷第 3 期。

49.《誦芬室主人傳》，黃孝紓撰，《司法公報特刊》1938 年 12 月。

50.《北京古學院研究工作》，《盛京時報》1938 年 6 月 18～19 日。

51.《匑厂詩十八首》，黃孝紓撰，《司法公報特刊》1939 年 12 月。

52.《燕滬詞社近訊》，《同聲月刊》1940 年創刊號。

53.《興亞美術展覽會期迫近籌委會昨召代表會議研討大會改進各點》，《晨報》1940 年 8 月 19 日。

54.《興亞美術展覽會明晨揭幕，合格作品昨已審定》，《晨報》1940 年 10 月 4 日。

55.《中國畫學研究會成績展覽即開幕，參加展品共八百餘件》，《晨報》1941 年 6 月 20 日。

56.《中國畫學會展覽盛況》，《新北京報》1941 年 6 月 23 日。

57.《國學書院第二院成立週年，日前舉行紀念典禮》，《晨報》1942 年 1 月 15 日。

58.《國學書院第二院設研究班，合格學員共十二名》，《晨報》1942 年 5 月 26 日。

59.《國學書院增聘導師》，《晨報》1942 年 12 月 12 日。

60.《國學書院研究班修業期滿昨舉行畢業典禮》，《申報》1943 年 8 月 30 日。

61.《中禪寺》，黃孝紓撰，日本隨鷗吟社編《隨鷗集第四百六十六號》昭和十八年（1943）八月二十日。

62.《記鳴社》，鄭逸梅撰，《申報》1948 年 6 月 28 日。

63.《促進中蘇友誼，青島中蘇友協分會成立》，《山大生活》1949 年第 16 期。

64.《本校教師陣容》，《山大生活》1949 年第 18 期（11 月 11 日）。

65.《中國新史學研究會青島分會籌備成立》，《山大生活》1950 年 1 月 21 日第 3 期。

66.《關於青島市郊出土的黑陶》，韓東生撰，《文史哲》1952 年第 4 期。

67.《清算我的資產階級反動思想》，黃公渚撰，《新山大》1953 年 6 月 7 日。

68.《批判胡適〈詞選〉中錯誤觀點》，黃公渚撰，《文史哲》1955 年第 11 期。

69.《六州歌頭》詞，黃公渚撰，《新山大》1956 年 9 月 29 日。

70.《略論洛神賦的文學價值》，黃公渚撰，《青島日報》1957 年 1 月 19 日。

71.《關於「詞匠」問題》，黎寧、黃公渚撰，《文史哲》1956 年第 4 期。

72.《洛陽伽藍記的現實意義》，黃公渚撰，《文史哲》1956 年第 11 期。

73.《略談楚辭》，黃公渚撰，《青島日報》1956 年 12 月 11 日至 15 日。

74.《青島文聯正式成立了，市文代會昨日勝利閉幕》，《青島日報》1957 年 6 月 17 日。

75.《歐陽修及其詞》，黃孝紓撰，《文史哲》1958 年第 1 期。

76.《答謝志文先生》，高亨、黃孝紓撰，《文史哲》1957 年第 4 期。

77.《今譯工作要明確目的——〈歐陽修詞選譯〉讀後感》，修章撰，《光明日報》1958 年 8 月 2 日。

78.《向「廣大群眾」推薦什麼東西？——簡評〈歐陽修詞選譯〉》，姚文元撰，《讀書》雜誌 1958 年 8 月 29 日第 16 期。

79.《評黃公渚著〈歐陽修詞選譯〉》，馮其庸撰，《光明日報·文學遺產》1958 年 10 月 12 日。

80.《沁園春》詞，黃公渚撰，《新山大》1958 年 6 月 12 日第 369 期第 4 版。

81.《決心拔掉我的白旗》，黃公渚撰，《新山大》1958 年 6 月 24 日第 374 期第 2 版。

82.《臨江仙》詞《松柏長壽圖》，黃公渚撰並繪，《山東大學報》1959 年 10 月 1 日第 437 期。

83.《黃公渚、杜宗甫、赫保真國畫展覽會明開幕》，《青島日報》1961 年 12 月 5 日。

84.《祖國風光好、詩情畫意濃——黃公渚、杜宗甫、赫保真畫展觀後感》，李錚撰，《青島日報》1961 年 12 月 14 日。

85.《愛國畫家八大山人》，黃公渚撰，《青島日報》1961 年 12 月 22 日。

86.《喜看黃山寫生畫派》，黃公渚、杜宗甫撰，《青島日報》1962 年 1 月 5 日。

87.《八聲甘州·題嶗山療養院圖》詞，黃公渚撰，《青島日報》1962 年 1 月 27 日。

88.《滿江紅·一九六二年春節試筆》詞，黃公渚撰，《青島日報》1962 年 2 月 9 日。

89.《臨江仙》詞，黃公渚撰，《青島日報》1962 年 8 月 9 日。

90.《評介中國畫聯展省內部分》，俞劍華撰，《青島日報》1962 年 8 月 21 日。

91.《浪淘沙・新年獻詞》，黃公渚撰，《青島日報》1963 年 1 月 3 日。

92.《清詞紀事緒言》，黃孝紓撰，《山東大學學報》（中國語言文學版）1963 年第 1 期。

93.《懷念黃孝紓老師》，董治安撰，1981 年《山東大學建校五十五週年特刊 1926～1981》第 3 期。

94.《橫笛何人夜倚樓——在王統照故居暢談老舍的〈駱駝祥子〉》，郭同文撰，1985 年山東教育出版社《名篇的鑒賞與寫作》本。

95.《憶先祖劉廷琛之晚年》，劉詩譜撰，《青島文史資料》1986 年第 7 輯。

96.《學博藝精的黃孝紓教授》，焦裕銀撰，《文史哲》1986 年第 6 期。

97.《雨露春暉——憶先父姜忠奎先生》，姜厚粵撰，《山東文史資料選》1992 年第 32 輯。

98.《許疑庵三三年滬上之行》，徐仁初撰，1999 年上海書店出版社《文壇雜憶續編》本。

99.《慕湘藏書樓觀書續記》，杜澤遜撰，《藏書家》2004 年第 9 輯。

100.《〈清人詩文集總目提要〉札記》，杜澤遜撰，《圖書館雜誌》2005 年第 6 期。

101.《著名文學史家、書畫家黃公渚》，郭同文撰，《青島市文史資料》2005 年第 14 輯。

102.《嘉業堂售書事友朋書札》，梁穎整理，《歷史文獻》2005 年第 9 輯。

103.《黃孝紓先生與嶗山》，劉懷榮撰，《嶗山研究》2006 年第 1 輯。

104.《一份塵封的〈楚辭研究〉——簡說黃孝紓先生的〈楚辭〉研究》，王培源撰，《中國楚辭學》2007 年第 10 輯。

105.《黃孝紓先生生平、創作與學術成就述略》，劉懷榮撰，《文史哲》2008 年第 4 期。

106.《濟南往事「七」》，石家麟撰，《山東大學報》2008 年 4 月 30 日第 12 期。

107.《國家圖書館劉廷琛舊藏敦煌遺書敘錄與研究》，林世田、薩仁高娃撰，2010 年中國藏學出版社《敦煌遺書研究論集》本。

108.《黃孝紓先生的詩文創作和治學特點》，劉懷榮撰，《文史哲》2011 年第 5 期。

109.《憶文學史家黃公渚》，郭同文撰，《春秋》2015 年第 1 期。

110. 《黃公渚與周至元交遊考論》，劉懷榮、苑秀麗撰，《東方論壇》2015 年第 2 期。

111. 《〈周叔弢日記〉中的祖父及其友人》，周啟乾撰，《文匯學人》2015 年 4 月 10 日。

112. 《尚付闕如：關於中央美術學院歷史上的第八分班時期》，華天雪撰，《中國美術研究》2015 年第 4 期。

113. 《綠窗新話校釋引言》，黃孝紓遺稿，齊心苑整理，《文史哲》2016 年第 1 期。

114. 《綠窗新話勘正》，齊新苑撰，《圖書館研究》2016 年第 4 期。

115. 《〈歷代詞人考略〉及相關問題考論》，彭玉平撰，《文學遺產》2016 年第 4 期。

116. 《黃孝紓詞學成就述論》，馬強撰，《河北民族師範學院學報》2016 年第 3 期。

117. 《〈周秦金石文選評注〉〈兩漢金石文選評注〉撰者發覆》，李軍撰，《古文獻整理與研究》2016 年第 2 輯。

118. 《葛本儀：一個學者眼裡的山大》，《大眾日報》2016 年 6 月 20 日。

119. 《記青島市國畫研究會》，陳壽榮撰，2016 年《陳壽榮百年誕辰詩書畫印選》影印手稿本。

120. 《島上名士最後的文雅——黃公渚小傳》，劉宜慶撰，《中華讀書報》2017 年 6 月 7 日。

121. 《路遙：與山大結緣，是我的幸運》，《大眾日報》2021 年 10 月 29 日。

122. 《緬懷蔣維崧先生》，董治安撰，《大學書法》2021 年第 2 期。

123. 《試論唐代古文運動之實質及其影響》，黃孝紓遺稿，劉懷榮整理，《古典文學研究》2022 年第 2 期。

124. 《懷念故人鮑思陶》，杜澤遜撰，2023 年齊魯書社《鮑思陶文集》序二。

125. 《許承堯與黃曾源、黃公渚父子》，陳亦書撰，2024 年 1 月 8 日。

## 三、檔案文獻（以文獻產生時代為序）

1. 《國立山東大學中國文學系第四屆畢業生畢業論文一覽》（1937 年 6 月）
2. 《國立山東大學教職員履歷表》（1947 年）
3. 《1948 年國立山東大學教職員名冊》

4.《教職員登記表》（1949 年）

5.《各院系開設科目表》（1949 年第 1 學期）

6.《教員授課統計表》（1949 年第 1 學期）

7.《1949 年 12 月 11 日青島古物管理委員會成立會簽到冊》

8.《青島市歷史文物管理委員會第一次常委會記錄》

9.《青島文物管理委員會第二次會議紀要》

10.《山東大學聘教師名單》（1950 年）

11.《國立山東大學圖書館職員名冊》（1950 年 4 月）

12.《其他》（1950 年 7 月 23 日）

13.《教師及職員登記表》（1951 年 1 月）

14.《（黃孝紓）自傳》（1951 年 9 月 20 日）

15.《中文系教職員登記表》（1951 年 9 月 20 日）

16.《歷史語文研究所教職員登記表》（1951 年 9 月 20 日）

17.《山東大學目前師資情況調查簡表》（1951 年 10 月 27 日）

18.《國立山東大學教職員履歷表》（1951 年）

19.《一九五一年思想工作總結》

20.《各院系開設科目表》（1951 年第 1 學期）

21.《中國語文系一九五〇學年度教學計劃檢查總結（附各課教學概況）》
　　（1951 年 6 月）

22.《幹部簡歷表》（1952 年 7 月）

23.《工作人員交代與地主資產階級關係登記表》（1952 年 7 月）

24.《高等學校教師登記表》（1952 年 9 月 6 日）

25.《高等學校教師調查表》（1952 年 9 月）

26.《山東大學現有教職員工調查表》（1952 年）

27.《小傳》（1952 年）

28.《工作人員交代與地主、資產階級關係登記表》（1953 年 7 月）

29.《山東大學教員名冊》（校長辦公室人事科製，1953 年 11 月）

30.《山東大學教師名冊》（1953 年 12 月 20 日）

31.《各院系開設科目表》（1953 年第 1 學期）

32.《各院系開設科目表》（1953 年第 2 學期）

33.《山東大學各系專業設置及師資情況》（1953 年）

34.《中文系一九五三至五四學年工作計劃》

35.《中文系文學史教研組研究工作計劃》（1953 年）

36.《山東大學一九五三度第二學期各單位著述編譯工作彙錄》

37.《辨正唯物論學習心得》（1954 年 8 月）

38.《（黃孝紓）自傳》（1955 年 9 月 28 日）

39.《楊向奎檢舉（黃孝紓）材料》（1955 年 8 月）

40.《山東大學中國語言文學系教學工作計劃1955～56學年》（1955 年 10 月 21 日）

41.《山東大學1955～56學年科學研究計劃（中國語言文學系）》

42.《山東大學中國語文學系十二年規劃》（1956 年 6 月）

43.《1955～56學年度歷史系生產實習計劃》

44.《山東大學上課時間表》（1956～1957 年第一學期）

45.《山東大學上課時間表》（1956～1957 年第二學期）

46.《山東大學一九五七年科學研究計劃》（1957 年 2 月油印本）

47.《民主報》第二期（1957 年 6 月 8 日。此據 1957 年 7 月 3 日山大工會重印本）

48.《黃孝紓的鑒定材料》（中共青島市委統戰部，1957 年 10 月 19 日）

49.《山東大學二、三、四年制研究生名單》（1957 年 10 月 22 日印）

50.《山東大學1956～1957學年度畢業論文目錄匯編》

51.《山東大學1956～1957學年度學年論文目錄匯編》

52.《決心拔掉我的白旗》（1958 年 6 月 24 日）

53.《整風思想總結》（1958 年 8 月 7 日）

54.《中老年教師政治排隊登記表》（1959 年）

55.《民主人士登記表》（約 1959 年）

56.《中文系古代文學史教研組檢查報告》（1959 年 6 月 9 日）

57.《山東大學上課時間表》（1959～1960 學年第二學期）

58.《山東大學中文系古典文學教研組 1960～61 年學年度各項工作計劃》（1960 年 9 月 10 日製定）

59.《中文系關於貫徹教育部高等學校工作條例（草案）的三年規劃（1961～1964）》（初稿）

60.《1961～62學年度第二學期工作計劃草案》

61.《古典文學研究室 1961～1962 學年第二學期工作計劃》

62.《能夠培養研究生的導師名單》

63.《中文系會議記錄》（1962 年）

64.《62～63 學年中文系研究生、進修教師情況》

65.《1964～1967 年新增導師招收研究生計劃表》

66.《中文系古典文學教研室 1962～63 學年第二學期教師工作情況表》

67.《黃孝紓的鑒定材料》（中共青島市委統戰部，1964 年 6 月 30 日）

68.《山東大學 1964～1970 年科學研究計劃》（1964 年 7 月 3 日）

69.《中文系教師出身情況》（1964 年 11 月 12 日）

70.《山東大學中文系教師隊伍當前存在的主要問題》（中共中文系總支，1964 年 11 月 15 日）

71.《中文系面上社教留校人員言論彙輯》（1964 年至 1965 年）

72.《關於黃公渚教授的死亡情形》（1965 年 1 月 2 日）

73.《關於殷煥先通知錯劃右派改正問題的再複查意見》（1985 年 9 月）

74.《山東大學關於對黃孝紓問題的複查意見》（1985 年 12 月 30 日）

## 四、書畫作品（以繪畫、題跋時代先後為序）

1.《十園圖》（1915 年），載《國藝》1940 年第 1 卷第 5、6 期。

2. 為柳堂繪折扇（1921 年），現藏扶溝縣博物館。

3. 設色山水立軸（1923 年 7 月，贈葉恭綽），見上海崇源 2010 年 7 月 31 日春季大型藝術品拍賣會・海上舊夢（四）。

4. 題陸燦為穆大展繪《攝山玩松圖卷》（1924 年），見保利 2013 年香港秋季拍賣會。

5. 題《篝鐙紡讀圖》（1927 年冬），見中國嘉德 2016 年春季拍賣會。

6.《仿王清暉本設色山水》立軸（1927 年），見上海清蓮閣 2012 年秋季書畫拍賣會。

7.《濠堂讀書圖》（1928 年 6 月，為呂貞白繪），見 2023 年春季日本京畿美術拍賣會。

8. 題吳湖帆藏《董美人墓志》（1928 年冬），今藏上海博物館。

9.《蓮園雅集圖》（1929 年 9 月），見上海新世紀拍賣 2005 年第 102 屆藝術品拍賣會・書畫、瓷器工藝品專場。

10. 以《弔雷鋒塔文》題陳曾壽繪《補經圖》（1929 年），今藏上海博物館。

11. 《南湖介壽圖記》（1930 年孟夏，為蔣國榜母書），見浙江南北拍賣公司 2015 年秋季拍賣。

12. 為潘飛聲題楊葆光繪《西湖秋泛圖》（1930 年），見西泠拍賣 2017 年秋季拍賣會‧中國書畫海上畫派作品專場。

13. 《臨趙集賢蘋渚秋泛圖》（1931 年 5 月），青島籍金精舍主人安效忠先生處藏，又見《中國書畫家》2020 年 05 期。

14. 《青綠山水》一幅（1931 年 5 月），中國嘉德 2006 年第 4 期嘉德四季拍賣會‧中國書畫（二）專場。

15. 《谿山霽雪圖》（1931 年夏），載《東方畫報》1930 年 29 卷第 1 期、《東方雜誌》1932 年第 29 卷第 1 期、《東方寫真集》1934 年。

16. 《松風海濤圖》（1931 年秋），載《藝文》雜誌創刊號，又見《大匠如斯——黃公渚誕辰一百二十週年紀念集》第 48 頁。

17. 《武夷山一角立軸》（1931 年秋），見北京翰海 2023 年 12 月 16 日秋季拍賣會‧中國近現代書畫。

18. 題林紓繪《夜紡授經圖》（1931 年），見保利廈門 2015 年秋季拍賣會。又見《中國書畫家》2020 年第 5 期。

19. 《江山雪霽圖》（1931 年），1995 年朵雲軒第一屆藝術品拍賣交易會。

20. 為李國松繪《肥遯廬圖》（1932 年春），2020 年朵雲軒 120 週年金秋拍賣會‧藝緣珍藏——同一上款、同一藏家書畫（二）。

21. 《岡陵松柏圖》（1932 年春為冒廣生六十大壽繪），見富得拍賣行 2007 年藝術品拍賣會中國書畫專場。

22. 《臨麓臺畫冊十六幀》（1932 年夏，與夏敬觀同繪），見中貿聖佳 2022 年 12 月 31 日秋季拍賣會‧中國近現代書畫。

23. 扇面（1932 年夏，贈梅厂先生），載《大匠如斯——黃公渚誕辰一百二十週年紀念集》第 32 頁。

24. 《松澗鳴泉圖》（1932 年 10 月），載《藝文》1936 年第 1 卷第 1 期。

25. 行書《漢宮春詞》，載 1932 年王春渠輯《當代名人書林》。

26. 題夏敬觀為陳夔龍繪《重遊泮宮圖》（1932 年），見中貿聖佳 2002 年春季拍賣會‧中國書畫（古代書畫）。

27. 《仿趙大年筆山水圖卷》（1933 年），見上海六合軒。

28. 題王震繪《子襄先生七十歲畫像》（1933 年），今藏江蘇省美術館。

29. 為陸侃如繪扇面（1933 年暮春），見保利廈門 2023 年秋季拍賣會‧欣遇——中國書畫。

30. 為翔魁先生題扇面（1933 年），見北京誠軒 2017 年秋季拍賣會‧中國書畫（二）。

31. 《舟中遙望勞山寫生圖》（1933 年 5 月），載《大匠如斯——黃公渚誕辰一百二十週年紀念集》第 70 頁。

32. 為仲炎繪扇面（1933 年夏），載《大匠如斯——黃公渚誕辰一百二十週年紀念集》第 34 頁。

33. 《臨文徵明玉池新館清勝圖》（1933 年 7 月），載《中國現代名畫彙刊》。

34. 《山水》一幅（1933 年 7 月），上海崇源 2010 年 7 月 31 日春季大型藝術品拍賣會‧海上舊夢（四）。

35. 《吳夢窗詞意圖》（1933 年秋），載《詞學季刊》第 1 卷第 3 號。

36. 與冒廣生合寫扇面送與湯滌並題自作詩（1934 年 5 月），見孔夫子舊書網。

37. 《勞山一角》扇面（1934 年 5 月，為曹經沅繪），現藏重慶三峽博物館。

38. 《天醉廔填詞圖》（1934 年，為姚亶素繪），見西泠印社 2017 年秋季拍賣會‧中國近現代名家作品。

39. 《勞山魚鱗口》扇面（1935 年，為蔡元培繪），載《中國書畫家》2020 年 05 期。

40. 《勞山山水》一幅（1936 年春繪），載《藝文》雜誌第 1 卷第 4 期。

41. 《山水立軸》（1936 年春繪），青島博物館藏，編號 2372。

42. 《勞山靛缸灣一角圖》（1936 年秋繪贈梁寒操），見中國嘉德 2014 年第三十九期拍賣會遺珠拾珀——中國近現代書畫。又見山東恒昌 2015 秋季藝術品拍賣會。

43. 題黃賓虹繪《劍門紅葉圖》（1938 年），見青島中藝 2017 年秋季藝術品拍賣會。

44. 《蘇廔晚眺》（1939 年，為夏孫桐繪），載《大匠如斯——黃公渚誕辰一百二十週年紀念集》第 24～25 頁。

45. 為惠堂繪扇面（1939 年秋），見北京琴島榮德 2015 年春季藝術品拍賣會‧中國書畫專場。

46. 《誠齋詩意圖》（1939 年冬，贈劍樵），見北京保利 2011 年第 15 期精品拍賣會‧中國書畫一（古代書畫）專場

47. 《金陵歸夢圖》（1939 年冬，為陳宗蕃繪），見北京翰海 2000 秋季拍賣會‧中國書畫（近現代二）專場

48. 題劉慕雲為董康繪《畫欄雙影圖卷》（1939 年），見北京泰和嘉成 2008 年秋季藝術品拍賣會‧古籍文獻專場。

49. 《蒼雪圖》扇面（1939 年），見《固圉齋珍藏名人墨迹》第 240～241 頁。

50. 題張伯駒、潘素合繪《素心蘭》圖卷（1939 年），見誠軒 2017 春季拍賣會‧中國書畫（一）專場。

51. 《玉蘭花》扇面（1940 年立春），見山東圖騰 2019 迎春藝術品拍賣會金風古韻——中國書畫專場。

52. 《臨漁父山居卷》，見《大匠如斯——黃公渚誕辰一百二十週年紀念集》第 18 頁。

53. 《仿高克恭山水》扇面（1940 年夏），見福州居正 2017 年秋季書畫精品拍賣會眾妙之門——中國書畫精品專場。又見《中國書畫家》（2020 年 05 期）。

54. 《日本日光公園華嚴瀧瀑屏軸》（1940 年），見朵雲軒 2023 年春季藝術品拍賣會。

55. 《沒骨法江南勝境圖》（1941 年 5 月），載《大匠如斯——黃公渚誕辰一百二十週年紀念集》第 17 頁。

56. 《倣梅花道人筆意山水》（18941 年夏），見 2016 年中國書店第 72 期大眾收藏書刊資料文物拍賣會。又見山東恒昌‧齊魯瑞豐 2019 年秋季拍賣會小書齋‧中國書畫一專場。

57. 《勞山華樓宮圖》（1941 年夏），見夢黔庵《路朝鑾：黃公渚的畫》。

58. 《疏林日暮》屏軸（1941 年夏），見朵雲軒 2024 年 3 月 10 日迎春藝術品拍賣交易會‧中國書畫（一）。

59. 《秋山蕭寺》扇面（1942 年春），見北京誠軒 2017 年秋季拍賣會‧中國書畫（二）。

60. 為若虛繪扇面（1942 年夏），今藏青島英德隆美術館。

61. 《臨清石濤（大滌子）江鄉夕照圖》（1943 年 4 月），載《大匠如斯——黃公渚誕辰一百二十週年紀念集》第 26 頁。

62. 《仿戴習谷西山圖》（1943 年 4 月），載《大匠如斯——黃公渚誕辰一百二十週年紀念集》第 8 頁。

63. 《墨竹圖》（1943 年夏），載《大匠如斯——黃公渚誕辰一百二十週年紀念集》第 48 頁。

64. 《梅石圖》（1943 年大暑），載《大匠如斯——黃公渚誕辰一百二十週年紀念集》第 14～15 頁。

65. 《嶗山飆影圖》（1943 年），載《大匠如斯——黃公渚誕辰一百二十週年紀念集》第 16 頁。

66. 《張玉田齊天樂詞意圖》（1943 年），載《大匠如斯——黃公渚誕辰一百二十週年紀念集》第 10 頁。

67. 題清張應均繪《天山勁松手卷》（約 1944 年），見佳士得 2013 年秋季拍賣會 · 中國古代書畫。

68. 為鈕雋繪畫並題詩（1945 年 4 月），見廣州皇瑪 2012 年秋季拍賣會。

69. 題黃賓虹繪《芍藥圖》，見上海鴻海 2008 年冬季藝術品拍賣會 · 中國傳統書畫專場。

70. 《臨清石濤谿山奇趣圖》（1945 年冬），見山東恒昌 2016 年秋季藝術品拍賣會。

71. 繪扇面贈暢清先生（1946 年初夏），見遼寧國拍 2006 年春季拍賣會 · 中國書畫。

72. 山水六條屏（1946 年 5 月），見青島典藏拍賣 2016 年春季藝術品拍賣會 · 中國書畫專場。又見《大匠如斯——黃公渚誕辰一百二十週年紀念集》第 58～63 頁。

73. 山居圖扇面（1946 年大暑），見敬華（上海）2018 秋季藝術品拍賣會 · 敬扇競美——中國扇畫專場。

74. 《仿黃公望山水》鏡心（1946 年夏），見中貿聖佳 2016 年春季拍賣會 · 檀島遺珍。

75. 繪贈鄭時（爰居）山水（1948 年上元），見《中國書畫家》2020 年 05 期。

76. 《略師黃鶴山樵意圖卷》（1948 年春，為金祥恒繪），載《大匠如斯——黃公渚誕辰一百二十週年紀念集》第 77 頁。

77. 跋清奚岡繪紙本墨筆《依岩結廬圖》軸，現藏青島市博物館，編號 81。

78. 《夢窗詞意圖》（1949 年冬，贈王統照），見《中國書畫家》2020 年 05 期。

79. 與童書業合繪《高山聽瀑圖》，今藏青島籍金精舍主人安效忠先生處。又載《中國書畫家》2020 年 05 期。

80. 跋啟功所藏明拓松江本《急就章》，見《啟功先生舊藏金石碑帖》。

81. 與杜宗甫合繪《送公糧》，載《中國書畫家》2020 年 05 期。

82. 山水冊頁九開，見集古齋 2023 年 11 月 30 日秋季藝術品拍賣會·中國書畫。

83. 《天門峰圖》見《嶗山名勝畫集》。

84. 與杜宗甫、童書業、陳文浩合寫《群山競秀圖》，《青島日報》刊有作畫照片。又見陳壽榮《記青島市國畫研究會》。

85. 題張伯駒藏曾鯨繪《侯朝宗像秋江釣艇圖》，現藏故宮博物院。又見付陽華《故宮博物院藏侯朝宗像的繪製收藏與解讀》一文。

86. 《春山幽趣圖》，見山東瑞豐·恒昌 2020 年秋拍小書齋·中國書畫（一）專場。

87. 《松下觀瀑圖》，見中國嘉德四季第 55 期·金秋拍賣會·墨萃琳琅——中國近現代書畫（一）。

88. 與杜宗甫合繪設色山水一幅，今藏青島博物館藏，編號 3045。

89. 山水一幅（1962 年），《青島日報》1962 年 2 月 21 日。

90. 繪贈趙維山水一幅（162 年夏），此幅承青島籍金精舍主人安效忠先生賜告。

91. 章草書法一幅（1962），載《青島日報》1962 年 6 月 15 日。

92. 《嶗山沙子口》，載《山東國畫選》。

93. 《嶗山顧道中》，載《山東國畫選》。

94. 《嶗山桑家澗》，載《國畫作品選》。

95. 書《鷓鴣天》《臨江仙》二詞（1963 年），見《中國書畫家》（2020 年 05 期）。

96. 與楊國璽合繪設色山水一幅，今藏青島博物館藏，編號 3155。

97. 設色山水一幅，今藏青島博物館。

98. 山水一幅，見《青島日報》1963 年 5 月 30 日。

99. 為余修書隸書「文禽」「修竹」聯，見山東恆昌 2013 年迎春藝術品拍賣會·齊魯書畫名家專題。

# 後 記

　　戊戌春，滕州夫子命余鈔黃孝紓先生檔案資料，中成《黃孝紓年表》，後刊於《山東大學中文叢刊》。己亥年，復有雜誌社邀作增訂本，屢辭不獲，遂將舊日篋中所積材料重加排比，蒐獲既多，已非一篇文章所能盡其蘊，遂成此稿。

　　先後予以指示者，如青島安效忠、韓維湘諸先生，遠貽所藏，助我甚多。左海黃氏後人黃瑛女士複印家藏黃氏遺稿數十冊，郵遞而來，慨供採擷。關家錚教授、李開軍教授、徐泳研究員、張洪剛老師、武良成老師、王菲女士、楊勝祥博士、吳雪菡博士、李佳傑博士、石傑博士、任輝先生、林才偉先生等師友亦多加指示，於此謹致謝忱。

　　黃孝紓先生生前交遊徧天下，師友投贈甚夥。歿後，藏書、稿件再罹劫火，行歷史料蒐採為難。所存文獻多有在聞見之外，以是罣漏難免。博雅君子，若有賜正，祈發郵箱：lizhenju20@163.com。

甲辰元夕單縣李振聚記於山東大學校經處